CHRISTIAN SCHULTZ-BLEIS

Die parlamentarische Immunität der Mitglieder des Europäischen Parlaments

Hamburger Studien
zum Europäischen und Internationalen Recht

Band 5

Die parlamentarische Immunität der Mitglieder des Europäischen Parlaments

Von

Christian Schultz-Bleis

Duncker & Humblot · Berlin

Die Deutsche Bibliothek – CIP-Einheitsaufnahme

Schultz-Bleis, Christian:
Die parlamentarische Immunität der Mitglieder des Europäischen Parlaments / von Christian Schultz-Bleis. – Berlin : Duncker und Humblot, 1995
(Hamburger Studien zum europäischen und internationalen Recht ; Bd. 5)
Zugl.: Hamburg, Univ., Diss., 1994
ISBN 3-428-08285-0
NE: GT

Fotoprint: Berliner Buchdruckerei Union GmbH, Berlin
Printed in Germany

ISSN 0945-2435
ISBN 3-428-08285-0

Gedruckt auf alterungsbeständigem (säurefreiem) Papier
entsprechend ISO 9706 ♾

Vorwort

Die vorliegende Arbeit wurde von dem Fachbereich Rechtswissenschaft I der Universität Hamburg als Dissertation angenommen.

Mein ganz besonderer Dank gilt Herrn Prof. Dr. Nicolaysen für seine freundliche Unterstützung und Geduld. Ferner möchte ich Herrn Prof. Dr. M. Hilf für die Erstellung des Zweitgutachtens sowie der FAZIT-Stiftung, Frankfurt, für die großzügige Gewährung eines Stipendiums danken.

Bremen, im Dezember 1994

Christian Schultz-Bleis

Inhaltsverzeichnis

Abkürzungsverzeichnis

a.a.O.	am angegebenen Ort
ABl.	Amtsblatt der Europäischen Gemeinschaften
Abs.	Absatz
a.F.	alter Fassung
AFDI	Annuaire Français de Droit International
AJIL	American Journal of International Law
Anl.	Anlage
Anm.	Anmerkung
AöR	Archiv des öffentlichen Rechts
Art.	Artikel
Aufl.	Auflage
B.A.N.	Bulletin de l'Assemblée Nationale
Bd.	Band
BGBl.	Bundesgesetzblatt
BGHSt	Entscheidungssammlung des Bundesgerichtshofes in Strafsachen
BT-Drs.	Bundestagsdrucksache
BVerfGE	Entscheidungssammlung des Bundesverfassungsgerichts
BVerwG	Bundesverwaltungsgericht
BYIL	British Yearbook of International Law
bzw.	beziehungsweise
CDE	Cahiers de Droit Européen
CMLR	Common Market Law Review
ders.	derselbe
dies.	dieselbe
DÖV	Die Öffentliche Verwaltung
Dok	Sitzungsdokument
DVBl.	Deutsches Verwaltungsblatt
EA	Europa-Archiv
EAGV	Vertrag zur Gründung der Europäischen Atomgemeinschaft
EG	Europäische Gemeinschaften
EGKSV	Vertrag über die Gründung der Europäischen Gemeinschaft für Kohle und Stahl

EMRK	Europäische Konvention zum Schutze der Menschenrechte und Grundfreiheiten
EP	Europäisches Parlament
EuGH	Gerichtshof der Europäischen Gemeinschaften
EuGRZ	Europäische Grundrechte Zeitschrift
EuR	Europarecht
EuZW	Europäische Zeitschrift für Wirtschaftsrecht
EWGV	Vertrag zur Gründung der Europäischen Wirtschaftsgemeinschaft
FAZ	Frankfurter Allgemeine Zeitung
f./ff.	folgende(r)
FusV	Fusionsvertrag (Abkommen über gemeinsame Organe für die Europäischen Gemeinschaften)
GD	Generaldirektion
GG	Grundgesetz für die Bundesrepublik Deutschland
GOBT	Geschäftsordnung des Deutschen Bundestages
GOEP	Geschäftsordnung des Europäischen Parlaments
GVG	Gerichtsverfassungsgesetz
i.S.	im Sinne
i.S.d.	im Sinne des/der
i.S.v.	im Sinne von
i.V.m.	in Verbindung mit
JiR	Jahrbuch für internationales Recht
JöR	Jahrbuch des öffentlichen Rechts
JZ	Juristenzeitung
m.w.N.	mit weiteren Nachweisen
NJW	Neue Juristische Wochenschrift
NStE	Neue Entscheidungssammlung für Strafrecht
Protokoll	Protokoll über die Vorrechte und Befreiungen der Europäischen Gemeinschaften, BGBl. 1965 II, S. 1482
RDI	Rivista di diritto internazionale
RDP	Revue du Droit Public et de la Science Politique en France et l tranger
RiStBV	Richtlinien für das Strafverfahren und das Bußgeldverfahren
RMC	Revue du March Commun
Rn.	Randnummer

Rs.	Rechtssache
S.	Seite Satz
Slg.	Sammlung der Rechtsprechung des Gerichtshofes der Europäischen Gemeinschaften
StGB	Strafgesetzbuch
StPO	Strafprozeßordnung
u.a.	und andere
vgl.	vergleiche
VO	Verordnung
VVDStRL	Veröffentlichungen der Vereinigung der Deutschen Staatsrechtslehrer
WVK	Wiener Konvention über das Recht der Verträge
EL	earbook of European Law
z.B.	zum Beispiel
zit.	zitiert
ZParl	Zeitschrift für Parlamentsfragen
ZPO	Zivilprozeßordnung

Einleitung

In der rechtswissenschaftlichen Literatur hat der mit besonderen Vorrechten und Befreiungen ausgestattete Status der Mitglieder des Europäischen Parlaments bislang kaum Beachtung gefunden. Monographische Darstellungen, die sich mit der europäischen parlamentarischen Immunität der Mitglieder des Europäischen Parlaments, d.h. mit deren Schutz vor willkürlicher oder tendenziöser Strafverfolgung und Freiheitsentziehung, beschäftigen, fehlen fast vollständig[1]. Auch stehen die wenigen Urteile, die der Gerichtshof der Europäischen Gemeinschaft (EuGH) in diesem Bereich erlassen hat[2], im Schatten seiner sonst recht umfangreichen Parlamentsrechtsjudikatur. Beachtlich ist demgegenüber die Anzahl der vom Europäischen Parlament abgelehnten Anträge auf Aufhebung der parlamentarischen Immunität einzelner Abgeordneter[3].

Angesichts eines Konglomerats europarechtlicher sowie innerstaatlicher Vorschriften[4], bzw. der „immer schärfer" hervortretenden, bislang aber noch nicht gelösten Frage, „welche Rechtsquellen des nationalen Rechts heranzuziehen sind, um die Immunität der europäischen Abgeordneten zu definieren"[5], hat es im Hinblick auf „die mit der Aufhebung der Immunität verbundenen Probleme"[6] Bestrebungen des Parlaments und der EG-Kommission gegeben, de lege ferenda eine „autonome", vom innerstaatlichen Recht befreite, europäische Immunität zu schaffen. Diesen Bestrebungen blieb der Erfolg jedoch versagt, da sich insbesondere diejenigen Mitgliedsstaaten der erforderlichen einstimmigen Änderung versperren, in denen die parlamentarische Immunität der Mitglieder der innerstaatlichen Parlamente abgeschafft wurde[7].

Mittlerweile hat die parlamentarische Praxis des Europäischen Parlaments ein gefestigtes Eigenleben entwickelt, das sich durch eine erhebliche Diskrepanz zwischen den die europäische parlamentarische Immunität definierenden Vorschriften und ihrer rechtstatsächlichen Ausgestaltung in der parlamentarischen Praxis aus-

---

1 Siehe jedoch neben der 1961 erschienenen Monographie von Tommasi di Vignano die Dissertation von *Harms*, S. 93 ff., und *Fleuter*, S. 109 ff., sowie *Ciauro*, in: affari sociali internazionali 1981, S. 94 ff.; *Bieber*, in: EuR 1981, S. 124 ff.; ders., in: YEL 1982, S. 259 ff.; *Sieglerschmidt*, in: EuGRZ 1986, S. 445 ff.; *Coccia*, in: RDI 1985, S. 824 ff.

2 EuGH Rs. 101/63 (Wagner/Fohrmann und Krier), Urt. v. 12.5.1964, Slg. 1964, S. 423 ff.; EuGH Rs. 149/85 (Wybot/Faure), Urt. v. 10.7.1986, Slg. 1986, S. 2391 ff.

3 Seit seinem erstmaligen Zusammentreten als Versammlung der EGKS hat das Europäische Parlament bis zum 14.12.1992 lediglich in 15 von 67 Fällen die Immunität eines Mitglieds aufgehoben. In zwei Fällen hat es die Aussetzung der Verfolgung bzw. die Haftaufhebung eines Mitglieds gefordert.

4 Siehe Art. 10 des Protokolls über die Vorrechte und Befreiungen der Europäischen Gemeinschaften, Art. 4 DWA, Art. 5 GOEP; § 5 Abs. 1 S. 1 EuAbG, Art. 46 GG, § 152 StPO, Nr. 192 b III RiStBV.

5 *Läufer*, in: Grabitz, EWG-Vertrag, Art. 138 Rn. 31.

6 *Bieber*, in: G/T/E, Art. 138 Anhang EWGV Rn. 23.

7 Vgl. *Bieber*, in: G/T/E, Art. 138 Anhang EWGV Rn. 29 m.w.N.

zeichnet. Dieser Sachverhalt wirft die Frage nach dem Umfang und der Reichweite der positivrechtlich normierten Gewährleistungen der europäischen parlamentarischen Immunität bzw. die Frage auf, ob eine Bindungswirkung gegenüber parlamentarischem Handeln in Immunitätsangelegenheiten auch dort besteht, wo das Europäische Parlament von den maßgebenden Vorschriften abweicht.

Ziel dieser Untersuchung ist es, den materiellrechtlichen Gehalt der europäischen parlamentarischen Immunität zu bestimmen, eine Bestandsaufnahme und Bewertung der parlamentarischen Praxis in Immunitätsangelegenheiten vorzunehmen sowie der Frage nach der Bindungswirkung und Justitiabilität parlamentarischen Handelns in Immunitätsangelegenheiten nachzugehen. Besonderes Augenmerk liegt dabei auf den in der parlamentarischen Praxis beobachteten Verfahrensgrundsätzen und Entscheidungskriterien in Immunitätsangelegenheiten. Mit Annahme des Berichts über den „Entwurf eines Protokolls zur Revision des Protokolls über die Vorrechte und Befreiungen der Europäischen Gemeinschaften vom 8. April 1965"[8] gelten diese im Plenum als „endgültig anerkannt"[9]. Ihre beständige Anwendung und Bestätigung in der parlamentarischen Praxis rechtfertigen es, nachfolgend von einer „Praxis des Europäischen Parlaments" zu sprechen.

In ihrem 1. Teil beschränkt sich die Untersuchung zunächst auf die positivrechtlichen Grundlagen der europäischen parlamentarischen Immunität sowie auf die Frage nach ihrer prinzipiellen Existenzberechtigung. Im 2. Teil folgt sodann ein einleitender Überblick über das in Art. 5 GOEP verankerte Verfahren zur parlamentarischen Behandlung von Immunitätsangelegenheiten. Hieran schließt sich in einem weiteren Abschnitt eine ausführliche Darstellung der Verfahrensgrundsätze und Entscheidungskriterien an. Anhand einer rechtsvergleichenden Betrachtung der nationalen Immunitätsbestimmungen wird dabei der These nachgegangen, die Anwendung nationalen Rechts verstoße nicht nur gegen den im Gemeinschaftsrecht verankerten Gleichheitssatz, sondern verschärfe aufgrund der unterschiedlichen Ausprägungen der jeweiligen innerstaatlichen Immunitätsvorschriften die bereits bestehenden Disparitäten zwischen den Mitgliedern des Europäischen Parlaments[10]. Im 3. Teil konzentriert sich die Untersuchung sodann auf die Frage, ob und inwieweit von dem in der Rechtswirklichkeit festzustellenden parlamentarischen Handeln eine Bindungswirkung ausgeht. Hier soll im Hinblick auf eine mögliche Befugnis des Europäischen Parlaments zur Änderung der normativen Grundlagen der europäischen parlamentarischen Immunität eine Bewertung der parlamentarischen Praxis im Lichte der Rechtsprechung des Gerichtshofs zur Funktionsfähigkeit und zur internen Organisationsgewalt des Parlaments unternommen werden. Die Untersuchung wird abgeschlossen durch Überlegungen zur Justitiabilität parlamentarischen Handelns in Immunitätsangelegenheiten.

---

8 Dok. A2-121/86; Abl. 1987 Nr. C 99/44 vom 13.4.1987.

9 Siehe zum Sitzungs- und Abstimmungsverlauf vom 9./10.3.1987 das Verhandlungsprotokoll in: Verhandlungen des Europäischen Parlaments Nr.2-349/9.

10 Vgl. den Bericht Dok. A2-121/86, S.13 des Berichterstatters Donnez.

Erster Teil

Das Rechtsinstitut der europäischen parlamentarischen Immunität

§ 1 Bedeutung und Abgrenzung

A. Verfassungsrang der europäischen parlamentarischen Immunität

Nach Art. 28 des Vertrages zur Einsetzung eines gemeinsamen Rates und einer gemeinsamen Kommission („Fusionsvertrag") vom 8.4.1965 genießen „die Europäischen Gemeinschaften [...] im Hoheitsgebiet der Mitgliedstaaten die zur Erfüllung ihrer Aufgabe erforderlichen Vorrechte und Befreiungen nach Maßgabe des Protokolls im Anhang zu diesem Vertrag"[1].

In seinem „Mitglieder der Versammlung" überschriebenen Kapitel III enthält dieses „Protokoll über die Vorrechte und Befreiungen der Europäischen Gemeinschaften" neben den Bestimmungen, die eine verwaltungsmäßige oder sonstige Beschränkung der Reisen von Mitgliedern verbieten (Art. 8 Abs. 1) sowie Erleichterungen bei der Zollabfertigung und Devisenkontrolle vorsehen (Art. 8 Abs. 2) auch jeweils einen Artikel über die Indemnität (Art. 9) und die Immunität (Art. 10) der Mitglieder der Versammlung[2]. Art. 10 des Protokolls vom 8.4.1965 bestimmt:

> „Während der Dauer der Sitzungsperiode der Versammlung
> a) steht ihren Mitgliedern im Hoheitsgebiet ihres eigenen Staates die den Parlamentsmitgliedern zuerkannte Unverletzlichkeit zu,
> b) können ihre Mitglieder im Hoheitsgebiet jedes anderen Mitgliedsstaates weder festgehalten noch gerichtlich verfolgt werden.
> Die Unverletzlichkeit besteht auch während der Reise zum und vom Tagungsort der Versammlung.Bei Ergreifung auf frischer Tat kann die Unverletzlichkeit nicht geltend gemacht werden; sie steht auch nicht der Befugnis der Versammlung entgegen, die Unverletzlichkeit eines ihrer Mitglieder aufzuheben."[3]

Obwohl der Begriff der „parlamentarischen Immunität" in der deutschen Fassung des Protokolls nicht auftaucht[4], sondern von der den Parlamentsmitgliedern

---

1 ABl. 1967 Nr. 152/2 vom 13.7.1967; BGBl. 1967 II S. 1454 i.d.F. der Bekanntmachung vom 15.1.1986, BGBl. 1986 II S. 422; siehe auch das *„Protocol Amending The Protocol On The Privileges And Immunities Of The European Communities"* im Anhang zu dem am 7.2.1992 in Maastricht unterzeichneten *„Treaty on European Union"*, abgedruckt bei G/T/E Anlage, S. 170; sowie Art. 4 Abs. 2 des Akts zur Einführung allgemeiner unmittelbarer Wahlen der Abgeordneten des Europäischen Parlaments vom 20.9.1976 („Direktwahlakte"), der am 1.7.1978 in Kraft trat, ABl. 1976 Nr. L 278/1, BGBL. 1977 II S. 733.

2 Siehe zu den Vorrechten und Befreiungen der Beamten der Europäischen Gemeinschaften *Henrichs*, in: EuR 1987, S. 75.

3 ABl. 1967, Nr. 152/13; BGBl. 1965 II S. 1453, 1482 f.

4 Vgl. demgegenüber den französischen („l'immunité") sowie den englischen Wortlaut („immunity") des in allen Amtsprachen gleichermaßen verbindlichen Protokolls.

zugestandenen „Unverletzlichkeit“ die Rede ist, wird er in der Parlamentspraxis[5] wie auch in der Literatur[6] und Rechtsprechung[7] mit der anschaulichen, aber unüblichen Wendung der „Unverletzlichkeit“ gleichgesetzt. Die Begriffe der „Unverletzlichkeit“ der Parlamentsmitglieder und der „parlamentarischen Immunität“ sind insoweit gleichbedeutend[8].

Folgt man der Ansicht, daß alle mit den Gründungsverträgen der Europäischen Gemeinschaften einschließlich der späteren Ergänzungen und Änderungen sowie der mit ihnen verbundenen Anhänge und Protokolle dem primären Gemeinschaftsrecht zuzurechnen sind[9], dann wäre auch Art. 10 des Protokolls vom 8.4.1965 Bestandteil des gemeinschaftlichen „Verfassungsrechts“[10]. Demgegenüber soll es nach anderer Auffassung auf den „jeweils durch Auslegung zu ermittelnden Willen der Kontrahenten“ sowie den „Wortlaut der einschlägigen Bestimmungen“ ankommen[11]. Art. 10 des Protokolls ist jedoch auch nach dieser restriktiveren Auffassung dem primären Gemeinschafts- bzw. „Verfassungsrecht“ der Gemeinschaft zuzurechnen. Die Bestimmungen des Protokolls über die Vorrechte und Befreiungen stellen als Vertragsanhang einen Bestandteil des dem primären Gemeinschaftsrecht zugehörenden Fusionsvertrags dar[12]. Die Vertragsparteien haben sowohl in Art. 28 Abs. 1 FusV („... im Anhang zu diesem Vertrag ...“) als auch in der Präambel des Protokolls zum Ausdruck gebracht, daß das Protokoll einen vom Fusionsvertrag untrennbaren Anhang darstellt[13].

Die parlamentarische Immunität der Mitglieder des Europäischen Parlaments wird zugleich durch Art. 4 Abs. 2 des Aktes zur Einführung allgemeiner unmit-

---

5 Siehe Art. 5 GOEP in der vom Plenum am 13.4.1988 geänderten Fassung, ABl. 1988 Nr. C 122/74 vom 9.5.1988. Das Europäische Parlament verwendet mitunter einen sog. „kohärenten Begriff der europäischen parlamentarischen Immunität“ (siehe z.B. Dok. A2-49/89 [Vetter] vom 30.3.1989, Teil B, S. 9). Es unterstreicht damit sein Streben nach eigenen, in einem inneren, gemeinschaftsrechtlichen Zusammenhang stehenden Regeln und Unabhängigkeit von den innerstaatlichen Immunitätsbestimmungen; siehe zu dieser Praxis ausführlich unter 2. Teil § 2 A. I.

6 Vgl. z.B. *Sieglerschmidt*, in: EuGRZ 1986, S. 446.

7 EuGH Rs. 101/63 (Wagner/Fohrmann und Krier), Slg. 1964, S. 397; EuGH Rs. 149/85 (Wybot/Faure), Slg. 1986, S. 2403.

8 Siehe zur Umbenennung der „Versammlung“ in „Europäisches Parlament“ durch Art. 3 i.V.m. Art. 32 EEA *Bieber*, in: G/T/E vor Art. 137 EWGV Rn. 5; sowie *Läufer*, in: Grabitz, vor Art. 137 EWGV Rn. 1 und *Ipsen*, S. 323.

9 So z.B. *Schweitzer/Hummer*, S. 41.

10 Siehe zum Begriff „Verfassungsrecht“ der Gemeinschaft: *Bernhardt*, in: Kommission der Europäischen Gemeinschaften, S. 77 f.; *Beutler/Bieber/Pipkorn/Streil*, S. 44 f.; *Ipsen*, 2/33 ff.; *Schwarze*, in: Schwarze/Bieber, S. 15, 23 ff.; *Nicolaysen*, in: EuR 1987, S. 299, 304 ff.

11 Vgl. *Bernhard*, in: Kommission der Europäischen Gemeinschaften, S. 79 f., unter Hinweis auf Vertragsbestimmungen die in den Vereinbarungen über den Beitritt Dänemarks, Irlands und des Vereinigten Königreichs zu den Europäischen Gemeinschaften in den Rang sekundären Gemeinschaftsrechts „herabgestuft“ wurden. Siehe dazu den 6. Gesamtbericht-EG, Ziff. 571.

12 Vgl. *Reuter*: „The Protocol on the Privileges and Immunities of the European Communitites is part of the Treaty, not an implementing measure“, in: Smit/Herzog, Art. 218 EEC, S. 6-120 ff. (123); so auch *Sieglerschmidt*, in: EuGRZ 1986, S. 446 und das Erweiterte Präsidium des Europäischen Parlaments in einem Arbeitspapier vom 29.9.1983 (PE 67.748); abgedruckt im Anhang I KOM (84) 666 endg., S. 11.

13 Siehe den Wortlaut der Präambel: „*Die hohen Vertragsparteien*, ... *sind* über folgende Bestimmungen *übereingekommen*, die diesem Vertrag als Anhang beigefügt sind: ...“

telbarer Wahlen der Abgeordneten der Versammlung vom 20.9.1976[14] (DWA) geregelt. Art. 4 Abs. 2 DWA bestimmt:

> „Die Abgeordneten genießen die Vorrechte und Befreiungen, die nach dem Protokoll über die Vorrechte und Befreiungen der Europäischen Gemeinschaft im Anhang zum Vertrag zur Einsetzung eines gemeinsamen Rates und einer gemeinsamen Kommission der Europäischen Gemeinschaften für die Mitglieder der Versammlung gelten."

Hinsichtlich des räumlichen, zeitlichen und sachlichen Geltungsbereichs der europäischen parlamentarischen Immunität kommt Art. 4 Abs. 2 DWA somit eine rein deklaratorische Bedeutung zu[15]. Er verweist auf Art. 10 des Protokolls in dessen jeweils geltender Fassung[16].

Der Direktwahlakt besitzt Übergangscharakter[17]. Er wurde von den Mitgliedern des Rates in ihrer doppelten Eigenschaft als Ratsvertreter einerseits und als Regierungsmitglieder andererseits unterzeichnet. Damit, wie auch durch die Bezeichnung des Textes als Akt, hat der Rat eine Festlegung der Rechtsqualität des Textes vermieden. Überwiegend wird er als „gemischter Rechtsakt" angesehen, der sowohl Elemente eines autonomen Rechtsakts der Gemeinschaft als auch eines völkerrechtlichem Vertrags enthält, bei dem jedoch das Vertragselement wegen des dem Akt vorgeschalteten Ratifikationserfordernisses durch die Parlamente der Mitgliedsstaaten überwiegt[18]. Durch den Akt erhält das Parlament keinerlei Änderungsbefugnisse. Eine Änderung des Aktes wäre nur unter Mitwirkung der Mitgliedsstaaten und ihrer Parlamente zulässig.

In seiner Eigenschaft als Verfassungsrecht und Bestandteil des Europäischen Parlamentsrechts[19] stellt das Rechtsinstitut der europäischen parlamentarischen Immunität den obersten Rechtmäßigkeitsmaßstab des parlamentarischen Verfahrens in Immunitätsangelegenheiten dar. Aus dieser Qualifikation ergibt sich, daß eine Änderung des Protokolls nur nach einem mit den Gemeinschaftsverträgen vereinbarten bzw. zulässigen Vertragsänderungsverfahren möglich ist[20]. Abweichungen von der Verfassung können zwar auch dann verbindlich werden, wenn ihr Zustandekommen, nicht aber der sachliche Inhalt bedenklich ist, und dieser Inhalt von der Rechtsgemeinschaft allgemein begrüßt und bejaht wird. Auch die Mißachtung der vorgeschriebenen Prozedur setzt jedoch einen einstimmigen und förmlichen Vertrag voraus, in dem die abweichenden Regelungen vereinbart werden[21]. Näher auf den Verfassungsrang und das staatsrechtliche Wesen der europäischen parlamentarischen Immunität einzugehen, erübrigt sich, da sich aus diesem Aspekt für die praktische Bedeutung der Unverfolgbarkeit nichts ergibt.

---

14 ABl. 1976 Nr. L 278/1 vom 8.10.1976; BGBl. 1977 II S. 733.

15 So auch *Sieglerschmidt*, in: EuGRZ 1986, S. 446; *Bieber*, in: G/T/E Art. 138 Anhang EWGV Rn. 20.

16 Von besonderer Bedeutung ist jedoch die Tatsache, daß die Mitgliedsstaaten bei Einführung des Direktwahlaktes an der Verweisung des Art. 10 Abs. 1 lit. a) des Protokolls auf das jeweilige nationale Recht festgehalten haben; siehe dazu näher unten § 2 B. III.

17 Vgl. EuGH Rs. 5/68 („Les Verts"/Parlament), Slg. 1968, S. 600.

18 *Läufer*, in: Grabitz, Art. 138 EWGV Rn. 3; *Bieber*, in: G/T/E Art. 138 EWGV Rn. 5.

19 *Bieber*, in: G/T/E vor Art. 137 EWGV Rn. 1 mit einer etwas sperrigen Definition des Parlamentsrechtsbegriffs.

20 Siehe zu den Änderungs- und Ergänzungsmöglichkeiten der Gemeinschaftsverfassung eingehend *Bernhard*, in: Kommission der Europäischen Gemeinschaften, S. 82 ff.

21 *Bernhardt*, in: Kommission der Europäischen Gemeinschaften, S. 85 m.w.N.

B. Strafprozessuale Bedeutung

Aus der Ratifikation des Protokolls und seiner aus allgemeinen Rechtsgrundsätzen des Gemeinschaftsrechts folgenden vorrangigen und unmittelbaren Anwendbarkeit im innerstaatlichen Recht[22] ergibt sich weiterhin, daß die in Art. 4 DWA und Art. 10 des Protokolls definierte europäische parlamentarische Immunität im innerstaatlichen Strafverfahren als Verfahrens- und Prozeßhindernis zwingend zu beachten ist[23]. Soweit sie den Ablauf des innerstaatlichen Strafverfahrens bestimmt, ist die europäische parlamentarische Immunität deshalb auch ein von Amts wegen zu beachtender Bestandteil des jeweiligen Strafprozeßrechts der Mitgliedsstaaten[24].

Die in Art. 10 des Protokolls verankerte Verfolgungs- bzw. parlamentarische Immunität im engeren Sinne stellt ein lediglich vorübergehendes Verfahrens- und Prozeßhindernis dar[25]. Während der Geltungsdauer der parlamentarischen Immunität ruhen die Fristen, und zwar mit Ablauf des Tages, an dem die Verfolgungsorgane von der Tat Kenntnis erlangen. Die jeweiligen innerstaatlichen Verjährungsvorschriften werden dadurch nicht berührt. Die Abgeordneten bleiben für ihr strafrelevantes Verhalten deshalb grundsätzlich verantwortlich[26].

Als Prozeßhindernis setzt die europäische parlamentarische Immunität für die Verfolgung und Ermittlung einer Tat, die nicht Flagranztat ist, die vorherige Aufhebung der Immunität durch das Europäische Parlament voraus. Mit anderen Worten erfordert das Prozeßhindernis der parlamentarischen Immunität eine Genehmigung für alle Maßnahmen, die dem Schutzbereich des Art. 10 des Protokolls unterfallen. Strafverfahren, freiheitsentziehende- oder beschränkende Maßnahmen bzw. andere Beschränkungen der allgemeinen Handlungsfreiheit von Mitgliedern des Europäischen Parlaments dürfen deshalb nur eingeleitet und durchgeführt werden, soweit das Europäische Parlament die Verfolgung im Einzelfall genehmigt hat. Dementsprechend sind bei fehlender oder fehlerhafter Genehmigung Strafverfahren oder sonstige repressive Maßnahmen gegen Abgeordnete unzulässig und damit von Amts wegen aufhebbar. Ebenfalls unzulässig wäre es, die Aufhebung der Immunität während der schon laufenden Verfolgungsmaßnahmen zu beantragen[27].

Eine generelle Genehmigung zur Durchführung von Ermittlungsverfahren, wie etwa in der Bundesrepublik Deutschland auf Bundes- und Länderebene üblich[28], hat das Europäische Parlament unabhängig von der Frage, ob es dazu befugt gewesen wäre, nicht ausgesprochen. Auch existiert im Bereich der Verkehrs- und Baga-

---

22 Vgl. zu diesen Besonderheiten des „supranationalen" Gemeinschaftsrechts *Nicolaysen*, Europarecht I, S. 28 ff.; *Ipsen*, S. 67 ff. jew. m.w.N.

23 *Sieglerschmidt*, in: EuGRZ 1986, S. 446; siehe zur Umsetzung in innerstaatliches (deutsches) Recht die Kommentierung zu § 152 a StPO bei *Kleinknecht/Meyer*, S. 593 ff.; *Schoreit*, in: Pfeiffer, S. 626 ff.; *Rieß*, in: LR, S. 32 ff. m.w.N.

24 In der Bundesrepublik Deutschland gehört das Gemeinschaftsrecht zu „Gesetz und Recht", woran Rspr. und vollziehende Gewalt nach Art. 20 III GG gebunden sind, vgl. *Pernice*, in: NJW 1990, S. 2409, 2412.

25 BGH NJW 1990, S. 2808, 2831; vgl. demgegenüber die in Art. 9 des Protokolls geregelte permanente Indemnität; zur Abgrenzung zwischen Art. 9 und 10 sogleich unten unter C. III.

26 Vgl. BGH NJW 1992, S. 701 zur Frage eines Beweisverwertungsverbotes.

27 Vgl. Dok. A3-269/91 (Tsimas/Roumelicta) v. 17.10.1991, S. 4 ff.

28 Siehe Nr. 192 b Abs. 2 RiStBV.

telldelikte kein Katalog von genehmigungsfreien Maßnahmen. Vielmehr hat das Europäische Parlament Bußgeldverfahren nach § 113 OWiG gegen bundesdeutsche Europa-Abgeordnete ausdrücklich als genehmigungspflichtig bezeichnet[29]. Zu den genehmigungsbedürftigen Maßnahmen zählt es gleichfalls „Maßnahmen des Untersuchungsrichters", Maßnahmen zur „Vollstreckung von bereits ergangenen Urteilen" und Maßnahmen im Bereich der „Berufungs- oder Kassationsverfahren"[30], wobei jedoch offen bleibt, welche Maßnahmen damit im einzelnen gemeint sind.

Die strafprozessuale Schutzwirkung der europäischen parlamentarischen Immunität liegt somit vor allem darin, daß das Europäische Parlament die Aufhebung der parlamentarischen Immunität verweigern kann. Von besonderer Bedeutung ist in diesem Zusammenhang, daß das Ermittlungs- und Verfolgungsverbot in den Mitgliedsstaaten in der Regel strafbewährt ist. So wird z.B. in der Bundesrepublik Deutschland gemäß § 344 StGB bestraft, wer als zur Mitwirkung an einem Strafverfahren berufener Amtsträger „absichtlich oder wissentlich einen Unschuldigen oder jemanden, der sonst nach dem Gesetz nicht strafrechtlich verfolgt werden darf, strafrechtlich verfolgt"[31].

C. Abgrenzung zu vergleichbaren Rechtsinstituten

Die europäische parlamentarische Immunität ist abzugrenzen von den Gewährleistungen des Art. 1 (Unverletzbarkeit der Räumlichkeiten der Gemeinschaften), Art. 8 (Reisefreiheit) und Art. 9 (Indemnität) des Protokolls sowie einem explizit nicht verankerten Zeugnisverweigerungsrecht. Darüber hinaus ist sie zu unterscheiden von der völkerrechtlichen Immunität der Mitglieder des Europäischen Parlaments.

I. Unverletzbarkeit der Räumlichkeiten und Gebäude der Gemeinschaften

Nach Art. 1 des Protokolls sind „die Räumlichkeiten und Gebäude der Gemeinschaften [.] unverletzlich" und „dürfen nicht durchsucht [...] werden." Der Gerichtshof hat in der Rs. C-201/89 (Le Pen/Puhl)[32] zum Ausdruck gebracht, daß Art. 1 des Protokolls „die Unverletzlichkeit der Räumlichkeiten und Gebäude sowie anderer Vermögensgegenstände der Gemeinschaft im Hinblick auf Zwangsmaßnahmen" betrifft. Damit ist er jedoch lediglich der Auffassung entgegengetreten, Art. 1 des Protokolls regle die Zuständigkeitsverteilung zwischen dem Gerichtshof und den nationalen Gerichten für Entscheidungen im Bereich der außervertraglichen Haftung. Demgegenüber hatte er keine Veranlassung, sich zu der materiellen Schutzwirkung des Art. 1 des Protokolls bzw. zu der Frage zu äußern, ob Durchsuchungen innerhalb des Parlaments gänzlich ausgeschlossen sind oder

---

29 Vgl. zur Genehmigungsbedürftigkeit von Strafbefehlsverfahren in der Folge von Bagatellen den Bericht Dok. A2-214/85 (Graefe zu Baringdorf) vom 6.2.1986; sowie im Hinblick auf Maßnahmen nach dem OWiG den Bericht Dok. A2-35/86 (Simons/Walter) vom 5.5.1986.

30 Dok. A2-340/88 (Pisoni) vom 3.1.1989, S. 9.

31 Vgl. *Ranft*, in: ZRP 1981, S. 271, 273; sowie *Cramer*, in: *Sch/Sch*, § 344

32 Slg. 1990, S. 1195.

seiner förmlichen Anordnung bedürfen[33]. Man wird davon auszugehen haben, daß die in den Parlamentsgebäuden in Straßburg und Brüssel belegenen Abgeordnetenbüros, soweit sie einen Teil „der Räumlichkeiten und Gebäude der Gemeinschaften" darstellen, dem Schutz des Art. 1 des Protokolls unterliegen. Durchsuchungen und Beschlagnahmungen in den Abgeordnetenbüros des Parlamentsgebäudes setzen deshalb stets auch eine Einwilligung des jeweiligen, das Hausrecht ausübenden Präsidenten voraus[34]. Die Frage, ob und inwieweit außerhalb der Parlamentsgebäude liegende Büros und Privathaushalte vor Durchsuchungsmaßnahmen und Beschlagnahmen geschützt sind, richtet sich demgegenüber nach dem sachlichen Geltungsumfang der parlamentarischen Immunität gemäß Art. 10 des Protokolls.

II. Reisefreiheit

Art. 8 des Protokolls gewährleistet die ungehinderte Reise „zum und vom Tagungsort der Versammlung", indem er verwaltungsmäßige oder sonstige Beschränkungen der Reise von Mitgliedern des Europäischen Parlaments, insbesondere zoll- und devisenrechtlicher Art verbietet[35]. Aus Art. 8 des Protokolls folgt u.a. das Verbot, die Reisefreiheit der Abgeordneten durch bestimmte Steuerpraktiken verwaltungsmäßigen Beschränkungen zu unterwerfen[36], bzw. das Verbot, Reisevergütungen in solcher Höhe zu besteuern, daß die Nettoeinnahmen unter dem Betrag liegen würden, der zur Deckung der in Ausübung des Amtes entstandenen, angemessenen Kosten erforderlich ist[37].

Art. 10 Abs. 2 des Protokolls, demnach die europäische parlamentarische Immunität auch während der Reise zum und vom Tagungsort der Versammlung besteht, ergänzt diese Reisefreiheit um den Schutz vor repressiven Maßnahmen staatlicher Hoheitsträger.

III. Indemnität

Gegenüber der in Art. 10 des Protokolls verankerten parlamentarischen Immunität im engeren Sinne[38] besagt der in Art. 9 des Protokolls verankerte

---

33 Vgl. Art. 1 S. 2 des Protokolls.

34 Vgl. Art. 18 Nr. 4 GOEP. Das Präsidium des Europäischen Parlaments hat entsprechende „Vereinbarungen" mit den früheren Präfekten in Straßburg und mit der luxemburgischen Regierung über die Gewährleistung der Sicherheit in den Gebäuden des Europäischen Parlaments geschlossen.

35 Vgl. *Reuter*, in: Smit/Herzog, Art. 218 EEC, S. 6-120 ff. (125). Siehe demgegenüber die „Grundsätze für die Freistellung hochgestellter Persönlichkeiten des politischen Lebens, von Diplomaten und anderen bevorrechtigten Personen sowie des diplomatischen und konsularischen Kuriergepäcks von den Sicherheitskontrollen", Rahmenplan Luftsicherheit des BMI Teil II A, P I 3 - 643 542/1 - vom 25.5.1990 demnach von Fluggast- und Gepäckkontrollen zwar der Präsident des Europäischen Parlaments befreit ist, nicht aber die Vizepräsidenten und Mitglieder des Parlaments.

36 Siehe hierzu EuGH Rs. 208/80 (Lord Bruce/Aspden), Urt. v. 15.9.1981, Slg. 1981, S. 2215, 2219 Ziff. 14; sowie die Ausführungen des GA Slynn in dieser Rs., S. 2227.

37 Vgl. GA Slynn in der vorerwähnten Rs. 208/80 (Lord Bruce/Aspden), S. 2227. Siehe auch die Rs. C-333/88 (Krier Tither/Commissoners), Urt. v. 22.3.1990, noch nicht in der Amtl. Slg.

38 Die im Protokoll vorgenommene Unterscheidung zwischen Immunität und Indemnität entspricht der üblichen Terminologie in den Mitgliedsstaaten. Gleichwohl umfaßt der französische Begriff der „immunité parlementaire" sowohl die „irresponsabilité parlementaire" als auch die „inviolabilité parlementaire"; siehe zur englischsprachigen Terminologie „immunity" das Begriffspaar

Grundsatz der Indemnität[39], daß ein Mitglied des Parlaments zu keiner Zeit wegen einer in Ausübung seines Amtes erfolgten Äußerung oder Abstimmung gerichtlich oder dienstlich verfolgt oder sonst außerhalb des Parlaments zur Verantwortung gezogen werden darf[40]. Insoweit handelt es sich bei der Straflosigkeit parlamentarischer Abstimmungen und Äußerungen um eine Erscheinung des materiellen Strafrechts und zwar um einen sog. persönlichen Strafausschließungsgrund, dessen Wirkungen auch nach Beendigung des Mandats fortdauern[41]. Die Indemnität reicht damit gegenüber dem vorübergehenden Verfahrens- und Prozeßhindernis der europäischen parlamentarischen Immunität gemäß Art. 10 des Protokolls insofern weiter, als die Indemnität zeitlich unbegrenzt und unaufhebbar ist, wohingegen die Immunität weder vorbehaltlos noch über die „Dauer der Sitzungsperiode" hinaus gilt[42]. Zudem soll die europäische parlamentarische Immunität auch vor solchen strafrelevanten Handlungen schützen, die nicht in Ausübung des Mandats begangen wurden, sondern zeitlich vor der Mandatserlangung lagen.

IV. Zeugnisverweigerungsrecht

Ein sowohl im staatsanwaltschaftlichen Ermittlungs- als auch im Gerichts- oder Verwaltungsverfahren zu beachtendes Zeugnisverweigerungsrecht, d.h. die Befugnis, über Personen, die ihnen in ihrer Eigenschaft als Abgeordnete oder denen sie in dieser Eigenschaft Tatsachen anvertraut haben, sowie über diese Tatsachen selbst das Zeugnis zu verweigern, ist für die Mitglieder des Europäischen Parlaments im Gemeinschaftsrecht explizit nicht vorgesehen[43]. Demgegenüber vertritt Bieber die Auffassung, daß man dort, wo ein entsprechendes Recht innerstaatlich

„freedom of speech" und „freedom of arrest"; sowie hinsichtlich des Art. 46 GG die von der h.M. (vgl. Nachw. bei *Maunz*, in: Maunz/Dürig/Herzog/Scholz, Art. 46 GG Rn. 2 ff.; *Magiera*, in: BK, Art. 46 GG Rn. 2 ff.) abweichende Terminologie („Verfolgungs-Immunität/Verantwortungs-Immunität") bei *v.Mangoldt/Klein*, Art. 46 GG Anm. II 2 b, c.

39 Siehe Art. 9 des Protokolls: „Wegen einer in Ausübung ihres Amtes erfolgten Äußerung oder Abstimmung dürfen Mitglieder der Versammlung weder in ein Ermittlungsverfahren verwickelt noch festgenommen werden."

40 Ob dies im Gegensatz zu verschiedenen nationalen Regelungen auch für Äußerungen außerhalb des Europäischen Parlaments, etwa bei Partei- oder Wahlveranstaltungen gilt, ist fraglich. Bejahend *Bieber*, der die Teilnahme als Mandatsausübung ansieht, in: EuR 1984, S. 130. Der Wortlaut des Art. 9 steht dieser Auffassung jedenfalls nicht entgegen. Richtigerweise wird man den gemeinschaftsrechtlichen Begriff „in Ausübung ihres Amtes" gemeinschaftsautonom, d.h. gegebenenfalls nach der Methode der „wertenden Rechtsvergleichung" auszulegen haben. Einen Verstoß gegen die Bündnistreue des Art. 5 EWGV stellt daher m.E. § 5 Abs. 1 S. 2 EuAbgG dar, demzufolge sich der Umfang der Indemnität der deutschen Mitglieder des Europäischen Parlaments nach den Bestimmungen des Grundgesetzes richtet; siehe auch *Bieber*, in: G/T/E Art. 138 Anhang EWGV Rn. 21; *Fleuter*, S. 108; a.A. *Läufer*, in: Grabitz Art. 138 EWGV Rn. 31.

41 Vgl. § 36 StGB; Anwendungsfälle der Indemnität sind in der Parlamentspraxis bislang nicht aktenkundig geworden. Demgegenüber zeigen die in der Praxis bekannt gewordenen Immunitätsfälle nicht selten eine auffallende Nähe zu geradezu klassischen Anwendungsfällen der Indemnität.

42 Vgl. *Burban*, S. 786 ff.; *Jacqué/Bieber/Constantinesco/Nickel*, S. 77 ff.; siehe auch BGH NJW 1992, S. 701.

43 *Fleuter*, S. 116 f.

besteht[44], dieses auch auf die Mitglieder des Europäischen Parlaments selbst dann anwenden müsse, wenn diese nicht die Staatsangehörigkeit besitzen, in der das Recht geltend gemacht wird[45]. Im Hinblick auf die Geltendmachung eines Zeugnisverweigerungsrechts vor dem EuGH sei nämlich davon auszugehen, daß der EuGH bei der Prüfung der Berechtigung in Anwendung seiner Auslegungsgrundsätze auf das den Mitgliedsstaaten gemeinsame Recht zurückgreifen würde[46]. Festzustellen ist, daß die deutschen Mitglieder des Europäischen Parlaments sich zur Geltendmachung eines Zeugnisverweigerungsrechts zumindest in der Bundesrepublik Deutschland auf § 6 EuAbgG berufen können[47].

V. Völkerrechtliche Immunität

Die völkerrechtliche Immunität der Europa-Abgeordneten definiert sich nach Art. 1 e und 31 des Wiener Übereinkommens vom 18.4.1961[48]. Sie dient in erster Linie der Abwehr von Zwangsmaßnahmen des Territorialstaates, die sich gegen die Hoheitsträger selbst wenden. Im Gegensatz zur europäischen parlamentarischen Immunität kann sie jedoch weder gegenüber Maßnahmen im Hoheitsgebiet des eigenen Landes noch im Hoheitsgebiet der übrigen Mitgliedsstaaten geltend gemacht werden, da das Gemeinschaftsrecht die europäische parlamentarische Immunität insoweit abschließend regelt. Offenbar kommt der völkerrechtlichen Immunität der Abgeordneten jedoch eine gewisse paßrechtliche Bedeutung zu[49]. Insoweit ist festzustellen, daß der Präsident des Europäischen Parlaments von seinem in Art. 7 des Protokolls i.V.m. der VO Nr. 1826/69[50] vorgesehenen Recht, den Mitgliedern und Bediensteten Reiseausweise auszustellen, Gebrauch gemacht hat[51].

§ 2 Normative Verankerung in Art. 10 Protokoll

Inhalt und Reichweite der europäischen parlamentarischen Immunität werden bestimmt durch Art. 10 des Protokolls[52]. Neben dem Umfang der Gewährleistungen regelt er zugleich die Geltungsdauer der parlamentarischen Immunität

44 Vgl. z.B. Art. 47 GG; Art. 61 Abs. 3 der Verfassung der Republik Griechenland.

45 *Bieber*, in: EuR 1981, S. 132; ders. in: G/T/E Art. 138 EWGV Anhang 4 DWA Rn. 26; siehe auch den entsprechenden Vorschlag für eine positivrechtliche Verankerung in Art. 9 des Protokolls bei Donnez, Dok. A2-121/86, S. 31.

46 *Bieber*, in: G/T/E Art. 138 Anhang EWGV Rn. 26 unter Hinweis auf das bislang noch theoretische Problem der Zeugenaussage vor dem EuGH.

47 Vgl. das Rundschreiben des BMI v. 10.1.1983 - P II 5 - 640 180/9 - in: GMBl 1983, S. 39, 73; sowie *Wache*, in: Boujong, OWiG, § 59 Rn. 38.

48 BGBl. 1964 II S. 957; *Grabitz/Läufer*, S. 51, mit dem Hinweis, daß die deutschen Abgeordneten des Europäischen Parlaments im Besitz eines Diplomatenpasses der Bundesrepublik Deutschland sind.

49 Vgl. *Harms*, S. 119; *Bergmann/Korth*, S. 47.

50 ABl. 1969 Nr. L 235/1 vom 15.9.69, geändert durch Verordnungen Nr. 950/73 ABl. 1973 Nr. L 98/1 vom 2.4.1973 und Nr. 3288/80 ABl. 1980 Nr. L 350/17 vom 4.12.1980.

51 *Thiesing*, in: G/T/E Art. 218 EWGV Rn. 4.

52 Art. 4 Abs. 2 DWA kommt lediglich eine deklaratorische Bedeutung zu.

sowie die Befugnisse des Europäischen Parlaments, die Immunität seiner Mitglieder aufzuheben. Hinsichtlich des Geltungsumfangs unterscheidet er zwischen der Unverletzlichkeit im Herkunftsstaat (Abs. 1 lit. a)), der Unverletzlichkeit in jedem anderen Mitgliedsstaat (Abs. 1 lit. b)) und der Unverletzlichkeit bei der An- und Abreise zum und vom Tagungsort (Abs. 2). Abs. 3 S. 1 regelt den Fall der Flagranzfestnahme[53]. Dazu im einzelnen:

A. Geltungsdauer der europäischen parlamentarischen Immunität während der „Dauer der Sitzungsperiode" (Art. 10 Abs. 1)

Die Geltungsdauer der europäischen parlamentarischen Immunität, die Art. 10 des Protokolls mit den Worten „während der Dauer der Sitzungsperiode" bestimmt, hat der EuGH in zwei Urteilen wie folgt präzisiert[54].

I. Rs. 101/63 (Wagner/Fohrmann und Krier)

Bereits in der Rs. 101/63 (Wagner/Fohrmann und Krier)[55] war der EuGH zur Auslegung des Begriffs „Dauer der Sitzungsperiode" seitens der Zuchtpolizeikammer des Bezirksgerichts Luxemburg angerufen worden. Die ehemaligen Mitglieder der Versammlung Fohrmann und Krier beriefen sich zur Geltendmachung ihrer parlamentarischen Immunität auf die Praxis der Versammlung, jährlich eine Sitzungsperiode abzuhalten, die niemals für geschlossen erklärt, sondern lediglich unterbrochen wurde. Die parlamentarische Immunität der Mitglieder der Versammlung war zu diesem Zeitpunkt in den jeweiligen Artikeln 9 der Protokolle in den Anhängen zu den drei Verträgen (EGKSV, EAGV, EWGV) geregelt[56]. Streitentscheidend war deshalb, ob sich die am 6.11.1962 tatsächlich nicht tagende Versammlung der EGKS in einer „Sitzungsperiode" befunden hatte[57]. Der EuGH stellte zunächst fest, daß für das Zusammentreten der Versammlung zu außerordentlichen Sitzungsperioden im EGKSV ein anderer als der in den Verträgen der EWG und der EAG genannte Zeitpunkt bestimmt sei. Während Art. 22 EGKSV die Dauer der Sitzungsperiode insoweit begrenzte, als er vorsah, daß sie „nicht über das Ende des laufenden Rechnungsjahres hinaus" ausgedehnt werden dürfe, legten Art. 139 EWG-V und Art. 109 EAG-V lediglich den Zeitpunkt des Beginns

---

53 In persönlicher Hinsicht kann die europäische parlamentarische Immunität nur von den Mitgliedern des Europäischen Parlaments geltend gemacht werden. Mitarbeiter oder Personal der Abgeordneten sowie die in ihrem Haushalt lebenden Familienangehörigen unterfallen nicht dem Schutz der parlamentarischen Immunität. Siehe demgegenüber Art. 15 des Allgemeinen Übereinkommens über die Vorrechte und Befreiungen des Europarats vom 2.4.1949, das am 10.9.1952 in Kraft trat: „... les représentants a l'Assemblée et leurs suppléants, qu'ils soient parlementaires ou non ...", BGBl. 1954 II S. 494.

54 Siehe zum Verfahrensgrundsatz des Schutzes vor sog. „mitgebrachten Verfahren" unten 2. Teil § 2 D.

55 EuGH Rs. 101/63 (Wagner/Fohrmann und Krier), Urt. v. 12.5.1964, Slg. 1964, S. 423 ff.

56 Siehe dazu sogleich unten 1. Teil § 1 B. II. „Historischer Kontext".

57 Die erste Klage des Privatklägers war mit Urt. v. 2.6.1962 für unzulässig erklärt worden, da die Abgeordneten sich zu diesem Zeitpunkt in einer Sitzungsperiode befanden.

der Sitzungsperioden fest[58]. Da sie jedoch keine ausdrückliche Bestimmung i.S.d. Art. 22 EGKS-V enthielten, der einen Endtermin der jährlichen Sitzungsperiode festsetzen würde, ginge es auch nicht an, „die Unterbrechung entgegen dem Wortsinn der Schließung gleichzusetzen." Der Gerichtshof gelangte deshalb zu dem Ergebnis:

> „Unbeschadet der in Art. 22 EGKS-Vertrag festgesetzten Eröffnungs- und Endtermine der jährlichen Sitzungsperioden ist das Europäische Parlament bis zur Schließung seiner jährlichen oder außerordentlichen Sitzungsperioden als in einer Sitzung befindlich anzusehen, auch wenn es tatsächlich keine Sitzung abhält."[59]

Das Europäische Parlament könne demnach in Zwischenzeiten dieser „jährlichen Sitzungsperioden" nach denselben Vorschriften sowohl als Versammlung der einen als auch als Versammlung der anderen drei Gemeinschaften zu „außerordentlichen Sitzungsperioden" zusammentreten[60]. Die beschuldigten Abgeordneten konnten ihre parlamentarische Immunität somit erfolgreich geltend machen, obwohl das Parlament zur Tatzeit tatsächlich nicht tagte.

II. Rs. 149/85 (Wybot/Faure)

Angesichts des Inkrafttretens des Fusionsvertrags und der ständigen Praxis des Europäischen Parlaments, ganzjährige Sitzungsperioden mit einzelnen Tagungen abzuhalten[61], hatte der EuGH anläßlich einer weiteren Vorabentscheidung zur Dauer der Immunität[62] zu erörtern, ob sich die Rechtslage seit seinem Urteil in der Rs. 101/63 verändert hatte.

Vom Privatkläger des Ausgangsverfahrens und Berufungsführer vor dem Tribunal de Grande Instance wegen Verleumdung verklagt, berief sich der Angeklagte Faure auf seine europäische parlamentarische Immunität und machte die Unzulässigkeit des Verfahrens geltend. Das erstinstanzliche Gericht stellte fest, daß der Zeitpunkt der Ladung zur Verhandlung in die parlamentarische Sitzungsperiode 1982/83 fiel und ging deshalb von dem Bestehen der parlamentarischen Immunität aus, obwohl das Parlament zu diesem Zeitpunkt tatsächlich nicht getagt hatte. Der Privatkläger des Ausgangsverfahrens legte daraufhin beim Cour d'Appel Berufung ein. Der vom Berufungsgericht um Auslegung gebetene EuGH bekräftigte sein früheres Urteil in der Rs. 101/63 mit den Worten:

> „Art. 10 [...], ist dahin auszulegen, daß das Europäische Parlament bis zu dem Beschluß, durch den es den Schluß der jährlichen oder außerordentlichen Sitzungsperiode ausspricht als in einer Sitzung befindlich anzusehen ist, selbst wenn es nicht tatsächlich tagt."[63]

Dieser Rechtsprechung zufolge erstreckt sich die Geltungsdauer der parlamentarischen Immunität somit über die Dauer der Sitzungswoche hinaus bis zum Ende der jährlichen Sitzungsperiode. Die Mitglieder des Parlaments genießen

---

58 Vgl. den Wortlaut der Art. 22 EGKSV, 139 EWGV und 109 EAGV.

59 EuGH Rs. 101/63 (Wagner/Fohrmann und Krier), Slg. 1964, S. 433 f.

60 EuGH Rs. 101/63 (Wagner/Fohrmann und Krier), Slg. 1964, S. 432 f.

61 Vgl. Art. 9 Abs. 1 GOEP.

62 EuGH Rs. 149/85 (Wybot/Faure), Urt. v. 10.7.1986, Slg. 1986, S. 2391 ff.

63 Slg. 1986, S. 2411; siehe auch *Verges*, in: Megret, Art. 138 EWGV Rn. 43.

deshalb auch in der Zeit zwischen den einzelnen Tagungen parlamentarische Immunität[64].

Der EuGH anerkennt somit das Bedürfnis nach einem lückenlosen Schutz der Mitglieder des Europäischen Parlaments. Art. 10 des Protokolls entspricht insoweit den jeweiligen in den Mitgliedsstaaten üblichen Regelungen[65].

B. „Zuerkannte Unverletzlichkeit" im Herkunftsstaat (Art. 10 Abs. 1 lit. a))

Soweit es um die Nichtverfolgbarkeit der Europa-Abgeordneten in ihren Herkunftsstaaten geht, bestimmt Art. 10 Abs. 1 lit. a) des Protokolls den sachlichen Geltungsumfang der europäischen parlamentarischen Immunität anhand einer Verweisung auf die den Parlamentsmitgliedern „im Hoheitsgebiet ihres eigenen Staates [...] zuerkannte Unverletzlichkeit". Zur konkreten Ausfüllung des Begriffs der „zuerkannten Unverletzlichkeit" bezieht sich der Wortlaut des Abs. 1 lit. a) mithin auf die jeweiligen, für die Mitglieder der nationalen Parlamente geltenden innerstaatlichen Immunitätsvorschriften. Diese Verweisung ist in mehrfacher Hinsicht problematisch.

I. Problematik des Art. 10 Abs. 1 lit. a)

1. Auslegungsbedürftigkeit

Dem Wortlaut des Art. 10 Abs. 1 lit. a) des Protokolls ist der Schutzumfang der europäischen parlamentarischen Immunität nicht zu entnehmen. Die betreffenden innerstaatlichen Rechtskreise haben daher in jedem Einzelfall konkret zu prüfen, ob die beabsichtigte oder bereits andauernde Strafverfolgung der parlamentarischen Immunität unterfällt. Der Wortlaut läßt insoweit offen, ob und inwieweit neben den freiheitsentziehenden[66] bzw. -beschränkenden[67] Maßnahmen andere Beschränkungen der allgemeinen Handlungsfreiheit, z.B. die Beschlagnahme von Postsendungen, die Fernmeldeüberwachung, die Anordnung eines Fahrverbots, die körperliche Untersuchung, die Blutentnahme[68] oder Disziplinarverfahren bzw. Verfahren berufsständischer Einrichtungen (z.B. von Rechts-

---

64 *Bieber*, in: G/T/E Art. 138 Anhang EWGV Rn. 25.

65 Siehe zu den jeweiligen innerstaatlichen Vorschriften unten 2. Teil § 2 A. II.

66 Unter freiheitsentziehenden Maßnahmen sind neben der vorläufigen Festnahme die straf- oder zivilprozessuale Haft (etwa zur zwangsweisen Durchsetzung der Ableistung eines Offenbarungseides), die Anstaltsunterbringung oder die sicherungspolizeiliche Ordnungshaft zu verstehen.

67 Zu den freiheitsbeschränkenden Maßnahmen zählen neben dem Festhalten zur Feststellung der Identität, das Festhalten zur körperlichen Untersuchung, das Festhalten von Störern sowie die Vorführung des Betreffenden und seine erkennungsdienstliche Behandlung. Auch werden Durchsuchungen und Beschlagnahmungen zu freiheitsbeschränkenden Maßnahmen gezählt. Siehe *Troßmann*, § 114 GOBT Rn. 7. Der damalige § 114 GOBT entspricht dem § 107 GOBT i.d.F. der Bekanntmachung vom 2.7.1980.

68 Vgl. zur Blutentnahme bei einem der Trunkenheitsfahrt verdächtigten Bundestagsabgeordneten OLG Bremen NJW 1966, S. 743.

anwalts-, Ärzte-, Apothekerkammern)[69] und Gerichte der europäischen parlamentarischen Immunität unterfallen und deshalb genehmigungspflichtig sind[70]. Offen ist insoweit auch, ob sich die Schutzrichtung der europäischen parlamentarischen Immunität ausschließlich gegen staatliche Maßnahmen richtet oder auch vor dem Ausschluß, beispielsweise aus politischen Parteien, Gewerkschaften, Religionsgemeinschaften oder universitären Einrichtungen schützt. Ebenfalls einer konkreten Auslegung bedarf im Einzelfall die Frage, ob und inwieweit die europäische parlamentarische Immunität die Erfüllung von Rechtshilfeersuchen aus Drittstaaten beeinflussen kann[71]. Dabei geht es nicht um die Frage, ob die im Drittland begangene Handlung der europäischen parlamentarischen Immunität unterfällt - ihre territoriale Geltung ist insoweit auf die Hoheitsgebiete der Mitgliedsstaaten der EG beschränkt[72] -, sondern um den Schutz vor innerstaatlichen Maßnahmen zur Erledigung von Rechtshilfeersuchen aus Drittstaaten[73]. Eine pauschale Aussage, daß jedwede repressive Maßnahme gegenüber Mitgliedern des Europäischen Parlaments genehmigungsbedürftig ist, läßt sich dem Wortlaut des Art. 10 Abs. 1 lit. a) des Protokolls nicht entnehmen.

2. Gefährdung des Autonomieprinzips

Problematisch ist weiterhin, daß Art. 10 Abs. 1 lit. a) des Protokolls im Widerspruch zum Autonomieanspruch des Gemeinschaftsrechts steht, demnach die Selbständigkeit des Gemeinschaftsrechts eine Interpretation aus sich selbst heraus unter Berücksichtigung der Integrationsmaßstäbe erfordert[74].

Da es anerkanntermaßen verfehlt wäre, gemeinschaftsrechtliche Begriffe nach mitgliedsstaatlichen Rechtsvorstellungen zu interpretieren[75], fragt sich, ob und inwieweit innerstaatlichem Immunitätsrecht überhaupt die Qualität einer im Gemeinschaftsrecht geltenden Rechtsquelle bzw. eine normative Bindungswirkung zukommen kann[76].

---

69 Vgl. jedoch den Tagesordnungspunkt der Ausschußsitzung vom 20.10.1987 Nr. 6: „Prüfung des Entwurfs eines Schreibens betreffend die Frage, ob die Aufhebung der parlamentarischen Immunität eines Rechtsanwalts der Mitglied des Europäischen Parlaments ist, für ein ehrengerichtliches Verfahren erforderlich ist (PE 116.278, PE 115.275)" sowie das Verfahren gegen den Abgeordneten Rogalla wegen der Selbstbezeichnung als „Fachanwalt für Europarecht", in: NJW 1990, S. 2392 f.

70 Siehe zum Schutzumfang des Art. 46 GG ausführlich *Butzer*, S. 170 ff.; sowie unten 2. Teil § 2 A.

71 Siehe auch *Härth*, in: NStZ 1987, S. 109, sowie *Walter*, in: NStZ 1987, S. 396. Soweit die Europa-Abgeordneten im Besitz von Diplomaten-Pässen sind, richtet sich deren Immunität nach Art. 1 e und Art. 31 des Wiener Übereinkommens vom 18.4.1961, BGBl. 1964 II S. 957; *Heydeck*, S. 5.

72 Vgl. EuGH Rs. 29/80 (Reinarz/Kommission) Urt. v. 21.5.1981, Slg. 1983, S. 1311, 1322, Ziff. 16 im Hinblick auf Art. 12 c) des Protokolls.

73 Siehe zu dieser Problematik *Walter*, in: NStZ 1987, S. 396.

74 *Pernice*, in: Grabitz, Art. 164 EWGV Rn. 29 f m.w.N.; *Ipsen*, 5/70-72; *Nicolaysen*, Europarecht I, S. 16.

75 Vgl. z.B. *Nicolaysen*, Europarecht I, S. 16.

76 Vgl. *Fleuter*, S. 112. Mit dem Begriff der Rechtsquellenqualität soll in Anlehnung an die Rechtsquellen-Definition von *Ross*, S. 291 ff., demnach unter einer Rechtsquelle der „Erkenntnisgrund für etwas als Recht" zu verstehen ist, der Verbindlichkeits- und Vollziehungsanspruch

Einem Recourrieren auf innerstaatliches Recht steht entgegen, daß die Gemeinschaftsrechtsordnung im Interesse ihrer einheitlichen Anwendung „ihre Begriffe nicht in Anlehnung an eine oder mehrere Rechtsordnungen definieren [will], sofern dies nicht ausdrücklich vorgesehen ist.“[77]

Dementsprechend entschied der Gerichtshof auch in der Rs. 189/87[78] zur Auslegung des Begriffs der „unerlaubten Handlung“ in einer gemeinschaftsrechtlichen Vorschrift, daß dieser in Anbetracht der Zielsetzungen und des Gesamtzusammenhanges des Übereinkommens nicht als bloße Verweisung auf das innerstaatliche Recht eines der beteiligten Staaten zu verstehen sei, sondern vielmehr sichergestellt werden müsse, daß sich für die Vertragsstaaten und die betroffenen Personen soweit wie möglich gleiche und einheitliche Rechte und Pflichten ergeben. Infolgedessen sei der Begriff der „unerlaubten Handlung“ als autonomer Begriff anzusehen[79]. Auf die Auswirkungen der gegenteiligen Auffassung hatte der Gerichtshof in der Rs. 149/85 (Wybot/Faure) im Hinblick auf die Rechtsnatur des Begriffs „Sitzungsperiode“ in Art. 10 Abs. 1 des Protokolls abgestellt. Bei der Prüfung, ob der Begriff der „Sitzungsperiode“ gemeinschaftsrechtlicher Art und damit vertragsautonom auszulegen sei, gelangte er zu der wichtigen Erkenntnis:

> „Würde zur Auslegung dieses Begriffs ein nationales Recht herangezogen, so wäre dies nicht nur mit dem Wortlaut des Protokolls, sondern auch mit dem Zweck dieser Bestimmung, die die Immunität der europäischen Abgeordneten während desselben Zeitraums unabhängig von ihrer Staatsangehörigkeit gewährleisten soll, unvereinbar.“[80]

Auf die mit einer Heranziehung des nationalen Rechts verbundenen Gefahren unzutreffender und zeitraubender Auslegung weist auch Bieber hin, wenn er zutreffend meint:

> „So befruchtend die Verknüpfung staatlichen Rechts und des Gemeinschaftsrechts für die Lösung neuartiger Rechtsprobleme sein kann, so gefährdend ist eine derartige Rechtslage jedoch für einen elementaren Inhalt des Abgeordnetenstatus, die formale Gleichheit der Abgeordneten, und für die Unabhängigkeit des Parlaments. Außerdem gefährdet ihr Ausgangspunkt, die Rückübertragung einer ursprünglich gemeinschaftlichen Zuständigkeit auf die Mitgliedstaaten, die Basis der EG-Rechtsordnung.“[81]

---

eines Rechtssatzes, mithin seine normative Bindungswirkung, charakterisiert werden; siehe auch *Wolff*, in: GS Jellinek, S. 34 f.; *Bydlinski*, S. 214; *Meyer-Cording*, S. 56; *Larenz*, § 1 I c.

77 EuGH Rs. 64/81 (Cormann/HZA Gronau), Urt. v. 1.2.1972, Slg. 1982, S. 13 f.; vgl. auch EuGH Rs. 49/71 und 50/71 (Hagen/Einfuhr und Vorratsstelle), Slg. 1972, S. 23 ff.: „Außer im Falle einer ausdrücklichen oder stillschweigenden Verweisung auf das nationale Recht müssen die vom Gemeinschaftsrecht verwendeten Begriffe in der gesamten Gemeinschaft einheitlich ausgelegt und angewendet werden.“

78 EuGH Rs. 189/87 (Kafelis/Bankhaus Schröder, Münchmeyer, Hengst & Co.), Urt. v. 27.9.1988, Slg. 1988, S. 5565 ff.

79 Siehe auch zur Auslegung des Begriffs „Leistungen bei Krankheit und Mutterschaft“ in Art. 4 Abs. 1 a) der VO Nr. 1408/71: „Das Erfordernis einer einheitlichen Anwendung des Gemeinschaftsrechts innerhalb der Gemeinschaft [bringt] mit sich ..., daß sich die in diesem Recht verwendeten Begriffe nicht nach Maßgabe der Besonderheiten des jeweiligen innerstaatlichen Rechts verändern dürfen, sondern daß sie auf objektiven Kriterien beruhen müssen, die in einem gemeinschaftlichen Rahmen festgelegt worden sind“, EuGH Rs. 69/79 (Jordens-Vosters/Lederverwerkende Industrie), Slg. 1980, S. 75 ff., 84.

80 Slg. 1986, S. 2407, Ziff. 12.

81 In: EuR 1981, S. 124, 128; siehe auch *Beutler*, in: EuR 1984, S. 144.

Obgleich im Gemeinschaftsrecht grundsätzlich von dem Autonomieprinzip auszugehen ist, finden sich gleichwohl Vorschriften, die innerstaatliches Recht in Bezug nehmen. Insoweit schließt die Eigenständigkeit des Gemeinschaftsrechts „kooperierende Beziehungen" zum Recht der Mitgliedsstaaten nicht aus, sondern bedient sich der Einrichtungen des nationalen Rechts zur Vervollständigung gemeinschaftsrechtlicher Regelungen[82]. Ungeachtet der Gefahren einer Durchbrechung des Autonomieprinzips richtet sich der Verbindlichkeits- und Vollziehungsanspruch von Rechtssätzen des innerstaatlichen Rechts im Gemeinschaftsrecht nach dem Regelungszweck der diese Rechtssätze in Bezug nehmenden gemeinschaftsrechtlichen Norm. Drei Arten von gemeinschaftsrechtlichen Normen, die innerstaatliches Recht in Bezug nehmen, lassen sich unterscheiden:

- So schreiben z.B. die Art. 192 Abs. 2 S. 1 EWGV und Art. 164 Abs. 1 EAGV vor, daß sich die Zwangsvollstreckung im Gegensatz zu dem nach gemeinschaftsrechtlichen Grundsätzen zu beurteilenden Erlaß von vollstreckbaren Entscheidungen „nach den Vorschriften der Zivilprozeßordnung des Staates [richtet], in dessen Hoheitsgebiet sie stattfindet". Zu Recht weist Grabitz jedoch darauf hin, daß Art. 192 EWGV damit nicht etwa eine Geltung mitgliedsstaatlicher Grundsätze im Gemeinschaftsrecht festlegt, sondern lediglich eine eindeutige Trennung zwischen gemeinschaftsrechtlichen und mitgliedsstaatlichen Kompetenzen vornimmt[83].
- Im Bereich der außervertraglichen Haftung der Gemeinschaft wird auf die allgemeinen Rechtsgrundsätze verwiesen, „die den Rechtsordnungen der Mitgliedsstaaten gemeinsam sind" (Art. 215 Abs. 2 EWGV; Art. 188 EAGV). Während Art. 215 Abs. 2 EWGV den Begriff der Haftung, das Haftungsobjekt und die haftungsausfüllenden Subjekte selbst enthält, sind die entscheidenden Haftungskriterien den allgemeinen Rechtsgrundsätzen der Mitgliedsstaaten zu entnehmen[84]. Anerkannt ist, daß Art. 215 Abs. 2 EWGV nicht das Haftungsrecht oder Prinzipien des Haftungsrechts der Mitgliedsstaaten im Sinne einer unmittelbaren Anwendung rezipiert. Vielmehr enthält er eine generelle, über die Entwicklung gemeinschaftsrechtlicher Haftungsprinzipien hinausgehende Ermächtigung zur richterlichen Rechtsfortbildung anhand allgemeiner Rechtsgrundsätze im Wege einer „wertenden Rechtsvergleichung"[85].
- Auch das Prozeßrecht der Europäischen Gemeinschaft verweist auf das nationale Recht, wenn es z.B. um die Frage geht, unter welchen persönlichen Voraussetzungen Anwälte wirksame Prozeßhandlungen vornehmen können. So entschied der EuGH in der Rs. 18/57 (Nold/Hohe Behörde), daß gemäß § 107 Abs. 2 der hessischen Rechtsanwaltsordnung ein Vertretungsverbot nicht die rechtliche Wirksamkeit der von dem betreffenden Rechtsanwalt vorgenommenen Handlungen berührt[86]. Ebenso bestimmt sich im Bereich der

---

82 *Grabitz*, in: Kommission der Europäischen Gemeinschaften, S. 121.

83 In: *Grabitz*, Art. 192 EWGV Rn. 10.

84 Siehe z.B. die Flut der vor dem EuGH seit Januar 1992 anhängigen Verfahren zur außervertraglichen Haftung der Gemeinschaft wegen der Verordnungen (EWG) Nr. 857/84 des Rates und Nr. 1371/84 der Kommission - Erzeugungsquotenregelung für Milch - Ausschluß der ehemaligen Empfänger einer Nichtvermarktungsprämie nach der Verordnung (EWG) Nr. 764/89.

85 Siehe zum Begriff und zur Methode der „wertenden Rechtsvergleichung" sogleich unter C. II.

86 Slg. 1958, S. 132 ff.; siehe im Hinblick auf die Prüfung der Rechtsfähigkeit einer Partei anhand des jeweiligen einzelstaatlichen Rechts EuGH Rs. 50/84 (Bensider/Kommission), Urt. v.

Wahlen zum Europäischen Parlament das Wahlverfahren gemäß Art. Abs. 2 der Direktwahlakte „bis zum Inkrafttreten eines einheitlichen Wahlverfahrens ... nach den innerstaatlichen Vorschriften". Die Ordnungsgemäßheit des Wahlvorganges, die Chancengleichheit der einzelnen Kandidaten während des Wahlkampes und die Wahlkampfkostenerstattung sind deshalb nach dem jeweiligen innerstaatlichen Recht zu beurteilen[87].

Zusammenfassend läßt sich demnach behaupten, daß neben solchen Normen, die in bestimmten Bereichen lediglich die Vollzugs- und Durchführungsmaßnahmen unter die mitgliedsstaatliche Kompetenz stellen wollen, Normen existieren, die zur Regelung eines der gemeinschaftlichen Regelungskompetenz unterfallenden Lebenssachverhalts entweder auf die allgemeinen, den Rechtsordnungen der Mitgliedsstaaten gemeinsamen Rechtsgrundsätze verweisen, oder aber den Rechtssätzen einer bestimmten mitgliedsstaatlichen Rechtsordnung bedürfen, um ausgefüllt zu werden. Letztere besitzen im Gemeinschaftsrecht unmittelbaren Geltungs- und Vollziehungsanspruch. In diesem Zusammenhang verweist Art. 10 des Protokolls ersichtlich nicht auf die den Rechtsordnungen der Mitgliedsstaaten gemeinsamen Immunitätsgrundsätze, sondern nimmt die jeweils im konkreten Einzelfall maßgeblichen innerstaatlichen Vorschriften in bezug. In bewußter Durchbrechung des Autonomieprinzips ist somit zwingend innerstaatliches Immunitätsrecht heranzuziehen, um den Begriff der „zuerkannten Unverletzlichkeit" zu definieren.

3. Geltungs- und Vollziehungsanspruch innerstaatlichen Immunitätsrechts im EG-Recht

Ist von einer zwingenden Anwendbarkeit des jeweiligen innerstaatlichen Rechts auszugehen, so fragt sich weiterhin, ob allein dem geschriebenen nationalen Recht, oder diesem in seiner rechtstatsächlichen Ausgestaltung durch die innerstaatlichen Parlamente und Gerichte Rechtsquellenqualität zukommt[88]. Die Berücksichtigung auch der rechtstatsächlichen Ausgestaltung des innerstaatlichen Rechts hätte erhebliche Auswirkungen auf den sachlichen Geltungsumfang der europäischen parlamentarischen Immunität und damit auf den Ermessensspielraum des Europäischen Parlaments.

Definiert sich die in den Grenzen des Art. 10 Abs. 1 lit. a) „zuerkannte Unverletzlichkeit" lediglich nach dem jeweiligen geschriebenen innerstaatlichen Immunitätsrecht, wäre der materielle Schutzumfang der europäischen parlamentarischen Immunität in den Mitgliedsländern, die ihr geschriebenes Immunitätsrecht restriktiv auslegen weiter, entsprechend bei extensiver Auslegung enger gefaßt, als nach der nationalen Immunitätspraxis.

Dies führt in Fällen, in denen die beabsichtigten repressiven Maßnahmen, einem restriktiven nationalen Immunitätsverständnis folgend, die nationale parlamentarische Immunität überhaupt nicht berühren, zu besonders krassen Konsequenzen. Beispielsweise soll der Begriff „mit Strafe bedrohte Handlung" in

---

27.11.1984, Slg. 1984, S. 3991; zur Parteifähigkeit Rs. 294/83 („Les Verts"/Parlament), Urt. v. 23.4.1986, Slg. 1986, S. 1362 Ziff. 13.

87 EuGH Rs. 294/83 („Les Verts"/Parlament), Slg. 1986, S. 1372 Ziff. 51 ff.

88 Vgl. *Läufer*, in: Grabitz Art. 138 EWGV Rn. 31; siehe auch *Bieber*, in: G/T/E Art. 138 Anhang EWGV Rn. 22 f.

Art. 46 GG nach überwiegender Ansicht in Rechtsprechung[89], Literatur[90] und Praxis des Deutschen Bundestages[91] keine Geldbußen nach dem OWiG umfassen, obwohl eine Geldbuße nach dem OWiG eine Geldstrafe nach dem StGB erheblich übersteigen kann. Können somit bundesdeutsche Verfolgungsorgane Ordnungswidrigkeiten deutscher Bundestagsabgeordneter verfolgen, ohne zuvor eine Verfolgungsgenehmigung des Bundestags herbeiführen zu müssen, so ist bei einer Verweisung des Art. 10 Abs. 1 lit. a) des Protokolls lediglich auf das geschriebene Immunitätsrecht zweifelhaft, ob die Einleitung derselben Maßnahmen gegen Europaabgeordnete der Genehmigung des Europäischen Parlaments bedürfen. Dieses Problem tritt besonders deutlich bei Abgeordneten mit sog. Doppelmitgliedschaften, also bei einer Mitgliedschaft sowohl im innerstaatlichen als auch im Europäischen Parlament hervor, da insoweit die Aufhebung der Immunität beider Parlamente erforderlich ist. Besteht keine Bindung an die innerstaatliche Praxis, könnte es passieren, daß bei Doppelmitgliedschaften das innerstaatliche Parlament die Immunität aufhebt, und das Europäische Parlament zu einer gegenteiligen Entscheidung gelangt. Hat das Europäische Parlament demgegenüber, wie Sieglerschmidt meint, die gewohnheitsrechtlich entwickelte ständige Entscheidungspraxis der nationalen Parlamente als Rechtsquelle heranzuziehen, dann wäre eine Entscheidung, die der des einzelstaatlichen Parlaments widerspricht

> „regelmäßig rechtswidrig, es sei denn, es könnte festgestellt werden, daß das einzelstaatliche Parlament aus sachfremden - etwa parteipolitischen - Gründen offensichtlich von einzelstaatlichen Rechtsvorschriften oder der von ihm selbst gewohnheitsrechtlich entwickelten Entscheidungspraxis abgewichen ist."[92]

Wäre das innerstaatliche Recht in seiner jeweiligen rechtstatsächlichen Ausgestaltung heranzuziehen, würde dies jedoch die Autonomie und das politische Ansehen des Europäischen Parlaments in Frage stellen, denn, so Sieglerschmidt selbst: „Abgesehen von dem vorerwähnten Ausnahmefall ist das Europäische Parlament dann in seiner Entscheidung nicht mehr frei und hat den Beschluß des einzelstaatlichen Parlaments hier noch zu vollziehen."[93]

Ob dies beabsichtigt ist, soll die nachfolgende historische, systematische und teleologische Auslegung des Art. 10 zeigen.

---

89 BVerwG NJW 1986, S. 2520 f. zur nachwirkenden Dienstpflicht eines ehemaligen Soldaten und jetzigen MdEP; OLG Köln, Beschl. v. 26.5.1987 Ss-310/86, NStZ 1987, S. 564 = NJW 1988, S. 1606, Verstoß eines MdEP gegen das Versammlungsgesetz; LG Arnsberg, BB 1984, S. 1134; OLG-Düsseldorf, Beschl. vom 6.7.1988, NJW 1989 S. 2207, Verkehrsordnungswidrigkeiten eines MdEP.

90 *Butzer*, S. 171 ff.; *Rauball*, in: v.Münch, Art. 46 GG Rn. 1; *Schmidt-Bleibtreu/Klein*, Art. 46 GG Rn. 8; *Göhler*, vor § 59 Rn. 42 ff.; *Schoreit*, in: KK § 152 a StPO Rn. 7 f.; a.A. *Maunz/Dürig/Herzog*, Art. 46 GG Rn. 40; *Magiera*, in: BK, Art. 46 Rn. 62 f.

91 Vgl. zur Praxis des Deutschen Bundestages das Rundschreiben des BMI vom 10.1.1983 über die Indemnität und Immunität der Abgeordneten, GMBl. 1983, 37 II Nr. 6 c.

92 *Sieglerschmidt*, in: EuGRZ 1986, S. 447. Zur Vermeidung einer solchen Kollision empfiehlt *Sieglerschmidt*, die Entscheidung des einzelstaatlichen Parlaments abzuwarten.

93 In: EuGRZ 1986, S. 447.

II. Historischer Kontext des Art. 10 Abs. 1 lit. a)

Mit Art. 10 des Protokolls wurden für die Mitglieder des Europäischen Parlaments keineswegs erstmalig Immunitätsbestimmungen geschaffen[94]. Wie bereits die Mitglieder der Beratenden Versammlung des Europarates, so standen auch die Mitglieder der Versammlung der EGKS gemäß Art. 76 EGKSV unter dem Schutz besonderer Vorrechte und Befreiungen[95]. Mit Unterzeichnung des EWG- und EAG-Vertrages wurden diese Gewährleistungen in jeweils gleichlautenden Protokollen über die Vorrechte und Befreiungen der EWG[96] und der EAG[97] übernommen. Das heute geltende Protokoll stimmt mit den bis zur Fusionierung am 30.6.1967 geltenden drei gleichlautenden Protokollen weitgehend überein[98] und trägt lediglich Besonderheiten im Hinblick auf die finanzielle Selbständigkeit der EGKS und die Europäische Investitionsbank (Art. 129 f EWGV) Rechnung.

Harms führt hinsichtlich des materiellrechtlichen Umfangs der europäischen parlamentarischen Immunität gemäß Art. 9 der bis zur Fusionierung der drei Gemeinschaften geltenden Protokolle zutreffend aus:

> „Die Bestimmungen [...] der Protokolle erklären also einerseits für den Fall, daß sich der Abgeordnete [...] des Europäischen Parlaments im Hoheitsgebiet seines eigenen Landes aufhält, das entsprechende nationale Immunitätsrecht für unmittelbar anwendbar und stellen andererseits für den Fall, daß sich der betreffende Abgeordnete in einem anderen Mitgliedsstaat befindet, eine eigene Immunitätsregelung auf."[99]

Mit anderen Worten richtete sich der Umfang der Europäischen parlamentarischen Immunität bis zur Fusionierung der drei Gemeinschaften grundsätzlich nach dem Recht des Herkunftsstaates, während für den Fall eines Auslandsaufenthaltes auf eine gemeinschaftsrechtliche Regelung zurückgegriffen werden mußte. Nichts anderes gilt aber für die Zeit nach der Fusionierung der Gemeinschaften bzw. nach der Protokollunterzeichnung.

Während sich die Abgeordneten der Versammlung der EGKS noch aus den Mitgliedern der beratenden Versammlung des Europarates zusammensetzten[100], die ihrerseits entweder auf den nationalen Parlamenten oder nach einem von die-

---

94 Mißverständlich *Sieglerschmidt*, in: EuGRZ 1986, S. 445.

95 Vgl. Art. 9 des gleichzeitig mit dem EGKSV am 18.4.1951 unterzeichneten Protokolls über die Vorrechte und Immunitäten der Gemeinschaft (BGBl. 1952 II S. 447 (480)) sowie Art. 15 des Allgemeinen Übereinkommens über die Vorrechte und Befreiungen des Europarates, BGBl. 1954 II, S. 498; hierzu *Harms*, S. 85 ff. m.w.N. aus dem Schrifttum bis 1968.

96 Vgl. Art. 218 EWGV sowie Art. 9 des Protokolls im Anhang zum EWG-V, in: BGBl. 1957 II S. 1182.

97 Vgl. Art. 191 EAG-V und Art. 9 des Protokolls im Anhang zum EAG-V, in: BGBl. 1957 II S. 1212.

98 Siehe *Reuter*: „Except for the provisons that were necessary to make it applicable to the three Communities, the new Protocol on the Privileges and Immunities of the European Communities adopted at the same time as the Merger Treaty is largely identical to the original Protocol on the Privileges and Immunities of the European Economic Community which it replaces." in: Smit/Herzog, Art. 218 EEC, S. 6-120 ff.

99 *Harms*, S. 95 und S. 112; so auch *Menzel*, S. 339.

100 Vgl. Art. 20 EGKSV i.V.m. Art. 1 des Protokolls über die Beziehungen zum Europarat demnach die Regierungen der Mitgliedsstaaten ihren Parlamenten empfehlen mögen, „die von ihnen zu bestimmenden Mitglieder der Versammlung vorzugsweise unter den Vertretern in der beratenden Versammlung des Europarates auszuwählen".

sen festgelegten Verfahren in die beratende Versammlung entsandt wurden[101], legten die Art. 138 Abs. 1 EWGV und 107 Abs. 1 EAGV bis zur Einführung allgemeiner unmittelbarer Wahlen übereinstimmend fest: „Die Versammlung besteht aus Abgeordneten, die nach einem von jedem Mitgliedsstaat bestimmten Verfahren von den Parlamentariern aus ihrer Mitte ernannt werden."

Gleichzeitig regelten die Gemeinschaftsverträge die jeweilige Anzahl von Mandatsträgern, die jeder Mitgliedsstaat entsprechend seiner Größe entsenden konnte[102]. Sinn und Zweck der Art. 137 Abs. 1 und Art. 138 EWGV (Art. 106 Abs. 1 und Art. 107 EAGV) bestanden darin, die personale Identität von europäischen und nationalen Abgeordneten zu sichern, um das Europäische Parlament mit der politischen Erfahrung und dem Einfluß der Angehörigen der nationalen Parlamente zu stärken. Die Art. 138 Abs. 1 EWGV und 108 Abs. 1 EAGV schrieben mit anderen Worten die Mitgliedschaft im Europäischen Parlament als conditio sine qua non einer europäischen Mandatsausübung vor[103].

Ausgehend von dem System eines obligatorischen Doppelmandats konnten die den Fusionsvertrag unterzeichnenden Mitgliedsstaaten die europäische parlamentarische Immunität der zukünftigen Mitglieder der Versammlung entweder durch die Vereinbarung einer deklaratorischen Geltung des jeweiligen in den Mitgliedsstaaten geltenden Immunitätsrechts oder durch die konstitutive Begründung einer autonomen gemeinschaftsrechtlichen parlamentarischen Immunität regeln[104]. Die konstitutive Begründung einer autonomen europäischen parlamentarischen Immunität - beispielsweise nach einem konsensfähigen nationalen Vorbild - hätte zur Folge gehabt, daß die Mitglieder der zukünftigen Versammlung sich unabhängig von dem Bestand der nationalen parlamentarischen Immunität (bzw. der Aberkennung oder dem regulären Ausscheiden aus dem nationalen Parlament) auf ihre gemeinschaftsrechtlich verankerte europäische parlamentarische Immunität hätten berufen können. Zudem wäre bei einer konstitutiven Begründung der europäischen parlamentarischen Immunität der Umfang der Gewährleistungen für alle Mitglieder der Versammlung gleich gewesen. Wegen der zu erwartenden innenpolitischen Widerstände wäre eine konstitutive Schaffung der europäischen parlamentarischen Immunität jedoch nur um den Preis einer langwierigen, schwierigen Konsensbildung und damit verzögerten Vertragsunterzeichnung zu erreichen gewesen. Denn, so formuliert Harms:

---

101 Vgl. Art. 25 a Abs. 1 der Satzung des Europarates in seiner revidierten Fassung vom 22.5.1951 in der amtlichen deutschen Fassung, BGBl. 1954 II, S. 1126; sowie die umfassende Darstellung bei *Harms*, S. 12 ff.

102 Vgl. Art. 21 Abs. 2 EGKSV; Art. 138 Abs. 2 EWGV; Art. 108 Abs. 2 EAGV; *Fleuter*, S. 4 ff.; *Lasok/Bridge*, S. 218; *Jacqué/Bieber/Constantinesco/Nickel*, S. 70.

103 Vgl. *Thöne-Wille*, S. 138; *Mehl*, S. 25 sowie den damaligen Art. 3 des französischen Gesetzes Nr. 58/239 vom 8.3.1958: „Le mandat des délégués est fixé a deux années a compter de leur élection. Ce mandat est renouvelable. Il prend fin avec le mandat parlementaire des délégués." Zit. nach *Harms*, S. 72.

104 Unrealistisch ist m.E. die von *Sieglerschmidt*, in: EuRZ 1986, S. 445 angedeutete Alternative einer „Harmonisierung einzelstaatlicher Bestimmungen" auf dem Gebiet der Strafrechtspflege, die auch die nationalen Abgeordneten betreffen würde. Die Mitgliedsstaaten wären außerhalb des auf wirtschaftliche Integration beschränkten Rahmens zur Integration sachfremder Rechtsgebiete kaum bereit gewesen.

„Tatsächlich hätte es [...] einen merkwürdigen Eindruck gemacht, wenn die Mitglieder der nur mit relativ geringen Befugnissen ausgestatteten und einer Legislativfunktion entbehrenden europäischen Versammlung bei Aufenthalt in ihrem Heimatstaat mit größeren Rechten ausgestattet worden wären als die Mitglieder der nationalen, mit allen Befugnissen einer Legislative fungierenden Parlamente."[105]

Die Vertragsparteien haben deshalb den Mitgliedern der Versammlung in ihren Herkunftsländern deklaratorisch genau die Immunität zuerkennen wollen, die die Abgeordneten aufgrund ihrer Zugehörigkeit zu den nationalen Parlamenten schon besaßen. Abzuwägen war insoweit zwischen der Inkaufnahme einer Ungleichbehandlung der Europaabgeordneten und der Möglichkeit - unter Umgehung der schwierigen und zeitraubenden Aufgabe der Verständigung auf einen gemeinsamen Immunitätsstandard - schnellstmöglich zu einer pragmatischen Lösung zu gelangen[106]. Diese bestand darin, die Tätigkeit in der Versammlung lediglich als Ergänzung staatlicher Abgeordnetenaktivität zu verstehen und sie deshalb in jeder Hinsicht an den jeweiligen nationalen Abgeordnetenstatus zu binden[107]. Es ist somit davon auszugehen, daß das innerstaatliche Immunitätsrecht in seiner rechtstatsächlichen Ausgestaltung heranzuziehen ist[108].

Die These einer Geltung des innerstaatlichen Immunitätsrechts in seiner rechtstatsächlichen Ausgestaltung im Gemeinschaftsrecht wird auch durch den systematischen Aufbau des Art. 10 des Protokolls gestützt. Die Verankerung der Unverletzlichkeit „auch während der Reise" in Art. 10 Abs. 2 des Protokolls[109] wäre gänzlich überflüssig, wenn die im Inland „zuerkannte Unverletzlichkeit" unabhängig von der Aufhebung der nationalen parlamentarischen Immunität, bzw. der regulären Beendigung der Abgeordneteneigenschaft bestehen könnte. Denn, würde die nationale parlamentarische Immunität aufgehoben, so könnte sich der betreffende Abgeordnete bei einer autonomen Geltung der europäischen parlamentarischen Immunität auf diese berufen und benötigte keine Immunität während der Reise. Mit anderen Worten stand den Mitgliedern der Versammlung genau der sachliche Geltungsumfang ihrer parlamentarischen Immunität zu, den diese auch in ihrer Eigenschaft als Mitglieder der nationalen Parlamente beanspruchen konnten.

Es fragt sich, ob die mit der ersten Direktwahl verbundene Abkehr vom System des obligatorischen Doppelmandats zu einer modifizierenden Auslegung des Art. 10 des Protokolls zwingt[110].

---

105 *Harms*, S. 100 f.

106 Vgl. *Sieglerschmidt*, in: EuGRZ 1986, S. 445.

107 Vgl. *Thöne-Wille*, S. 50 f.; *Bieber*, in: EuR 1981, S. 130 ff.

108 So auch *Bieber*, in: EuR 1981, S. 130 f.; *Kapteyn*, in: Smit/Herzog, Art. 137 EWGV, S. 5-25; sowie die französische Regierung in der Antwort des Ministre des Affaires étrangers: „... - en fait aujoud'hui, ... de l'Assemblée européenne - sont dans leur nature les memes que celles qui sont reconnues aux membres des parlements de leur propre pays." Abgedruckt in: AFDI 1981, S. 866.

109 Siehe dazu sogleich unten unter D.

110 Vgl. *Jacqué/Bieber/Constantinesco/Nickel*: „Cependant, l'accroissement du nombre de membres du Parlement et l'élection au suffrage universel direct devaient nécessairement avoir des incidences sur le statut des parlementaires.", S. 68.

III. Auslegung des Art. 10 Abs. 1 lit. a) des Protokolls im Lichte der Direktwahlakte

Mußte bis zur Einführung der Direktwahl davon ausgegangen werden, daß das Bestehen der in Art. 10 Abs. 1 lit. a) zuerkannten „Unverletzlichkeit" im konkreten Fall davon abhing, daß die nationale parlamentarische Immunität weder aufgehoben noch regulär aufgegeben worden war, so bestand nunmehr nach Einführung des mit der Direktwahl verbundenen „fakultativen Doppelmandats" eine neue Situation[111]. Ziel der Direktwahl war es,

> „dem europäischen Mandat selbständig Geltung neben einem nationalen Mandat zu verschaffen und allen Abgeordneten zu ermöglichen, sich vollständig den Aufgaben im europäischen Parlament zu widmen. Der Vertrag bewirkt, daß der Verlust eines nationalen Mandats nicht mehr zum Verlust eines europäischen Mandats führt."[112]

Dementsprechend war nach Einführung der Direktwahl die Ausübung eines europäischen Mandants auch unabhängig vom Bestehen eines nationalen Abgeordnetenmandats möglich[113]. Art. 5 DWA stellt insoweit lediglich die Vereinbarkeit der Mitgliedschaft in der Versammlung mit der Mitgliedschaft im Parlament eines Mitgliedsstaates fest[114].

Die beabsichtigte Einführung eines autonomen europäischen Mandants hätte konsequenterweise auch die Schaffung einer von den innerstaatlichen Immunitätsregeln unabhängigen europäischen parlamentarischen Immunität erfordert. Strittige Fragen und Probleme, zu denen die unterschiedlichen Vorstellungen über Wahl- und Statusgesetze sowie Diäten und Versorgungsansprüche gehörten, wurden von den Mitgliedsstaaten jedoch ausgeklammert und im Rahmen innerstaatlicher Europa-Abgeordnetengesetze geregelt[115]. Zwar scheint die Tatsache, daß die zur Strafverfolgung von Doppelmandatsträgern[116] einschlägigen nationalen Gesetze sowie die Verfolgungsgenehmigung des nationalen als auch des europäischen Parlaments vorsehen[117], dafür zu sprechen, daß die Mitgliedsstaaten in Art. 10 Abs. 1 lit. a) des Protokolls von einer konstitutiv „zuerkannten Unverletzlichkeit" ausgehen, die unabhängig ist von der Aufhebung bzw. dem Bestand der nationalen parlamentarischen Immunität. Festzustellen ist jedoch, daß

---

111 Siehe zum „fakultativen Doppelmandat" statt vieler: *Thöne-Wille*, S. 177 ff.; *Bangemann/Klepsch/Weber/Bieber*, S. 44 f.; sowie *Wagner* in seiner Dissertation zur Zulässigkeit des parlamentarischen Doppelmandats, S. 23 ff.

112 *Patijin*, S. 37; *Oppermann*, Rn. 215 ff.

113 Vgl. *Läufer*, in: Grabitz, Art. 138 EWGV Rn. 33.

114 Vgl. *Lasok/Bridge*, S. 218 f.; *Kapteyn*, in: Smit/Herzog, Art. 137 EWGV, S. 5/13 ff. (25).

115 *Thöne-Wille*, S. 180 ff.; vgl. z.B. Art. 7 Abs. 2 DWA, dazu EuGH Rs. 294/83 („Les Verts"/Parlament), Slg. 1986, S. 1372.

116 Unter Doppelmandatsträgern werden diejenigen Abgeordneten verstanden, die gleichzeitig dem nationalen Parlament und dem europäischen Parlament angehören.

117 Vgl. z.B. § 5 Abs. 2 EuAbgG vom 6.4.1979, BGBl. I, S. 413, zuletzt geändert durch Gesetz vom 23.7.1987. BGBl. I, S. 1674: „Ein Mitglied des Europäischen Parlaments, das zugleich Mitglied des deutschen Bundestages ist, verliert seine Immunität nur, soweit beide Parlamente die Immunität aufheben." Das Europäische Parlament will erreichen, daß seine Abgeordneten nicht gleichzeitig ein Mandat in einem nationalen Parlament ausfüllen dürfen. In einer Entschließung des Deutschen Bundestages vom 9.8.1988 (BT-Entschl. 11/2735) heißt es zutreffend, „daß die Mitglieder des Europäischen Parlaments im Prinzip für ein Vollzeitmandat gewählt werden und daher weder Zeit noch Gelegenheit haben, ein Mandat in einem nationalen Parlament wahrzunehmen".

diese Vorschriften über den sachlichen Geltungsumfang der europäischen parlamentarischen Immunität keine Aussage treffen, sondern lediglich darauf hinweisen, daß sich dieser ausschließlich nach Art. 10 des Protokolls bestimmen soll[118]. Die nationalen Bestimmungen sind insoweit für die Frage nach einer konstitutiven oder deklaratorischen Geltung nationalen Immunitätsrechts ohne Belang.

Bezeichnend ist, daß die Vertragsstaaten bei Unterzeichnung der Direktwahlakte mit Art. 4 Abs. 2 DWA die Geltung des Protokolls ausdrücklich bekräftigten, ohne dieses im Sinne der Schaffung einer autonomen europäischen parlamentarischen Immunität zu modifizieren. Der von Art. 4 Abs. 2 DWA in Bezug genommene Art. 10 Abs. 1 lit. a) des Protokolls verweist insoweit zwar auf die jeweiligen innerstaatlichen Regelungen, begründet jedoch keine autonome europäische parlamentarische Immunität. Der von den Mitgliedsstaaten in der Direktwahlakte verankerte Art. 4 Abs. 2 DWA kann somit nur als Ausdruck ihres Willens verstanden werden, die bestehende Rechtslage nicht verändern zu wollen.

Die im Rat vereinigten Vertreter der Mitgliedsstaaten haben durch die Regelung des Art. 4 Abs. 2 der Direktwahlakte insoweit zum Ausdruck gebracht, daß sie an der Regelung, die Immunität nach dem jeweiligen nationalen Recht zu definieren, festhalten wollen. Mit anderen Worten hat die Verweisung in Art. 10 Abs. 1 lit. a) des Protokolls ihre ursprüngliche Bedeutung beibehalten. Zwar ist die europäische parlamentarische Immunität nach Aufgabe des Systems eines obligatorischen Doppelmandats unabhängig vom Bestand der nationalen parlamentarischen Immunität, d.h., es kommt nicht mehr darauf an, ob das betreffende Mitglied überhaupt noch dem nationalen Parlament angehört bzw. ob seine nationale parlamentarische Immunität aufgehoben wurde. Der sachliche Umfang der Gewährleistungen richtet sich jedoch weiterhin nach dem innerstaatlichen Recht[119]. Diese Überlegungen werden offenbar auch von dem erweiterten Präsidium des Europäischen Parlaments geteilt, wenn es in einem Arbeitspapier vom 29.9.1983 zur Situation de lege lata formuliert:

> „Da auch das Verfahrensrecht zu dem jeweiligen staatlichen Immunitätsrecht gehört, sieht sich das Europäische Parlament derzeit genötigt, in jedem Fall zu prüfen, ob die jeweiligen innerstaatlich vorgeschriebenen Verfahren (die natürlich voneinander abweichen) eingehalten wurden."[120]

Auch die französische Regierung scheint diese Auffassung zu teilen, wenn sie auf die schriftliche Anfrage des Abgeordneten Lancien zur Situation der Europa-Abgeordneten erklärt:

> „Le traité de 1965 [...] qui a fusionné les trois communautés a repris purement et simplement ces dispositions en les harmonisant; le régime particulier de la C.E.C.A. a été éliminé, et celui qui était prévu par les deux autres traités a prévalu."[121]

---

118 Vgl. z.B. § 5 Abs. 1 S. 1 EuAbgG: „Die ... Immunität ... bestimmt sich nach den Art. 9 und 10 ...".

119 So im Ergebnis, jedoch ohne nähere Begründung, auch *Sieglerschmidt*, in: EuGRZ 1986, S. 447; *Lasok/Bridge*, S. 218; *Kapteyn*, in: Smit/Herzog, Art. 137 EWGV, S. 5-13 ff.; *Burban*, S. 784 ff.; *Jacqué/Bieber/Constantinesco/Nickel*, S. 71 ff.; *Bieber*, in: G/T/E, Art. 138 EWGV Anh. Art. 4 DWA Rn. 22.

120 Europäisches Parlament, PE 67.748, S. 3, abgedruckt im Anhang I KOM (84) 666 endg.

121 In: AFDI 1981, S. 866 m.w.N.

Gleichfalls zerstreute der italienische Verfassungsgerichtshof in seinem Urteil Nr. 300 vom 20.12.1984 die Bedenken eines vorlegenden Untersuchungsrichters, der unter Hinweis auf eine Entscheidung des französischen Conseil Constitutionel vom 13.12.1976[122] die Verfassungsgemäßheit des italienischen Zustimmungsgesetzes zum Fusionsvertrag vom 3.5.1966 insoweit anzweifelte, als die in Art. 68 der italienischen Verfassung enthaltene parlamentarische Immunität auf die Abgeordneten des Europäischen Parlaments übertragen werde. Wie bereits der Conseil Constitutionel, so verneinte auch die Corte Costituzionale verfassungsrechtliche Bedenken gegen den Fusionsvertrag vom 8.4.1965 und seine Anlagen. Der Verzicht auf eine Rechtsgleichheit unter den Mitgliedsstaaten sei mit der Notwendigkeit zu rechtfertigen, Frieden und Gerechtigkeit zu fördern und zu verwirklichen[123].

Der materiell-rechtliche Umfang der europäischen parlamentarischen Immunität richtet sich somit im Ergebnis nach dem jeweiligen innerstaatlichen Recht[124].

C. „Weder festgehalten noch gerichtlich verfolgt werden" in den übrigen Mitgliedstaaten (Art. 10 Abs. 1 lit. b))

Außerhalb ihrer Herkunftsstaaten bestimmt sich die parlamentarische Immunität der Europaabgeordneten nach Art. 10 Abs. 1 lit. b) des Protokolls, demnach sie „weder festgehalten noch gerichtlich verfolgt werden [können]." Abs. 1 lit. b) enthält damit zwar keine ausdrückliche Verweisung auf innerstaatliches Recht, gleichwohl stellt sich auch hier die Frage, ob und inwieweit innerstatliches Recht die europäische parlamentarische Immunität definieren kann (II.). Vergleichsweise einfach läßt sich die Frage nach der territorialen Geltung des Abs. 1 lit. b) beantworten (I.).

I. Territoriale Geltung des Abs. 1 lit. b)

Die territoriale Geltung des Art. 10 Abs. 1 lit. b) ergibt sich aus seinem Wortlaut und der Gegenüberstellung mit Abs. 1 lit. a). Während lit. a) die Unverletzlichkeit der Mitglieder im „Hoheitsgebiet ihres eigenen Staates" regelt, bezieht sich die Anwendbarkeit des Abs. 1 lit. b) auf das „Hoheitsgebiet jedes anderen Mitgliedstaates". Abs. 1 lit. b) regelt damit die parlamentarische Immunität für Taten, die außerhalb des Herkunftsstaates des betreffenden Mit-

122 Abgedruckt in: EuGRZ 1977, S. 2.

123 Siehe EuGRZ 1985, S. 354 f.

124 Um die aufgezeigten Probleme hinsichtlich der Gleichbehandlung aller Mitglieder des Europäischen Parlaments zu vermeiden, sah der Text für die angestrebte Protokolländerung folgende Neufassung des Art. 10 des Protokolls vor: „Die Mitglieder der Versammlung können in keinem Mitgliedstaat festgenommen oder gerichtlich verfolgt werden. Die Unverletzlichkeit kann bei Ergreifung auf frischer Tat nicht geltend gemacht werden und steht der Befugnis der Versammlung, die Unverletzlichkeit eines ihrer Mitglieder aufzuheben, nicht entgegen. Das Nähere regelt die Geschäftsordnung der Versammlung." (Text des Erweiterten Präsidiums des Europäischen Parlaments und Vorschlag der Kommission, Dok. A2-121/86, S. 12.) Die Protokolländerung ist vom Rat nicht angenommen worden, da der Widerstand derjenigen Mitgliedsstaaten, die keine parlamentarische Immunität vorsehen, zu groß war.

glieds, aber innerhalb der Europäischen Gemeinschaft begangen werden[125]. Da sich die Abgeordneten nicht nur zu den monatlichen Tagungswochen in Straßburg, sondern angesichts der zahlreichen Fraktions- und Ausschußsitzungen in Brüssel und Luxemburg auch auf fremdem Hoheitsgebiet aufhalten[126], kommt Abs. 1 lit. b) eine erhebliche praktische Bedeutung zu. Seine Existenz wird deshalb in der Literatur auch nachdrücklich begrüßt[127]. Zudem wird seine praktische Relevanz auch dadurch unterstrichen, daß das Europäische Parlament nicht nur an seinen drei Arbeitsorten zusammentritt, sondern Sitzungen, Studientage, Seminartage und ähnliche Zusammenkünfte häufig auch an anderen Orten innerhalb der EG stattfinden[128]. Gleichwohl ist nicht festzustellen, daß das Europäische Parlament in der Vergangenheit mit Verfahren betraut worden ist, welche die parlamentarische Immunität der Abgeordneten gemäß Art. 10 Abs. 1 lit. b) betrafen.

II. Geltungsumfang des Abs. 1 lit. b)

Wie bereits bei Abs. 1 lit. a) so ist auch der Schutzumfang des Art. 10 Abs. 1 lit. b) auslegungsbedürftig. Der Wortlaut „weder festgehalten noch gerichtlich verfolgt werden“ wirft nicht nur die Frage auf, ob beispielsweise Maßnahmen des „Festhaltens“ und der „gerichtlichen Verfolgung“ während der Dauer der Sitzungsperiode gänzlich verboten sind oder lediglich unter einem Genehmigungsvorbehalt des Europäischen Parlaments stehen. Klärungsbedürftig ist darüber hinaus auch, wie das unzulässige „festgehalten werden“ in Abs. 1 lit. b) gegenüber der erlaubten „Flagranzfestnahme“ in Abs. 3 abzugrenzen ist[129].

Aus der Gegenüberstellung des Art. 10 Abs. 1 lit. b) mit dem Wortlaut des Art. 9 des Protokolls ergibt sich, daß die protokollunterzeichnenden Vertragsparteien im Hinblick auf die Zulässigkeit repressiver Maßnahmen ausdrücklich unterschieden haben zwischen „Ermittlungsverfahren“, „Festnahme“ und „Verfolgung“ (Art. 9), sowie „Festhalten“ und „gerichtlicher Verfolgung“ (Art. 10). Das Fehlen des Begriffs „Ermittlungsverfahren“ in Art. 10 Abs. 1 lit. b) deutet darauf hin, daß im Hoheitsgebiet jedes anderen als des eigenen Staates keine parlamentarische Immunität gegenüber der Einleitung staatsanwaltschaftlicher Ermittlungsverfahren besteht. Auch werden in Art. 10 Abs. 1 lit. b) die Zulässigkeit von Verfolgungsmaßnahmen auf die „gerichtliche Verfolgung“ beschränkt. Im Zusammenhang mit der Erkenntnis, daß in den Mitgliedstaaten nur der Strafrichter, nicht aber der Zivilrichter gerichtlich „verfolgt“[130], besteht somit zugleich die Vermutung, daß gegenüber zivilprozessualen Maßnahmen keine parlamentarische Immunität besteht. Der Begriff des „Festhaltens“ ist dagegen ein neutraler Begriff, der ebensogut auf straf- wie auf zivilprozessuale

---

125 *Bieber*, in: EuR 1981, S. 130; ders., in: G/T/E Art. 138 Anhang EWGV Rn. 22.

126 Vgl. *Bieber*, S. 130 f.; *Harms*, S. 108 ff. für die Situation vor 1968.

127 Siehe *Jacqué/Bieber/Constantinesco/Nickel*, S. 69: „La protection dont ils bénéficient ne peut voir son champ d'application limité au territoire de l'Etat dans lequel ils ont été élus, mais doit s'étendre aux territoires de tous les Etats membres.“

128 *Harms*, S. 108 ff. Vgl. zur aktuellen Arbeitsweise der MdEPs den Bericht über den Sitz der Organe und der Hauptarbeitsort des Parlamants, Dok. A2-316/88, S. 20.

129 Siehe zum Erlaubnistatbestand der „Flagranzfestnahme“ die Ausführungen unter E.

130 *Harms*, S. 108 f.

Formen der Freiheitsbeschränkung zutrifft[131]. Die systematische Auslegung des Abs. 1 lit. b) gibt somit zwar erste Hinweise, läßt jedoch den konkreten Geltungsumfang des Begriffs „weder festgehalten noch gerichtlich verfolgt werden" offen.

Maßgebend für die Frage nach dem Geltungsumfang des Abs. 1 lit. b) ist, ob dieser gemeinschaftsautonom auszulegen ist, oder ob sich die Zulässigkeit der beabsichtigten Maßnahmen etwa nach dem Immunitätsrecht des Handlungsortes richtet. Die Gegenüberstellung des Abs. 1 lit. b) mit Abs. 1 lit. a) zeigt insoweit, daß die Vertragsstaaten für die Mitglieder des Europäischen Parlaments außerhalb ihres Herkunftsstaates eine originäre europäische parlamentarische Immunität begründet haben[132]. GA Darmon hat dementsprechend in der Rs. 149/85 (Wybot/Faure) zur Auslegung des Art. 10 Abs. 1 zutreffend erläutert:

> „Er begründet ein System der Immunität, das je nach der Staatsangehörigkeit des Parlamentariers unterschiedlich ist, soweit er in seinem eigenen Land verfolgt wird, das hingegen gemeinschaftlich ist, soweit die Strafverfolgung in einem Mitgliedsstaat stattfindet, dessen Staatsangehörigkeit er nicht besitzt."[133]

Der Schutzbereich des Abs. 1 lit. b) richtet sich somit zwar nicht nach dem Immunitätsrecht des Handlungsortes[134]. Gleichwohl ist festzustellen, daß die Begriffe „weder festgehalten noch gerichtlich verfolgt werden" dem Recht der Mitgliedsstaaten entlehnt sind[135]. In der Literatur ist deshalb die Frage aufgetaucht, ob bei der Bestimmung von Sinn und Tragweite dieser gemeinschaftsrechtlichen Vorschrift von dem in den Mitgliedstaaten und ihrer Rechtspraxis geprägten allgemeinen Sprachgebrauch abgewichen werden sollte[136]. Einem Recourrieren auf innerstaatliches Recht steht jedoch entgegen, daß die Gemeinschaftsrechtsetzung ihre Begriffe „nicht in Anlehnung an eine oder mehrere Rechtsordnungen definieren, sofern dies nicht ausdrücklich vorgesehen ist"[137]. Sinn und Tragweite der in Art. 10 Abs. 1 lit. b) enthaltenen Begriffe sind daher gemeinschaftsautonom auszulegen.

Richtigerweise ist der Geltungsumfang des Abs. 1 lit. b) deshalb im Rückgriff auf die allgemeinen, den Mitgliedstaaten gemeinsamen Rechtsgrundsätze in Immunitätsangelegenheiten anhand einer „wertenden Rechtsvergleichnung" zu ermitteln. Im konkreten Fall wäre somit durch den Rechtsanwender eine Auswahlentscheidung zugunsten der objektiv gerechtesten und zweckmäßigsten Lösung zu treffen, die den speziellen Bedürfnissen der Europäischen Gemeinschaft an einem funktions- und repräsentationsfähigen Parlament am besten gerecht wird, ihn jedoch nicht auf eine Art „Bilanzierungsverfahren" festlegt, demnach er sich auf den nach Abstrich aller nicht gemeinsamen Elemente verbleibenden Rest an Gemeinsamkeit zu beschränken hätte[138]. Der genaue Inhalt des Abs. 1

---

131 Zum Beispiel auf zivilprozessuale Haftmaßnahmen unter den Voraussetzungen der ZPO oder KO.

132 Vgl. *Bieber*, in: G/T/E Art. 138 Anhang EWGV Rn. 22.

133 Slg. 1986, S. 2398.

134 Vgl. *Lasok/Bridge*, S. 218; *Kapteyn*, in: Smit/Herzog, S. 5-25.

135 Vgl. z.B. *Ranft*, S. 274, zum Begriff „gerichtlich verfolgt werden im deutschen Recht".

136 Vgl. dazu *Pernice*, in: Grabitz, Art. 164 EWGV Rn. 29.

137 EuGH Rs. 64/81 (Cormann/HZA Gronau), Slg. 1982, S. 13 f.

138 Siehe zur Konkretisierung allgemeiner Rechtsgrundsätze im Gemeinschaftsrecht anhand der Methode der „wertenden Rechtsvergleichung" *Meessen*, in: JIR Bd. 17, 1974, S. 283; *Akehurst*, in: BYIL 1981, S. 29.

lit. b) wäre vielmehr unter Berücksichtigung der Struktur und Ziele der Gemeinschaft zu konkretisieren[139]. Von diesem durch einen Akt „wertender Rechtsvergleichung" konkretisierten Rechtssatz würde eine unmittelbare normative Bindungswirkung ausgehen[140]. Es bedürfte deshalb keines erneuten Rückgriffs auf die mitgliedstaatlichen Rechtsordnungen, wenn der Rechtssatz einmal konkretisiert ist[141]. Unabhängig von ihrem Geltungsgrund im Gemeinschaftsrecht könnten dabei, etwa im Hinblick auf Verfahrensgarantien von Privatklägern[142], auch Bestimmungen der EMRK Berücksichtigung finden[143].

D. „Unverletzlichkeit während der Reise" (Art. 10 Abs. 2)

Nach Art. 10 Abs. 2 des Protokolls genießen die Mitglieder des Europäischen Parlaments „Unverletzlichkeit auch während der Reise zum und vom Tagungsort der Versammlung". Art. 10 Abs. 2 dokumentiert damit die Absicht der Vertragsparteien, das unbeeinträchtigte Zusammenkommen des Parlaments gewährleisten zu wollen. Der Begriff der Anreise zum Tagungsort korrespondiert insoweit mit einer tatsächlich stattfindenden Tagung[144], tritt jedoch hinter der umfassenden Regelung des Abs. 1 im Wege der Subsidiarität zurück.

Die Verankerung des Abs. 2 erklärt sich vor dem historischen Hintergrund, daß sich die Mitglieder der Versammlung vor Einführung der Direktwahl aus den Abgeordneten der nationalen Parlamente rekrutierten. Bei Aufhebung ihrer nationalen parlamentarischen Immunität wären sie somit in ihren Herkunftsstaaten ohne Schutz gewesen, unterstellt man eine Maßgeblichkeit des innerstaatlichen Immunitätsrechts für den Geltungsumfang der europäischen parlamentarischen Immunität nach Art. 10 Abs. 1 lit. a)[145]. Für diese Situation sollte die „Unverletzlichkeit während der Reise" sicherstellen, daß das Mitglied jedenfalls an der unmittelbar bevorstehenden Tagung der Versammlung teilnehmen konnte.

Die Verankerung der Unverletzlichkeit „während der Reise" erscheint gegenwärtig als obsolet. Immerhin, so stellt der EuGH zutreffend fest, „bleibt sie

---

139 Std. Rspr.; vgl. Rs. 29/69 (Stauder), Slg. 1969, S. 419; Rs. 11/70 (Int. Handelsgeschäft gegen Vorratsstelle), Slg. 1970, S. 1125 (1135); Rs. 29/76 (LTU/Eurocontrol), Slg. 1976, S. 1541 (1550 f).

140 Vgl. *Pernice* zur Rolle der Rechtsvergleichung: „im weitesten Sinn [...] conditio sine qua non der Wahrung der Rechtseinheit im Gemeinschafstrecht", in: Grabitz, Art. 164 EWGV Rn. 28.

141 Vgl. z.B. *Hoffmann-Becking*, S. 349, 354 ff. Die Auffassung *Lechners*, S. 199, demnach den allgemeinen Rechtsgrundsätzen nur insoweit Rechtsquelleneigenschaft zukomme, als sie zu Gewohnheitsrecht geworden sind, hat sich zu Recht nicht durchsetzen können.

142 Vgl. *Frowein/Peukert*, Art. 6 EMRK Rn. 44 m.w.N.

143 Siehe Rs. 4/73 (Nold/Kommission), Urt. v. 14.5.1974, Slg. 1974, S. 491 ff.; Rs. 36/75 (Rutili), (Urt. v. 28.10.1975, Slg. 1975, S. 1219 ff.; Rs. 130/75 (Prais/Rat), Urt. v. 27.10.1976, Slg. 1976, S. 1589 ff.; Rs. 44/79 (Hauer/Rheinland Pfalz), Urt. v. 13.12.1979, Slg. 1979, S. 3727; verb. Rs. 60 und 61/84 (Cinétheque/Cinémas Françaises), Urt. v. 11.7.1985, Slg. 1985, S. 2618 ff.

144 Andernfalls bestände zumindest theoretisch die Möglichkeit, bei Aufhebung der parlamentarischen Immunität nach Abs. 1 lit. a) unter Berufung auf Abs. 2 in Richtung des Tagungsortes abzureisen und sich nach Verlassen des eigenen Staates auf die unter Umständen sehr viel weitergehende Immunität gem. Abs. 1 lit. b) zu stützen.

145 Siehe oben unter B. III.

unter anderem für den Fall von Nutzen, daß das Europäische Parlament eine jährliche Sitzungsperiode früher schließt."[146]

Darüber hinaus wird man Abs. 2 eine gewisse klarstellende Funktion zubilligen müssen, derzufolge insbesondere die Tagung der Versammlung als besonders schützenswert anzusehen ist. Aus Art. 10 Abs. 2 des Protokolls i.V.m. Art. 5 EWGV kann deshalb wohl auch die Verpflichtung der Mitgliedstaaten abgeleitet werden, mit Ausnahme der in Abs. 3 des Protokolls geregelten Fälle, keine Maßnahmen gegen zukünftige Mitglieder des Europäischen Parlaments zu treffen, die im Begriff sind, zur konstituierenden Sitzung des neu gewählten Parlaments zu reisen.

E. „Ergreifung auf frischer Tat" (Art. 10 Abs. 3, 1. Hs.)

Art. 10 Abs. 3, 1. Hs. des Protokolls regelt die einzige, ausdrücklich genehmigungsfreie Maßnahme gegen Mitglieder des Europäischen Parlaments. Gem. Art. 10 Abs. 3 kann die Unverletzlichkeit „bei Ergreifung auf frischer Tat [...] nicht geltend gemacht werden".

Wie bereits bei den vorausgehenden Absätzen, so ist auch dieser Wortlaut auslegungsbedürftig. Zu klären ist insbesondere, wer als Betroffener „auf frischer Tat" anzusehen ist[147]. Sieglerschmidt scheint davon auszugehen, daß sich der Rechtsbegriff der „Ergreifung auf frischer Tat" nach dem Recht des jeweiligen Festnahmeortes bestimmt, wenn er formuliert:

> „Diese Bestimmung kann nur in Verbindung mit den beiden vorangehenden Sätzen des Art. 10 richtig interpretiert werden, da davon auszugehen ist, daß der Grundsatz der vollen Anwendung des einzelstaatlichen Immunitätsrechts auch in diesem Fall nicht durchbrochen werden soll."[148]

Dieser Auffassung steht jedoch die oben angeführte Rechtsprechung des EuGH entgegen, derzufolge das innerstaatliche Recht nur dann zur unmittelbaren Anwendung gelangt, wenn auf dieses ausdrücklich verwiesen wird[149]. Insoweit kann für die Auslegung des Begriffs „Ergreifung auf frischer Tat" in Abs. 3 nichts anderes gelten, als der EuGH für die Auslegung des Begriffs „Dauer der Sitzungsperiode" in Abs. 1 festgelegt hat. Richtigerweise wird man daher den Begriff der „Ergreifung auf frischer Tat" ebenfalls im Wege „wertender Rechtsvergleichung" unter Berücksichtigung innerstaatlicher Immunitätsrechtsgrundsätze zu konkretisieren haben[150]. Zuzustimmen ist Sieglerschmidt demgegenüber in der Auffassung, daß sich nach erfolgter Flagranzfestnahme die Rechtmäßigkeit weiterer Maßnahmen gegen das festgenommene Mitglied grundsätzlich nach Abs. 1 richtet.

> „Ist ein Abgeordneter in seinem Herkunftsland auf frischer Tat ergriffen worden, so richtet sich der Fortgang des damit - ohne Genehmigung des Parlaments - aufgenomme-

---

146 Vgl. Art. 9 f. GOEP Rs. 149/85 (Wybot/Faure), Slg. 1986, S. 2410.

147 Vgl. die Wortmeldungen in der Debatte des Europäischen Parlaments, Sitzungsbericht Nr. 2-350/40.

148 In: EuGRZ 1986, S. 447.

149 Siehe oben unter B. I. 2.

150 Vgl. hierzu bereits die Ausführungen zum Geltungsumfang des Abs. 1 lit. b) oben unter C. II.

nen Ermittlungsverfahrens gemäß Art. 10 Abs. 1 Buchstabe a des Protokolls nach dem Immunitätsrecht dieses Landes."[151]

Zweifelhaft ist hingegen, ob die Fortsetzung der eingeleiteten Maßnahmen gegen einen Abgeordneten, der außerhalb seines Herkunftsstaates auf frischer Tat ergriffen wurde, genehmigungsfrei ist. Sieglerschmidt ist der Ansicht, sie könnten

„mit der Einschränkung fortgesetzt werden, daß der Abgeordnete nicht 'festgehalten', d.h. nicht in seiner persönlichen Freiheit beschränkt werden darf, und sich das Verfahren noch in dem Stadium vor der Einschaltung gerichtlicher Instanzen befindet."[152]

Ob diese Auffassung zutrifft, richtet sich ausschließlich nach dem sachlichen Geltungsumfang des Abs. 1 lit. b). Sie kann deshalb erst nach der Auslegung des Begriffs „festgehalten werden" in Abs. 1 lit. b) anhand des beschriebenen Verfahrens einer Konkretisierung und wertenden Rechtsvergleichung innerstaatlich geltender Rechtsgrundsätze in Immunitätsangelegenheiten beurteilt werden.

Im Ergebnis richtet sich die Genehmigungsbedürftigkeit des Verfahrensfortgangs gegen das auf frischer Tat festgenommene Mitglied somit in dessen Herkunftsstaat nach Abs. 1 lit. a), entsprechend in jedem anderen Mitgliedsstaat nach Abs. 1 lit. b).

F. „Befugnis der Versammlung" (Art. 10 Abs. 3, 2. Hs.)

Art. 10 Abs. 3, 2. Hs. des Protokolls stellt die „Befugnis der Versammlung [...] die Unverletzlichkeit eines ihrer Mitglieder aufzuheben" ausdrücklich in die Zuständigkeit des Europäischen Parlaments[153]. Andere Organe, wie etwa der EuGH oder innerstaatliche Rechtspflegeorgane, sind zur Aufhebung der parlamentarischen Immunität nicht befugt[154]. Dabei ist unter der Aufhebung der parlamentarischen Immunität die vorherige Einwilligung in die Strafverfolgung zu verstehen, im Gegensatz zur nachträglichen Zustimmung bzw. Genehmigung einer bereits eingeleiteten Verfolgung[155].

Obwohl der Wortlaut des Art. 10 Abs. 3, 2. Hs. lediglich die Befugnis regelt, die Unverletzlichkeit aufzuheben, ist das Europäische Parlament ebenso ermächtigt, diese nicht aufzuheben bzw. nach pflichtgemäßen Ermessen an der Unverletzlichkeit seiner Mitglieder festzuhalten. Insoweit ist der Ermächtigung, die Immunität eines Mitglieds aufzuheben, die Befugnis immanent, an dessen Unverletzlichkeit festzuhalten. Sie erscheint lediglich als Kehrseite der Befugnis, die Unverletzlichkeit aufzuheben, ohne den Umfang der ausdrücklich zugestandenen Befugnis zu erweitern[156]. Das Recht, an der parlamentarischen Im-

---

[151] *Sieglerschmidt*, in: EuGRZ 1986, S. 447.

[152] In: EuGRZ 1986, S. 447.

[153] Vgl. *Bieber*, in: EuR 1981, S. 131.

[154] Siehe jedoch zur Justitiabilität parlamentarischen Handelns in Immunitätsangelegenheiten unten 3. Teil § 3.

[155] So auch in fast allen Mitgliedstaaten. Vgl. z.B. für Art. 46 GG *Magiera*, in: BK, Art. 46 GG Rn. 89 m.w.N.

[156] Vgl. zur Zulässigkeit der argumentum a fortifiori Auslegung im Gemeinschaftsrecht *Ipsen*, 5/82.

munität festzuhalten, brauchte deshalb auch nicht ausdrücklich im Protokoll verankert zu werden[157].

Während Art. 10 Abs. 3 des Protokolls somit die Zuständigkeit des Parlaments begründet, in Immunitätsangelegenheiten nach pflichtgemäßen Ermessen die Erlaubnis zur Strafverfolgung zu erteilen oder zu versagen, und sich die Aufhebungsbefugnis des Europäischen Parlaments auf beide in Art. 10 Abs. 1 genannten Formen der Immunität erstreckt[158], läßt er andererseits offen, nach welchen rechtlichen Gesichtspunkten die Versammlung ihre Befugnis ausüben soll.

Zwar ist es dem Parlament überlassen, die Grundsätze nach denen es Immunitätsangelegenheiten regelt, frei zu bestimmen. Die Entscheidungsfindung steht jedoch keineswegs im uneingeschränkten Belieben des Parlaments. So schreibt bereits der Wortlaut des Art. 10 Abs. 3, insoweit von der „Versammlung" die Rede ist, eine Plenarzuständigkeit und Beschlußfassung der Vollversammlung vor. Darüber hinaus kann die hier in Rede stehende Befugnis lediglich im Rahmen des in den Art. 142 Abs. 1 EWGV, Art. 112 Abs. 1 EAGV und Art. 25 Abs. 1 EGKSV verankerten Selbstorganisationsrechts des Europäischen Parlaments ausgeübt werden[159].

Soweit im Hinblick auf die Abgeordneten ohne Doppelmandat bzw. ohne Immunitätsbestimmungen in ihren Herkunftsstaaten von einer Regelungslücke auszugehen ist[160], wäre deshalb zwar an das in Art. 13 DWA vorgesehene Verfahren zur Lückenschließung zu denken[161]. Art. 13 DWA bezieht sich jedoch lediglich auf Maßnahmen zur Durchführung der Direktwahlakte.

In jedem Fall setzen Entscheidungen über die parlamentarische Immunität eines Mitglieds eine ermessensfehlerfreie Abwägung zwischen den eigenen Interessen an einer ungestörten parlamentarischen Arbeit und den Belangen der jeweiligen nationalen Rechtspflegeorgane voraus.

§ 3 Existenzberechtigung

Im Zielkonflikt zwischen der strafrechtlichen Verfolgungs- und Verantwortungsfreiheit der Mitglieder des Europäischen Parlaments einesteils und dem staatlichen Verfolgungs- und Strafanspruch anderenteils besteht mit Art. 10 des Protokolls eine Verfassungsentscheidung der Mitgliedsstaaten zugunsten der parlamentarischen Immunität der Abgeordneten. Die Existenzberechtigung der

---

157 Gleiches gilt m.E. auch für das in Art. 10 des Protokolls explizit nicht verankerte Revokationsrecht; vgl. z.B. Art. 46 Abs. 4 GG.

158 *Bieber*, in: EuR 1981, S. 131; ders. in: G/T/E Art. 138 Anhang EWGV Rn. 23 m.w.N.; *Verges*, in: Megret, Art. 138 EWGV Rn. 43.

159 Siehe dazu ausführlich unten 3. Teil.

160 Vgl. *Burban*, S. 779, 782.

161 Vgl. Art. 13 DWA: „Sollte es sich als erforderlich erweisen, Maßnahmen zur Durchführung dieses Aktes zu treffen, so trifft der Rat diese Maßnahmen einstimmig auf Vorschlag der Versammlung und nach Anhörung der Kommission, nachdem er sich in einem Konzertierungsausschuß, dem der Rat sowie Abgeordnete der Versammlung angehören, um ein Einvernehmen mit der Versammlung bemüht hat." Siehe dazu *Bieber*, in: EuR 1981, S. 127.

europäischen parlamentarischen Immunität steht jedoch nicht schon deswegen außerhalb jeder Kritik, weil sie verfassungsrechtlich positiviert ist. Vielmehr begegnet sie ungeachtet ihrer konkreten Ausgestaltung auch in den Reihen des Parlaments selbst prinzipieller Kritik.

A. Ablehnende Thesen

I. Bedeutungslosigkeit der europäischen parlamentarischen Immunität

Gegen die Existenzberechtigung der europäischen parlamentarischen Immunität hat sich besonders das ehemalige Mitglied des Europäischen Parlaments und Immunitätsausschusses Sieglerschmidt ausgesprochen[162]. Entstanden als Abwehrrecht gegen drohende Übergriffe der Exekutive im Zeitalter des Konstitutionalismus sei die Daseinsberechtigung der europäischen parlamentarischen Immunität wegen der Entwicklung der Mitgliedsstaaten zu demokratisch-parlamentarisch regierten Rechtsstaaten hinfällig geworden. Ohnehin wären die Organe der Europäischen Gemeinschaften und erforderlichenfalls innerstaatliche Parlamente fähig, bedrohlichen Entwicklungen rechtzeitig und wirksam entgegenzutreten. Sollten diese nicht mehr in der Lage sein, auf entsprechende Verhältnisse zu reagieren, dann würde auch das Recht des Parlaments, die Aufhebung zu verweigern, nicht mehr helfen[163]. Diese Ansicht basiert auf der Theorie, daß der parlamentarischen Immunität nach ihrem ursprünglichen Zweck lediglich dann Bedeutung zukomme, wenn ein Spannungsverhältnis zwischen Legislative und Exekutive bestehe[164]. Dieses habe zwar in den Anfängen des Parlamentarismus vorgeherrscht, als die Regierung und die ihr unterstellte Polizeigewalt noch unabhängig von der Legislative waren. In Zeiten parlamentarischer Demokratie, in denen die Exekutive auf das Vertrauen des Parlaments angewiesen ist, habe sich dieses Spannungsverhältnis jedoch zumindest abgebaut[165]. Angesichts der Durchsetzung der parlamentarischen Abhängigkeit der Regierung, der Gesetzesgebundenheit der Verwaltung und der Unabhängigkeit der Judikative bestehe deshalb kein Bedürfnis mehr an einer Aufrechterhaltung der parlamentarischen Immunität[166]. Zumindest sei eine

---

162 In: EuGRZ 1986, S. 452. Vgl. auch die Abstimmungserklärung der Europa-Abgeordneten Cryer: „Die einzige wahre Immunität, die wir brauchen, ist die Freiheit, hier unsere Meinung zu äußern, ohne ein gerichtliches Verfahren befürchten zu müssen, ..." — Verhandlungen des Europäischen Parlaments Nr. 2-350/39 vom 10.3.1987 und Negri: „Gleichsam möchte ich klarstellen, daß wir im allgemeinen die Institution der parlamentarischen Immunität nicht befürworten; ... denn sehr oft ... verbirgt sich hinter der Institution der parlamentarischen Immunität etwas Unsauberes und Undurchsichtiges." — Verhandlungen des Europäischen Parlaments Nr. 2-369/5 vom 10.10.1988.

163 *Sieglerschmidt*, in: EuGRZ 1986, S. 452.

164 *Sieglerschmidt*, in: Sozialdemokratischer Pressedienst, 6.11.1984, S. 2 f.; siehe auch *Bockelmann*, S. 9 ff.; *Beyer*, S. 33, 59 ff.; *Rauball*, in: von Münch, Art. 46 Rn. 30; *Maunz*, in: Maunz/Dürig, Art. 46 Rn. 26; *Ranft*, in: ZRP 1981, S. 271, 274 m.w.N; *Butzer*, S. 66 ff. m.w.N.; sowie zum ausländischen Schrifttum z.B. *Musso*, S. 502; *Luchaire/Conac*, S. 442 ff.

165 So auch *Weyrich*, in: Staats-Zeitung, Staatsanzeiger für Reinland-Pfalz Nr. 40 vom 12.10.1987, S. 5; *Sieglerschmidt*, in: SPD-Pressedienst, S. 2.

166 Siehe zusammenfassend *Wurbs*, S. 21 m.w.N. Diese Auffassung scheint in der Öffentlichkeit seit langem verbreitet zu sein. Vgl. etwa Fromme: „Die Immunität der Abgeordneten, ein Privileg des Parlaments, das sinnvoll war in Zeiten, da es mit der Exekutive um die Vorherrschaft kämpfte, ist längst überholt." in: FAZ vom 2.9.1978, S. 1; zit. bei *Ranft*, in: ZRP 1981, S. 271.

restriktive Auslegung geboten[167], was gerade auch für den Schutzumfang der europäischen parlamentarischen Immunität gelte[168].

Der Ansicht Siglerschmidts kann nicht gefolgt werden. Daß der Gedanke, bestimmte öffentliche Funktionsträger zu schützen, keine Errungenschaft der konstitutionellen Bewegung des ausgehenden 18. und 19. Jahrhunderts ist, sondern bereits im römischen Recht bekannt war, zeigen die Aufzeichnungen des römischen Staatsrechtlers Aemilius Macer[169]. Gegen die Existenzberechtigung der europäischen parlamentarischen Immunität streitet weder die Tatsache, daß auf Mitgliedsstaatlicher Ebene Unterordnungsverhältnisse zwischen Exekutive und Legislative verfassungsrechtlich verankert sind, noch kann sie schon deswegen in Abrede gestellt werden, weil das Europa-Parlament der Immunität bei einem Rückfall in vordemokratisch parlamentarische Zeiten nicht mehr zur praktischen Geltung verhelfen kann. Die Frage der Existenzberechtigung eines Rechtssatzes ist insoweit unabhängig von der Frage seiner Befolgung. Zwar spricht für die Ansicht Sieglerschmidts, daß sich auch in denjenigen Mitgliedsstaaten, in denen die Mitglieder der innerstaatlichen Parlamente keine parlamentarische Immunität besitzen, wie etwa in den Niederlanden oder in Großbritannien, Demokratie und Rechtsstaat als funktionsfähig erweisen. Es erscheint jedoch keineswegs ausgeschlossen, daß Regierungen der Mitgliedsstaaten durch die ihnen nachgeordneten Polizeiorgane und der Staatsanwaltschaften unliebsame Abgeordnete aus politischen Gründen verfolgen lassen. Zwar haben sich repressive Maßnahmen der Staatsgewalt gegen Abgeordnete stets dem kritischen Urteil der Öffentlichkeit zu stellen, was einer offensichtlich tendenziösen Verfolgung, d.h. einer Verfolgung aus politischen Gründen entgegensteht. Dennoch belegen die Beispiele aus der Parlamentspraxis[170], daß die Europa-Abgeordneten vor den Gefahren subtiler tendenziöser Verfolgung nicht geschützt sind[171]. Diese Gefahren sind keineswegs nur theoretischer Natur[172]. Indizien, die eine tendenziöse Straf-

---

167 Vgl. die Nachw. bei *Maunz*, in: Maunz/Dürig, Art. 46 Rn. 25 m.w.N.; für eine Interessenabwägung *Magiera* in: BK, Art. 46 Rn. 14, 20 m.w.N.; vgl. auch *Wurbs*, S. 23 ff; sowie aus der Rspr. OLG Köln, Beschl. v. 26.5.1987 - Ss 310/86 abgedruckt in: NStE 1988, Nr. 1 zu Art. 46 GG.

168 Für eine restriktive Interpretation der europäischen parlamentarischen Immunität, beispielsweise einer Begrenzung ihrer Schutzfunktion lediglich gegenüber Taten im Rahmen parlamentarischer Tätigkeiten plädiert der Abgeordnete Hoon, Verhandlungen des Europäischen Parlaments Nr. 2-349/11 vom 9.3.1987; für einen Schutz lediglich vor strafrechtlichen Verfahren die Abgeordnete Lady *Elles*, in: Verhandlungen des Europäischen Parlaments Nr. 2-349/12 vom 9.3.1987.

169 „Qui accusare possunt, intellegemus, si scierimus, qui non possunt. Itaque prohibentur accusare allii propter sexum vel aetatem, ..., allii propter magistratum potestatemve, in qua agentes sine fraude in ius evocari non possunt." In: De publicis iudicis II, S. 113, zit. nach *Fuhrmann/Liebs*, S. 192.

170 Siehe insbesondere die Beispielsfälle im 2. Teil § 3 B. II., in denen das Parlament die Aufhebung der Immunität abgelehnt hat.

171 Daß in Europa Abgeordnete wegen ihrer politischen Funktion bisweilen auch um ihr Leben fürchten müssen, belegen die Ermordung des Mitglieds des Europäischen Parlaments Salvo Lima, siehe FAZ vom 13.3.1992, S. 1 sowie die Ermordung von Angehörigen der spanischen Cortes durch rechtsextreme Teile der spanischen Polizei, FAZ vom 2.8.1990, S. 4. Die parlamentarische Immunität der ermordeten Abgeordneten erwies sich insoweit tatsächlich als bedeutungslos bzw. als papierendes Schutzschild.

172 Siehe zur Durchsuchung der PDS Zentrale/Berlin, in der auch Mitglieder des Deutschen Bundestages Büros unterhalten, durch mehr als 100 Polizisten ohne richterliche Genehmigung

verfolgung nahelegen, sind z.B. die Vorladung vor ein „Special Tribunal“[173], die Ungleichbehandlung von Tatverdächtigten, die unverhältnismäßige Intensität von Ermittlungen oder auffällige Diskrepanzen zwischen der Tatzeit und der Aufnahme der Strafverfolgung[174]. Letzteres gilt besonders dann, wenn die Strafverfolgung erst mit der Erlangung des Mandats einhergeht oder Ermittlungshandlungen aufgrund anonymer Anzeigen in Wahlzeiten erfolgen. Zwar sind die Staatsanwaltschaften zumindest in der Bundesrepublik Deutschland als selbständige Organe der Rechtspflege weder der Judikative gleichgestellt, noch sind sie reine Verwaltungsbehörden. Gleichwohl unterliegen sie in den Grenzen des Art. 20 Abs. 3 GG einer ministeriellen Weisungsbefugnis[175], die gerade dann ausgeübt werden kann, wenn staatsanwaltschaftliche Entscheidungen von den Belangen des öffentlichen Interesses abhängig gemacht werden[176]. Die Unverletzbarkeit der Abgeordneten erweist sich deshalb nicht zuletzt auch wegen dieser Weisungsgebundenheit der Verfolgungsbehörden von der Exekutive keineswegs als überflüssig.

Auch darf nicht übersehen werden, daß die nationalen Regierungen, mit Ausnahme ihrer sich aus Art. 5 EWGV ergebenden Verpflichtungen, nur gegenüber der jeweiligen nationalen Legislative verantwortlich sind. Dem Europäischen Parlament stehen parlamentarische Kontrollmöglichkeiten oder gar Mißtrauensvoten gegenüber den Regierungen der Mitgliedsstaaten nicht zur Verfügung[177]. Allenfalls könnte es im Streitfall ein Verfahren gemäß Art. 169 EWGV anregen[178], was jedoch einen Schutz der Abgeordneten nicht erübrigt.

Im übrigen erscheint es im Hinblick auf den Beitritt von Staaten, die sich erst in jüngster Zeit der Diktatur und Unterdrückung entledigen konnten oder von Staaten, deren Regierungen die Konflikte mit ihren nationalen Minderheiten durch deren Bombardierung zu lösen suchen, nicht ratsam, die im Gemeinschaftsrecht positivierte Unverletzlichkeit der Abgeordneten aufzugeben.

Der These, daß die europäische parlamentarische Immunität in einem Europa parlamentarischer Demokratien überflüssig ist, kann somit nicht gefolgt werden.

---

mit der Begründung der „Gefahr im Verzuge“, FAZ Nr. 245 vom 20.10.1990, S. 1 f. sowie die ausführliche Erörterung dieses Vorgehens bei *Butzer*, S. 79 f.

[173] Vgl. Dok. A3-269/91 (Tsimas/Roumeliotis) vom 17.10.1991, S. 6.

[174] Siehe zu dem sog. „fumus persecutionis“ ausführlich unten 2. Teil § 3 B.

[175] Vgl. zum sog. „externen Weisungsrecht“ der Justizminister § 146 GVG: „Die Beamte der Staatsanwaltschaft haben den dienstlichen Anweisungen ihrer Vorgesetzten nachzukommen.“ Siehe dazu Kissel, § 146 GVG Rn. 1-6, 9 m.w.N; sowie *Butzer*, S. 81.

[176] Vgl. *Roxin*, Strafverfahrensrecht, § 10 A III 2; *Klein*, Indemnität und Immunität, in: Schneider/Zeh, S. 590 Rn. 68.

[177] Siehe jedoch die Möglichkeit, wegen der Tätigkeit der Kommission ein Mißtrauensvotum zu beschließen (Art. 24 Abs. 2 und 3 EGKSV; Art. 144 EWGV; Art. 114 EAGV); dazu *Rutschke*, S. 167 ff. sowie *Läufer*, in: Grabitz, Art. 144 EWGV. Freilich ist die Kommission weder sachlich noch personell in der Lage aufgrund der ihr vertraglich zustehenden Exekutivbefugnisse einzelne Mitglieder des Parlaments in tendenziöser Weise zu bedrängen oder gar verfolgen zu lassen. Keine „Gefahr“ droht den Abgeordneten auch von dem zu Ihrer Sicherheit eingesetzten Wachpersonal.

[178] Davon unabhängig wäre ein Regierungssturz in den meisten Fällen ein unverhältnismäßiges und damit ungeeignetes Reaktionsmittel. So zutreffend *Magiera*, in: BK, Art. 46 GG Rn. 17.

II. Gefährdung der Strafrechtspflege

Der Existenzberechtigung der europäischen parlamentarischen Immunität stehen auch Belange der Strafrechtspflege entgegen. Die Effektivität der Strafrechtspflege, bzw. das öffentliche Interesse an der Ermittlung und Aburteilung strafbarer Handlungen, seien es Offizial- oder auch Privatklagedelikte, ist von der Maxime geprägt, daß der strafrelevante Sachverhalt in einem rechtsstaatlichen Verfahren gründlich und umfassend zu ermitteln und der einer schuldhaft begangenen Straftat überführte Täter zu bestrafen ist[179]. Die Bestrafung des Täters ist Ausdruck der allgemeinen Überzeugung, daß begangenes Unrecht gesühnt und vergolten werden muß. Sie hat darüber hinaus sowohl spezial- als auch generalpräventive Funktionen, die letztendlich der Aufrechterhaltung der allgemeinen Friedensordnung und dem Schutz der für das Zusammenleben der Menschen wichtigen Rechtsgüter dienen. Mit anderen Worten besteht bei Bekanntwerden eines strafrelevanten Sachverhalts grundsätzlich ein öffentliches Interesse an einer hinreichenden Aufklärung und Ermittlung des Sachverhalts sowie an einer materiell richtigen, prozeßordnungsgemäß zustande gekommenen, Rechtsfrieden schaffenden Entscheidung über die Strafbarkeit des Angeschuldigten.

Nicht zu verkennen ist, daß das Ersuchen um Aufhebung der parlamentarischen Immunität eines Abgeordneten des Europäischen Parlaments wegen des zu beachtenden Dienstwegs umständlich ist, Zeit in Anspruch nimmt und Indiskretionen ermöglicht[180]. Zudem birgt die parlamentarische Immunität, sofern sie im konkreten Fall nicht aufgehoben wird, die Gefahr, daß durch den zeitlichen Abstand zur Tat Beweismittel verloren gehen und die Ermittlung des Sachverhalts erschwert oder durch Verdunkelung sogar endgültig verhindert wird[181]. Unter Umständen kann sie auch die Verfolgung von Tatteilnehmern verhindern, die, soweit sie sich zwar nicht auf das Rechtsinstitut der parlamentarischen Immunität berufen, gleichwohl aus materiellrechtlichen Gründen nicht verfolgt werden können[182]. Während die Beteiligtenstellung eines Abgeordneten als Anstifter oder Gehilfe einer Tat der staatsanwaltschaftlichen Ermittlungstätigkeit gegen den Haupttäter nicht entgegensteht, hindert die parlamentarische Immunität des Haupt- oder Mittäters die strafrechtliche Verfolgung der Mittäter, Anstifter oder Gehilfen. Insoweit ist die Ermittlung der Haupttat sowohl Voraussetzung für die strafrechtliche Verfolgung der Tatteilnehmer als auch für die Feststellung des strafrechtlichen Gehalts einer Handlung oder Unterlassung eines

---

179 Vgl. zu dieser Funktion des Strafrechts *Jescheck*, S. 3 m.w.N.; *Maurach/Zipf*, S. 64 ff.; *Schmidhäuser*, 2/14-24.

180 Siehe Nr. 192 b III RiStBV: „Beabsichtigt der Staatsanwalt, gegen ein Mitglied des Europäischen Parlaments ... einzuleiten, zu vollstrecken oder sonst eine genehmigungsbedürftige Strafverfolgungsmaßnahme zu treffen, so beantragt er, einen Beschluß des Europäischen Parlaments über die Aufhebung der Immunität herbeizuführen."

181 Die Verdunkelungsgefahr stellt nach der gesetzgeberischen Wertung des § 112 StPO sogar einen Haftgrund dar.

182 Es fehlt insoweit an der Voraussetzung des Vorliegens einer Haupttat, da das Verhalten des Teilnehmers in seinem strafrechtlichen Gehalt zur Tat des Haupttäters akzessorisch ist, d.h., die Rechtsverletzung des Teilnehmers muß sich in der tatbestandsmäßigen Haupttat des Täters, zu der angestiftet oder *Hilfe* geleistet worden ist, objektivieren; vgl. §§ 25 II, 26, 27 StGB; dazu näher *Roxin*, TuT, S. 546 ff.

Mittäters[183]. Hinzu kommt, daß die Nichtverfolgung von Tatverdächtigten sie während der Dauer ihrer parlamentarischen Immunität gegenüber nicht-immunen Tätern in nicht gerechtfertigter Weise privilegieren könnte.

Die Möglichkeit der Gefährdung der Strafrechtspflege spricht mit anderen Worten gegen die Existenzberechtigung der europäischen parlamentarischen Immunität[184].

III. Ungerechtfertigte „Privilegierung" der Abgeordneten

Populäre Bedenken gegen eine Privilegierung von Abgeordneten im allgemeinen und die Immunität der Mitglieder des Europäischen Parlaments im besonderen[185] hat der Europa-Abgeordnete Cryer aufgegriffen. In einer Aussprache über den Bericht Donnez zur Revision des Protokolls über die Vorrechte und Befreiungen äußerte er: „Der Bericht Donnez übertreibt gewaltig die Bedeutung dessen, was eigentlich nur eine Beratende Versammlung und kein Parlament im wahrsten Sinne des Wortes ist."[186]

Pointiert formuliert steht hinter dieser Ansicht die These, daß Abgeordnete ohne echte Legislativbefugnisse eigentlich keinen Immunitätsschutz benötigten, ihre Nichtverfolgbarkeit sie aber gleichwohl in nicht gerechtfertigter Weise gegenüber ihren Wählern privilegiert. Diese Einschätzung überrascht um so mehr, als sie von einem Mitglied des Parlaments geäußert wurde. Sie bedarf schon deshalb einer näheren Erörterung.

1. Mangelnde Teilhabe der Mitglieder des Europäischen Parlaments an der Legislativgewalt

Nicht zu übersehen ist, daß dem Europäischen Parlament im institutionellen Dreieck zwischen Rat, Parlament und Kommission noch immer eine untergeordnete Rolle zukommt[187]. Auch ist der Aufgabenkreis des Europäischen Parlaments - ebenso wie die ihm vom Gemeinschaftsrecht zugewiesene Rolle im Zusammenspiel der Organe - mit dem der Parlamente der Mitgliedsstaaten nur bedingt vergleichbar[188]. Die in der öffentlichen Meinung vorherrschende Ansicht über die Verzichtbarkeit einer Beteiligung des Europäischen Parlaments am politischen Prozeß spiegelt trotz seiner Parteienstärkung nach den Direktwah-

---

183 Siehe hierzu *Ranft*, S. 276. Problematisch ist seine Schlußfolgerung: „In derartigen Fällen kann sich also die Notwendigkeit ergeben, gegen den Abgeordneten als Haupttäter zu ermitteln, um den Tatverdacht gegen den Teilnehmer erhärten zu können. Das gilt auch dann, wenn das Parlament durch ausdrücklichen Beschluß ablehnt, die Immunität des Abgeordneten aufzuheben."

184 Hingegen ist das in den verschiedenen Strafprozeßnormen verankerte Beschleunigungsverbot nicht verletzt, wenn die Strafverfolgung von Gesetzes wegen - hier: wegen der vom Parlament verweigerten Aufhebung der Immunität - nicht fortgesetzt werden kann, BGH NJW 1990, S. 2832.

185 Der Tagesspiegel vom 17.4.1985: Kritik an Straßburger Entscheidung; siehe auch *v.Brünneck*, in: EuR 1989, S. 249, 253 f. und Der SPIEGEL Nr. 30/1982, S. 110 f.

186 Verhandlungen des Europäischen Parlaments Nr. 2-350/40 vom 10.3.1987, S. 40.

187 Siehe zur Diskussion um das sog. „Demokratiedefizit" den Bericht *Toussaint* vom 29.7.1987, PE 111.236/rev. III; Baron *Crespo*, in: Integration 1/89, S. 3; *Läufer*, in: EA 1988, S. 679; *Grabitz/Schmuck/Steppat/Wessels*, S. 35 ff.; *Bleckmann*, in: JZ 1990, S. 301; ders., in: ZRP 1990, S. 265 f.; *Seeler*, in: EuR 1990, S. 99 f., 103, 107.

188 Vgl. *Läufer*, S. 35.

len[189] die vergleichsweise geringen Befugnisse des Europäischen Parlaments wider. So haben sich bei einer Befragung im Juni 1992 im Zusammenhang mit den Maastrichter Beschlüssen 34% der Deutschen dafür ausgesprochen, daß das Europäische Parlament nur beratende Funktion haben soll[190].

Demgegenüber kamen dem Europäischen Parlament bereits vor dem Inkrafttreten der Einheitlichen Europäischen Akte und dem Vertragswerk von Maastricht sowohl auf den Gebieten der Beratung und Kontrolle (Art. 20 EGKSV, Art. 137 EWGV, Art. 107 EAGV) als auch im Zusammenhang mit der Erörterung des Gesamtberichts der Kommission (Art. 24 Abs. 1 EGKSV, Art. 143 EWGV, Art. 113 EAGV) und der Möglichkeit, dieser mit einer 2/3-Mehrheit der abgegebenen Stimmen das Mißtrauen auszusprechen (Art. 24 Abs. 2 EGKSV, Art. 144 EWGV, Art. 114 EAGV)[191] wichtige Funktionen und Kompetenzen zu[192]. Nicht zu verkennen ist auch, daß das Europäische Parlament insbesondere nach seiner Direktwahl sowohl nach seiner Organisationsstruktur[193] als auch nach seinem Geschäftsgang mit innerstaatlichen Parlamenten vergleichbar ist. So gibt es parlamentarische Anfragen, Aussprachen, Fragestunden, Entschließungen sowie Debatten über aktuelle und dringliche Fragen[194]. Das Europäische Parlament kann Unterausschüsse einsetzen[195] sowie Sachverständigen-Hearings abhalten. Auch können an das Europäische Parlament Petitionen gerichtet werden[196].

Nach Inkrafttreten der Art. 6 ff. EEA hat das Argument der mangelnden Legislativbefugnis noch stärker an Gewicht verloren[197]. Obgleich der Rat nach wie vor die Möglichkeit hat, legislative Texte anzunehmen, die vom Europäischen Parlament abgelehnt wurden, ist das Parlament durch das „Verfahren der Zusammenarbeit" insgesamt gestärkt worden[198]. So hat es nunmehr die Möglichkeit, auf den Beschluß des Rates unmittelbaren Einfluß zu nehmen[199]. Gleichfalls sind Beitrittsgesuche und Abkommen auf der Grundlage von Art. 238 EWGV (z.B. Assoziierungs- und Kooperationsabkommen mit skandinavischen oder osteuropäi-

---

189 *Läufer*, in: Grabitz, vor Art. 137 EWGV Rn. 6 sowie Art. 137 Rn. 45 ff. zur Positionsstärkung des Europäischen Parlaments nach Einführung der Direktwahlen.

190 Vgl. *Kohler*, in: FAZ vom 29.3.1989, S. 5; *Noelle-Neumann*, in: FAZ v. 23.6.1992, S. 11; *Nonnenmacher*, in: FAZ vom 13.2.1989, S. 1.

191 Siehe *Bieber*, in: G/T/E Art. 143 f. EWGV.

192 Siehe zu den Befugnissen des Europäischen Parlaments näher *Nicolaysen*, Europarecht I, S. 98 ff.; *Bleckmann*, Europarecht, Rn. 81 ff.; *Oppermann*, Rn. 212 ff.; *Bieber*, in: G/T/E vor Art. 137 EWGV Rn. 8 ff. sowie Art. 137 EWGV Rn. 8-47 m.w.N.; *Harnier*, in: G/T/E Vorb. zum Fünften Teil EWGV Rn. 22 ff.; *Rabe*, S. 4; *v.Simson/Schwarze*, S. 51; *Oppermann/Classen*, S. 7.

193 Siehe zum internen Aufbau des Europäischen Parlaments *Bieber*, in: G/T/E Art. 140 EWGV Rn. 2-15.

194 Vgl. Art. 42 ff. GOEP

195 Vgl. Art. 109 EWGV; Art. 3 GOEP.

196 Vgl. Art. 108 ff. GOEP.

197 Vgl. *Hort*, in: FAZ vom 26.5.1989, S. 3; ders., in: FAZ vom 13.4.1989, S. 5; *Jacobs/Corbett*, S. 127 ff.

198 *Rabe*, S. 4; zum Gesetzgebungsverfahren der Zusammenarbeit *Glaesner/Schmuck/Steppat/Wessels*, in: EuR 1988, S. 121 ff.; *Bieber*, in: NJW 1989, S. 1395.

199 Vgl. die Nachw. bei *Corbett*, in: Integration 1/89, S. 22 ff.; allg. *Läufer*, in: Grabitz, vor Art. 137 EWGV, Rn. 3 ff., Art. 137 Rn. 5-42; *Bieber/Pantalis/Schoo*, in: CMLRev. 1986, S. 767 ff.; *Cerexhe*, S. 176 f; sowie zur gegenwärtigen Stellung des Europäischen Parlaments im Gefüge der EG *Bieber*, in: G/T/E vor Art. 137 EWGV Rn. 15 ff.

schen Ländern, Ländern des Mittelmeerraumes und den Lomé-Staaten) von der Zustimmung des Parlaments abhängig. Besonderes Gewicht erlangt das Zustimmungserfordernis insbesondere im Rahmen der Beitrittsverhandlungen ehemaliger RGW-Staaten zur Europäischen Gemeinschaft. Ebenfalls dürfte die durch das Vertragswerk von Maastricht neu eingeführte Parlamentszustimmung zur Neuberufung der EG-Kommission „von großer grundsätzlicher und praktischer Bedeutung" sein[200]. Dementsprechend hat der Präsident der EG-Kommission Jacques Delon ausgeführt:

> „Der Vertrag von Maastricht sieht vor, daß das Europäische Parlament in wesentlichen Bereichen stärker als bisher am Rechtsetzungsverfahren beteiligt wird und vergrößert die demokratische Legitimation der Kommission, indem er die Ernennung ihrer Mitglieder von der Zustimmung des Europäischen Parlaments abhängig macht."[201]

Zudem besteht die erklärte Absicht angesichts der Unverzichtbarkeit des Europäischen Parlaments im Integrationsprozeß[202], Befugnisse des Parlaments auch nach den Beschlüssen von Maastricht weiter zu stärken[203]. Der Vertrag von Maastricht gilt insoweit lediglich als ein Etappenziel auf dem Weg weiterer Integration[204].

Cryer ist somit zwar zuzugeben, daß das Europäische Parlament legislative Befugnisse nur eingeschränkt besitzt, gleichwohl ist zukünftig mit einer über die Haushalts-, Kontroll- und Zustimmungsbefugnisse hinausgehenden stärkeren Teilhabe des Europäischen Parlaments an den politischen Entscheidungsprozessen der EG zu rechnen. Eine Erweiterung der Kompetenzen des Europäischen Parlaments bringt jedoch auch eine Vermehrung politischer Befugnisse und Pflichten einzelner Mitglieder mit sich, die wiederum deren potentielle Gefährdung vor tendenziöser Verfolgung erhöht.

2. *Verstoß gegen den allgemeinen Gleichheitssatz*

Soweit sich die Kritik an der europäischen parlamentarischen Immunität auch auf den Vorwurf einer „Privilegierung" bzw. Ungleichbehandlung der Europa-Abgeordneten gegenüber ihren Wählern erstreckt[205] und somit den Vorwurf eines Verstoßes gegen den Gleichheitssatz[206] beinhaltet, ist zu differenzieren. Während die Strafverfolgung der Abgeordneten bis zum Ende der „Dauer der

---

200 *Oppermann/Classen*, in: NJW 1993, S. 5 ff., 7; *Nentwich*, in: EuZW 1992, S. 235; *v.Simson/Schwarze*, in: EuR 1992, S. 182, 195.

201 In: G/T/E, Anlage, Vorwort zum Vertrag über die Europäische Union von Maastricht, S. II.

202 Vgl. *Bleckmann*, in: ZRP 1990, S. 266 f.; *Ress*, in: Fiedler/Ress (Hrsg.) FS Geck, 1989, S. 625; *Seeler*, in: EuR 1990, S. 99 ff., S. 107 ff.

203 Vgl. die Schlußfolgerungen des Europäischen Rats vom 25. und 26.6.1990 in Dublin zur Politischen Union, EuZW 1990, S. 331; sowie die Communiqués der Regierungskonferenz zur Politischen Union vom Dezember 1990; siehe zur Auffassung der Bundesregierung, daß der Vertrag über die Europäische Union eine Stärkung der Rechte des Europäischen Parlaments in zahlreichen Punkten, beispielsweise in der Rechtsetzung, vorsieht, BT-Drs. 12/2246; *Rabe*, in: NJW 1993, S. 4; *Nentwich*, in: EuZW, S. 235 ff.

204 *Boest*, in: EuR 1992, S. 195 f.

205 Zum Begriff der „Privilegierung" in diesem Zusammenhang *Klein*, H.H., in: Schneider/Zeh, S. 578; *Beyer*, S. 80 ff.

206 Siehe zur Verankerung im Gemeinschaftsrecht *Pernice*, in: Grabitz, Art. 164 EWGV Rn. 63 ff. Zu den nationalen Besonderheiten *Schwarze*, VerwR Bd. I, S. 539 ff.

Sitzungsperiode" ruht und unter Umständen durch den zeitlichen Abstand zur Tat erschwert oder endgültig vereitelt werden kann, sind Angeschuldigte ohne parlamentarische Immunität den Maßnahmen staatlicher Verfolgungsbehörden sofort nach Bekanntwerden der Tat ausgesetzt. Mit anderen Worten ist eine Ungleichbehandlung vergleichbarer Sachverhalte in dem Umstand zu sehen, daß ein Ermittlungsverfahren lediglich gegen letztere betrieben wird und sich die parlamentarische Immunität somit zu einem das einzelne Mitglied privilegierenden Schutz auswirkt. Während die Ungleichbehandlung vergleichbarer Sachverhalte bzw. die Gleichbehandlung verschieden gelagerter Sachverhalte in der Regel einen Verstoß gegen den allgemeinen Gleichheitssatz nahelegt, enthält dieser jedoch weder als ein gemeinschaftsrechtliches noch als ein auf innerstaatlicher Ebene positiviertes Rechtsprinzip ein generelles Verbot von Differenzierungen[207]. Eine sachgerechte Ungleichbehandlung ist vielmehr solange nicht ausgeschlossen, wie sie nicht willkürlich ist, bzw. sich für eine Ungleichbehandlung vernünftige Erwägungen finden lassen, die sich aus der Natur der Sache ergeben oder sonstwie einleuchtend sind[208]. Dementsprechend hat der EuGH in der Rs. 117/76 zum allgemeinen Gleichheitssatz ausgeführt: „Nach diesem Grundsatz dürfen, ... vergleichbare Sachverhalte nicht unterschiedlich behandelt werden, es sei denn, daß eine Differenzierung objektiv gerechtfertigt wäre."[209]

Für die Frage, ob die Ungleichbehandlung vergleichbarer Sachverhalte vorliegend gegen die Existenzberechtigung der europäischen parlamentarischen Immunität spricht, sind deshalb objektive Kriterien zu erörtern, die die angegriffene Differenzierung rechtfertigen könnten. Abschließend wäre dann zu prüfen, ob die Differenzierung zu den zur Rechtfertigung herangezogenen Umständen in einem angemessenen Verhältnis steht[210].

B. Befürwortende Thesen

Drei Argumente sind zu erörtern, die eine Privilegierung der Mitglieder des Europäischen Parlaments gegenüber ihren Wählern und zugleich die Existenzberechtigung der europäischen parlamentarischen Immunität aus einem dem Gleichbehandlungsgebot und dem öffentlichen Interesse an der Strafrechtspflege vorrangigen Interesse rechtfertigen könnten. Sie vermögen zugleich das Bedürfnis an dem Rechtsinstitut der europäischen parlamentarischen Immunität zu begründen.

---

207 *Schwarze*, VerwR Bd. I, S. 540.

208 So z.B. das BVerfG, BVerfGE 10, S. 234 (246); zu den Nachweisen im Gemeinschaftsrecht *Schwarze*, S. 540, sowie die Erwägungen des Bayer. Verfassungsgerichtshofs im Urt. v. 24.10.1958 zur Vereinbarkeit der Immunität der bayer. Landtagsabgeordneten mit dem Gleichheitsgrundsatz, VGHE 11, S. 155.

209 EuGH Rs. 117/76 (Ruckdeschl/HZA Itzehoe), Slg. 1977, S. 1753, 1770; siehe auch EuGH Rs. 265/78 (Ferweda/Produktschapp), Slg. 1980, S. 617, 628.

210 Siehe zu dieser Verbindung von Gleichheitssatz, Willkürverbot und Verhältnismäßigkeit in der Rspr. des EuGH die Nachw. bei *Pernice*, in: Grabitz, Art. 164 Rn. 63.

I. Arbeits- und Funktionsfähigkeit des Europäischen Parlaments

Soweit in den Mitgliedsstaaten parlamentarische Immunitäten vorgesehen sind, wird deren Existenzberechtigung zumeist mit der Funktionsfähigkeit des jeweiligen Parlaments begründet[211]. Diese sei bereits durch die Verfolgung eines einzelnen Abgeordneten gefährdet, da dessen Verfolgung nicht nur die Arbeitsfähigkeit des einzelnen Mitglieds selbst, sondern die Funktionsfähigkeit des gesamten Parlaments[212] bzw. den Schutz vor Beeinträchtigungen der Handlungs- und Entscheidungsfähigkeit des Parlaments durch die Behinderung seiner Mitglieder betreffe[213]. Berücksichtige man, daß es bei knappen Mehrheitsverhältnissen innerhalb eines Abstimmungsvorgangs - sei es im Plenum oder im Ausschuß - auf jede Stimme ankommen könne, so werde deutlich, daß die zwangsweise Nichtteilnahme des einzelnen Abgeordneten die Arbeitsfähigkeit des ganzen Parlaments beeinträchtige[214]. Die durch die Gefahr einer tendenziösen Verfolgung gefährdete Funktionsfähigkeit des Parlaments sei aber ein gegenüber dem öffentlichen Interesse an der Strafverfolgung vorrangiges Interesse[215].

Diese Argumentation kann im Hinblick auf die Vergleichbarkeit der parlamentarischen Aufgaben des Europa-Parlaments und der Aufgaben nationaler Parlamente, insbesondere hinsichtlich seiner parlamentarischen Kontrollfunktion[216] auf das Europäische Parlament übertragen werden[217]. So hat der EuGH in seiner Rechtsprechung zur internen Organisationsgewalt zutreffend die hohe Priorität der Funktionsfähigkeit des Europäischen Parlaments herausgestellt[218]. Die Betonung der Funktionsfähigkeit entspricht seinem Bestreben über die Einbindung des Parlaments in die justitielle Rechtsordnung der Gemeinschaft, dessen Bedeutung als notwendiges Element im Institutionengefüge der Gemeinschaft herauszustellen[219].

---

211 Siehe die Nachweise zu Art. 46 GG bei *Magiera*, in: BK, Art. 46 GG Rn. 16; *Maunz*, in: Maunz/Dürig, Art. 46 GG Rn. 26; *Wurbs*, S. 25; *Ahrens*, S. 100 ff.; *Butzer*, S. 84 ff. m.w.N. sowie BGH NJW 1992, S. 701; zu Art. 26c der französischen Verfassung *Gicquel*, S. 747 f.

212 Vgl. OLG-Köln, Beschl. v. 26.5.1987 - Ss 310/86 in: NStE 1988, S. 84.

213 Vgl. OLG-Köln, Beschl. v. 26.5.1987 - Ss 310/86 in: NStE 1988, S. 84.

214 Vgl. *Wurbs*, S. 24 m.w.N.

215 So bereits die Erwägungen des Reichsgerichts in seiner prägnanten Entscheidung vom 24.6.1892, in: RGSt 23, 184, 193.

216 Vgl. *Läufer*, in: Grabitz, Art. 137 EWGV Rn. 34 ff., Art. 140 EWGV Rn. 11 ff.

217 Vgl. *Jacqué/Bieber/Constantinesco/Nickel*: „... parce qu'ils remplissent notamment la meme mission de controle et de critique [ils] ont besoin de la meme indépendence a l'égard des institutions communautaires et des institutions nationales.", S. 69.

218 Vgl. die Nachw. in EuGH Rs. 208/80 (Lord Bruce of Donington/Aspden), Urt. v. 15.9.1981, Slg. 1981, S. 2205, 2219; Rs. 230/81 (Luxemburg/Parlament), Urt. v. 10.2.1983, Slg. 1983, S.255, 287 Ziff. 38; Rs. 149/85 (Wybot/Faure), Urt. v. 10.7.1986; Slg. 1986, S. 2391, 2408, Ziff. 16; siehe zu dieser Rspr. ausführlich unten 3. Teil § 1 und 2.

219 Siehe zur Bedeutung der Funktionsfähigkeit auch die Entscheidung des italienischen Corte Costitutionale, Urt. Nr. 300 vom 20.12.1984 in: EuGRZ 1985, S. 354, sowie den Beschl. des BVerfG - 2 BvR 193/197/79 -, BVerfGE 51, S. 246: „Der dem Europäischen Parlament im Verfassungsgefüge der Europäischen Gemeinschaften zugewiesene Aufgabenkreis und die ihm auf dem Wege zu 'einem immer engeren Zusammenschluß der europäischen Völker' zugedachte Rolle erfordert ein handlungsfähiges Organ." — *Beutler* charakterisiert die Bedeutung der Funktionsfähigkeit so: „Die Funktionsfähigkeit als Titel der Selbstorganisation wird zur institutionellen Unabhängigkeit der eigenen Organstellung." in: EuR 1984, S. 143, 153.

Gegen das Argument der Funktionsfähigkeit ist von Beyer eingewendet worden, daß ein aus Fraktionen bestehendes Parlament selbst bei Wegfall einer ganzen Fraktion funktionsfähig bleibe. Ohne seine Funktionsfähigkeit zu schmälern, könne es auf die „Ausgeschlossenen" verzichten und einfach weiterarbeiten. Niemals könne das Fernbleiben eines Abgeordneten oder mehrerer in einem Parlament der Fraktionen die Funktionsfähigkeit des Hauses erschüttern[220]. Dem ist entgegenzuhalten, daß die Tätigkeit eines Abgeordneten sich nicht allein im Abstimmen erschöpft, sondern sich auch auf eine Einflußnahme auf innerparlamentarische Entscheidungsprozesse erstreckt[221]. So ist nicht zu verkennen, daß ein überzeugungsstarkes und kompetentes Ausschußmitglied das Abstimmungsverhalten der übrigen Mitglieder zu beeinflussen vermag[222]. Persönliche Zielsetzung, politische Wertvorstellungen und die Sachkompetenz, die einzelne Mitglieder in die parlamentarische Willensbildung einbringen, können insoweit für die Funktionsfähigkeit des Parlaments von erheblicher, geradezu konstitutiver Bedeutung sein.

Für eine Beeinträchtigung der Funktionsfähigkeit des Parlaments kommt jedoch nicht nur das Fehlen eines Abgeordneten in Betracht. Zu beachten ist auch die mit der Beschuldigtenstellung einhergehende physische und psychische Belastung des Verfolgten. Ein mit der Ordnung seiner persönlichen Belange und seiner Verteidigung in einem Strafverfahren und in den Medien absorbiertes Mitglied steht für die parlamentarische Arbeit nur noch mit einem Teil seiner Kraft zur Verfügung[223]. Die bis zu einer Verurteilung geltende Unschuldsvermutung[224] vermag daran nichts zu ändern.

II. Repräsentationsfähigkeit des Europäischen Parlaments

Die Hinderung eines durch Wählerwillen beauftragten Europa-Abgeordneten an der Wahrnehmung seiner parlamentarischen Aufgaben kann nicht nur die Funktionsfähigkeit des Parlaments beeinträchtigen. Sie betrifft mittelbar auch die Interessen der Wähler. Als Repräsentativorgan ist das Europäische Parlament zwar ein ohne bindenden Auftrag seiner Wähler handelndes Gemeinschaftsorgan, gleichwohl das einzige zwischenstaatliche Organ, das seine Autorität unmittelbar von 320 Millionen Wählern ableitet und mit dem Anspruch legitimiert, den Gesamtinteressen der Völker der Gemeinschaft zu dienen, um auf diese Weise deren wahren Willen zu vollziehen[225]. Die Bedeutung der Repräsentationsfähigkeit des Europäischen Parlaments ist besonders im Hinblick auf seine Beteiligung am gemeinschaftlichen Gesetzgebungsverfahren herausgestellt worden. So führte der EuGH in den Rs. 138 und 139/79 (Isoglukose) zum Erfordernis einer entsprechenden Beteiligung des Parlaments aus:

---

220 *Beyer*, S. 59, 68 unter Bezugnahme auf das die KPD ausschließende KPD-Urteil des BVerG, BVerfGE 13, 165.

221 Die Parlamentstätigkeit umfaßt insoweit „nicht nur die Sitzungen, in denen die Vorlage beraten werden, sondern auch die Sitzungen der verschiedenen ständigen oder nichtständigen Parlamentsausschüsse." So GA Darmon, Schlußantrag in der Rs. 149/85, Slg. 1986, S. 2400.

222 Dabei ist gleichgültig, ob das Mitglied der politischen Mehrheit oder Minderheit angehört.

223 Siehe zur Stellung des Beschuldigten im Strafverfahren allgemein *Roxin*, § 18 m.w.N.

224 Vgl. Art. 6 Abs. 2 EMRK.

225 Vgl. Art. 137 EWGV: „Die Versammlung besteht aus Vertretern der Völker ..."; *Thöne-Wille*, S. 6; *Nicolaysen*, Europarecht I, S. 97; *Bieber*, in: G/T/E Art. 137 EWGV Rn. 1-4.

„Sie spiegelt auf Gemeinschaftsebene, wenn auch in beschränktem Umfang, ein grundlegendes demokratisches Prinzip wider, nach dem die Völker durch eine Versammlung ihrer Vertreter an der Ausübung der hoheitlichen Gewalt beteiligt sind."[226]

Das Argument der aus dem Repräsentationsgedanken folgenden notwendigen Beteiligung der Völker der Gemeinschaft an der gemeinschaftlichen Gesetzgebung über die von ihm gewählten Repräsentanten nimmt an Bedeutung zu, je mehr politische Aufgaben im Rahmen der Verwirklichung der Maßgaben der Einheitlichen Europäischen Akte und des Vertrags über die Europäische Union von Maastricht von der nationalen auf die Gemeinschaftsebene verlagert werden[227]. Insoweit folgt aus dem Repräsentationsgedanken, daß sich das Parlament als Kollektiv jederzeit möglichst vollzählig, d.h. „repräsentativ" versammeln und beraten soll[228]. Die Hinderung eines Abgeordneten an der Wahrnehmung seiner parlamentarischen Aufgaben widerspricht diesem Repräsentationsgedanken[229]. Das den Wählerwillen repräsentierende Parlamentsmitglied ist nicht nur gehindert, seinen Sachverstand, bzw. seine besonderen Erfahrungen und Kenntnisse in die parlamentarische Willensbildung und Entscheidungsfindung einzubringen[230]. Die Nichtteilnahme eines Abgeordneten an dem parlamentarischen Geschäftsgang bewirkt auch eine verzerrte Repräsentation des Wählerwillens. Wird z.B. bei Stimmengleichheit durch die vorübergehende Behinderung eines Abgeordneten in das Stimmengleichgewicht eingegriffen, so betrifft dies auch die durch Wählerwillen festgelegten Mehrheitsverhältnisse im Parlament.

Darüber hinaus steht der mit einem strafrechtlichen Ermittlungsverfahren überzogene Abgeordnete dem einzelnen Wähler für die Durchsetzung dessen konkreter Anliegen als Repräsentant und Vertrauensmann gegenüber der Exekutive nicht mehr zur Verfügung. Sei es, daß der Wähler das Vertrauen in „seinen" Abgeordneten endgültig verloren hat, oder sei es, daß der Abgeordnete den Möglichkeiten einer Intervention bereits durch seine Strafverfolgung oder gar Inhaftierung faktisch beraubt ist.

III. Ansehen und Würde des Europäischen Parlaments

Zweifelhaft ist, ob das politische Ansehen bzw. die Würde des Parlaments ein die Existenzberechtigung der europäischen parlamentarischen Immunität hinreichend begründendes Argument sein kann[231]. Das Festhalten an der Existenz der europäischen parlamentarischen Immunität könnte immerhin dokumentieren, daß es sich bei den Mitgliedern des Europäischen Parlaments um „richtige" Abgeordnete mit einem Status handelt, der dem nationaler Volksvertreter entspricht. Sein insoweit gestärktes politisches Ansehen könnte wie jedes Mittel, das die

---

226 EuGH Rs. 138 u. 139 (Isoglukose), Urt. v. 30.10.1980, Slg. 1980, Slg. 1980, S. 3333, 3360, Ziff. 33; einen eindrucksvollen Nachweis der Repräsentation der in der Gemeinschaft zusammengeschlossenen Völker liefert die GD Wissenschaft des Europäischen Parlaments in der Darstellung: Das Europäische Parlament und die Tätigkeit der Europäischen Gemeinschaft - Kurzdarstellungen - 1987.

227 Vgl. *Bleckmann*, in: ZRP 1990, S. 266 f.

228 Siehe hierzu näher *Achterberg*, S. 76, 89.

229 Siehe zur historischen Herleitung des Repräsentationsgedankens für das Deutsche Staatsrecht, *Butzer*, S. 77 f. m.w.N.

230 Vgl. zu diesem Gedanken *Ahrens*, S. 103; *Wurbs*, S. 25; *Butzer*, S. 74.

231 Vgl. zum Begriff der Würde des Parlaments *Butzer*, S. 83 m.w.N.

Funktions- und Repräsentationsfähigkeit des Europäischen Parlaments unterstützt, der Erhaltung und Förderung parlamentarischer Strukturen in der Gemeinschaft dienen[232]. Dagegen ist jedoch einzuwenden, daß sich die Würde und das Ansehen des Parlaments durch die Qualität seiner Arbeit und nicht durch die Existenz von Privilegien bestimmt. Zudem wird die Würde des Parlaments weniger durch eine gerichtliche Aufklärung als durch deren Hemmung beeinträchtigt[233]. So vertritt Ranft zu Recht die Ansicht, daß Beschuldigungen und Verdachtsmomente gegen Abgeordnete in der Öffentlichkeit gerade dann Mißtrauen veranlaßten, wenn sie ungeprüft blieben[234].

Daß das Parlament im Umgang mit der parlamentarischen Immunität seiner Mitglieder schnell in den Verdacht geraten kann, eine mißbräuchliche Instrumentalisierung der Abgeordnetenimmunität zu unterstützen und damit seinem Ansehen Schaden zufügt, zeigte sich bei dem Nichtaufhebungsbeschluß des Europäischen Parlaments in dem Fall der Abgeordneten Klöckner und Härlin[235]. Wäre der Nichtaufhebungsbeschluß in vorwerfbarer Weise zustandegekommen, hätte das politische Ansehen des Europäischen Parlaments wohl noch größeren Schaden genommen[236]. Die Art und Weise, in der das Parlament Immunitätsangelegenheiten regelt, vermag über das politisches Ansehen insoweit mehr zu bewirken als die Existenz der parlamentarischen Immunität zu dokumentieren vermag, daß es sich bei dem Europäischen Parlament um ein „richtiges" Parlament handelt.

C. Stellungnahme

Die Einschätzung, daß die europäische parlamentarische Immunität angesichts parlamentarisch-demokratischer Strukturen und eines fehlenden Spannungsverhältnisses zwischen der Legislativ- und der Exekutivgewalt in den Mitgliedsstaaten überflüssig ist, vermag nicht zu überzeugen. Vielmehr kann die Möglichkeit tendenziöser Verfolgungen nicht ausgeschlossen werden, gleichgültig von welcher Seite repressive Maßnahmen zu befürchten sind. Die europäische parlamentarische Immunität ist deshalb nicht überflüssig.

Deshalb ist weder das Rechtsinstitut der parlamentarischen Immunität als solches noch speziell die europäische parlamentarische Immunität überflüssig. Während jedoch die nachstehend angeführten allgemeinen Erwägungen zur parlamentarischen Immunität im besonderen Maße auch für die europäische parlamentarische Immunität Geltung beanspruchen, gilt in umgekehrten Verhältnis, daß die spezifischen Erwägungen zur Existenzberechtigung der europäischen parlamentarischen Immunität nicht zwangsläufig auch für die Existenzberechtigung der parlamentarischen Immunität als solcher von Bedeutung sind. Das Risiko einer Beweisvereitelung und Verdunkelungsgefahr tritt hinter dem Interesse an einem

232 Vgl. *Linden*, S. 47 ff.

233 Vgl. *Magiera*, in: BK, Art. 46 GG Rn. 19; *Ranft*, S. 276.

234 Vgl. *Ranft*: „Vor allem die Vereitelung des Strafverfahrens [...] durch ein zu schwerfälliges Verfahren der Aufhebung der Immunität kann Ansehen und Würde des Parlaments aufs schwerste beeinträchtigen.", S. 276.

235 Vgl. Der Tagesspiegel vom 17.4.1985.

236 Siehe dazu näher unten 2. Teil § 2.

funktions- und repräsentationsfähigen Europäischen Parlament zurück. Zwar ist das öffentliche Interesse an einer funktionsfähigen Strafrechtspflege insoweit tangiert, als diese eine zeitweise Sistierung erleidet[237]. Die Wahrscheinlichkeit, daß Ermittlungen zu Lasten von Tatteilnehmern erschwert bzw. ausgeschlossen sind oder daß Beweismittel verloren gehen, und ein Verfahren deshalb endgültig verhindert wird, ist als gering einzuschätzen. In der Praxis ist eine derartige Behinderung der Strafrechtspflege bislang nicht bekannt geworden. Gleichwohl läßt sich diese Gefahr nicht leugnen. Im Einzelfall kann jedoch die Gefahr einer Nichtverfolgbarkeit von Tatteilnehmern wie die Gefahr eine Verdunkelung des Sachverhalts zugunsten der Funktions- und Repräsentationsfähigkeit des Europäischen Parlaments hingenommen werden. Entscheidend hierfür ist einesteils, daß, wie die Praxis zeigt, die Gefahr einer tendenziösen Verfolgung von Europa-Abgeordneten nicht ausgeschlossen werden kann, anderenteils die Erwägung, daß dem Parlament angesichts seiner wachsenden Bedeutung im euro-politischen Prozeß kein Mitglied entzogen werden darf. Insoweit streitet für das überwiegende öffentliche Interesse an der vorübergehenden Unverfolgbarkeit der Abgeordneten neben dem Argument der Funktionsfähigkeit des Europäischen Parlaments auch das Postulat, daß das Europäische Parlament die ihm zugewiesenen Aufgaben und Befugnisse als Repräsentativorgan in der Gesamtheit seiner Mitglieder wahrnehmen soll.

Gleichwohl sind politisches Ansehen und Würde des Parlaments keine Werte, die für sich genommen ein überwiegendes öffentliches Interesse an der europäischen parlamentarischen Immunität zu begründen vermögen. Zwar dokumentieren sie einen Abgeordneten-Status, der die Mitglieder des Europäischen Parlaments im Verhältnis zu den Abgeordneten der nationalen Parlamente politisch aufwertet. Würde und Ansehen werden jedoch weniger durch die Existenz der parlamentarischen Immunität an sich bestimmt, als durch die Art und Weise, in der das Parlament Immunitätsangelegenheiten regelt. Auch darf nicht übersehen werden, daß einer Streichung der Immunitätsvorschriften die Verfassungsüberlieferungen der Mehrheit der Mitgliedsstaaten entgegensteht. Im Ergebnis erscheint es somit bei Abwägung des Für und Wider einer prinzipiellen Existenzberechtigung der europäischen parlamentarischen Immunität sachgerecht, aus Gründen des öffentlichen Interesses an der Funktions- und Repräsentationsfähigkeit des Europäischen Parlaments die parlamentarische Tätigkeit seiner Mitglieder durch das Rechtsinstitut der europäischen parlamentarischen Immunität zu schützen.

---

237 Vgl. z.B. das Echo der internationalen Presse auf die Anschuldigungen gegenüber dem Abgeordneten Almirante wegen des in Dok. A2-191/85 erwähnten Sachverhalts: The Times vom 28.11.1974, 8.1.1975; The New York Times vom 6.8.1972; International Herald Tribune vom 6.7.1974, 25.5.1973; Le Monde vom 20.1.1984; Neue Zürcher Zeitung vom 14.12.1984.

Zweiter Teil

Rechtstatsächliche Ausgestaltung

Das Europäische Parlament hat sich in Art. 5 seiner Geschäftsordnung (GOEP) Verfahrensregeln gegeben, nach denen es über Anträge auf Aufhebung der parlamentarischen Immunität seiner Mitglieder bzw. über Anträge auf Aussetzung der eingeleiteten Strafverfolgung oder Aussetzung entscheidet[1] (§ 1). Seiner Beschlußfassung liegen die in der Praxis gefestigten Verfahrensgrundsätze (§ 2) und Entscheidungskriterien zugrunde (§ 3).

§ 1 Verfahrensablauf bei Anträgen nach Art. 5 GOEP

A. Einleitung des Verfahrens (Art. 5 Abs. 1/Abs. 3 GOEP)

Hinsichtlich der Einleitung des Verfahrens unterscheidet das Europäische Parlament in Art. 5 GOEP zwischen Anträgen auf Aufhebung der parlamentarischen Immunität (I.) und Anträgen auf Aussetzung einer bereits eingeleiteten Strafverfolgung oder auf Freilassung (II.).

I. Anträge auf Aufhebung der parlamentarischen Immunität eines Mitglieds (Art. 5 Abs. 1 GOEP)

Nach Art. 5 Abs. 1 GOEP gilt folgendes: „Jeder an den Präsidenten gerichtete Antrag der zuständigen Behörde eines Mitgliedstaates, die Immunität eines Mitglieds aufzuheben, wird dem Plenum mitgeteilt und an den zuständigen Ausschuß überwiesen."

Nach dem Wortlaut des Art. 5 Abs. 1 GOEP sind deshalb lediglich die zuständigen Behörden eines Mitgliedsstaates antragsberechtigt. In der parlamentarischen Praxis ist jedoch auch eine Antragsberechtigung der mit der Sache befaßten Gerichte anerkannt[2]. Die in der Sitzung des Immunitätsausschusses vom 22./23.1.1985 unter Hinweis auf den Wortlaut des Art. 5 Abs. 1 GOEP geäußerte, gegenteilige Auffassung des Abgeordneten Schwalba-Hoth[3] hat sich in der

---

1 Siehe die vom Europäischen Parlament im Juli 1987 in 4. Aufl. herausgegebene bereinigte Fassung seiner GO sowie Dok. A2-289/87 vom 2.2.1988 über eine Änderung von Art. 5 der Geschäftsordnung betreffend Anträge auf Aufhebung der Immunität; ABl. 1988 Nr. C 122 vom 9.5.1988; Verhandlungen des Europäischen Parlaments Nr. 2-364/5 vom 11.4.1988.

2 Vgl. z.B.: Dok. A2-13/85 (Klöckner) vom 3.4.1985; Dok. A2-14/85 (Klöckner/Härlin) vom 3.4.1985; Dok. A2-214/85 (Graefe zu Baringdorf) vom 6.2.1986; Dok. A2-70/86 (Cicciomessere) vom 27.6.1986; Dok. A2-188/87 (Tripodi) vom 30.10.1987.

3 Dok. A2-14/85 (Klöckner/Härlin), S. 3; vgl. zum Sitzungsverlauf der nicht-öffentlichen Anhörung Härlins vor dem Rechtsausschuß: Euronymus, „Wo Worte enden, beginnen Waffen zu sprechen", in: taz vom 5.11.1984.

parlamentarischen Praxis zu Recht nicht durchsetzen können. Schwalba-Hoth ist zutreffend entgegengehalten worden, daß in einigen Mitgliedsstaaten nicht die „Behörden" verfolgen, sondern die innerstaatlichen Gerichte. Es wäre aber unbillig, würde das Europäische Parlament den insoweit zur Antragstellung verpflichteten Gerichten eine Antragsberechtigung versagen. Unter der „zuständigen Behörde" in Art. 5 Abs. 1 GOEP ist deshalb das jeweilige Justizministerium zu verstehen, das auf dem Dienstweg zur Antragsübermittlung ersucht wird, sei es durch Rechtsprechungs- oder sonstige Strafverfolgungsorgane[4].

Keine Antragsberechtigung i.S.d. Art. 5 Abs. 1 GOEP besitzen hingegen die Mitglieder des Europäischen Parlaments selbst. Soweit sie ein persönliches Interesse an der Aufhebung ihrer parlamentarischen Immunität haben, werden sie damit nicht gehört[5]. Offen ist demgegenüber, ob sich auch natürliche oder juristische Personen an das Europäische Parlament wenden können. Eine unmittelbare Antragsberechtigung Privater wäre jedenfalls dann von Interesse, wenn es nach innerstaatlichem Recht nicht den zuständigen Behörden obliegt, die Voraussetzungen einer Verfolgung herzustellen[6]. Daß der einzelne Bürger unter Umgehung zeitraubender, im zwischenstaatlichen Verkehr üblicher Kommunikationswege an das Europäische Parlament herantritt, ist durchaus nicht ungewöhnlich und mit Art. 128 GOEP für das Petitionsverfahren bereits verwirklicht[7]. Es versteht sich, daß der Sinn und Zweck der parlamentarischen Immunität es erfordert, daß Anträge gemäß Art. 5 Abs. 1 GOEP von Beginn der Verfolgungsmaßnahmen gestellt werden[8]. Anderenfalls, etwa bei Flagranzmaßnahmen, kommen nur noch Anträge gemäß Art. 5 Abs. 3 GOEP in Betracht.

---

4 Beabsichtigen die Strafverfolgungsbehörden der Bundesrepublik Deutschland, ein Ermittlungsverfahren gegen ein deutsches Mitglied des Europäischen Parlaments einzuleiten, gelten die Empfehlungen des Bundesministers der Justiz. Demnach ist der Antrag sinngemäß so abzufassen und zu behandeln, wie es die Absätze 4 und 6 von Nr. 192 RiStBV für Genehmigungsanträge mit Bezug auf Mitglieder des Deutschen Bundestages vorsehen. Der Antrag ist mit einer Sachdarstellung zu verbinden, in der auch die Rechtslage zu erläutern ist. Für die Landesjustizverwaltung und für den Bundesminister der Justiz sind Abschriften des Antrags beizufügen; eine beglaubigte Abschrift ist zu den Akten zu nehmen. Wird gegen ein deutsches Mitglied des Europäischen Parlaments ein Ermittlungsverfahren wegen des Verdachts einer Flagranztat eingeleitet, so ist der Präsident des Europäischen Parlaments in entsprechender Anwendung der Nr. 192 VIII RiStBV über den Dienstweg unverzüglich von der Einleitung eines Verfahrens zu unterrichten. Ebenfalls ist die ein Verfahren beendende Entscheidung (Einstellungsverfügung, Nichteröffnungsbeschluß des Gerichts, ...) dem Präsidenten des Europäischen Parlaments mitzuteilen.

5 Siehe hierzu näher unten § 2 B.

6 Siehe Art. 17 Abs. 2 und 25 der GO des dänischen Folketing; demgegenüber Nr. 192 b (5) i.V.m. Nr. 192 (4) RiStBV: „In Privatklagesachen führt der Staatsanwalt die Genehmigung nur herbei, wenn er die Verfolgung übernehmen will (§§ 377, 376 StPO)".

7 Demgegenüber kann der Petent die Aufhebung der Immunität eines Abgeordneten nicht zum Gegenstand seiner Petition machen; siehe zum Petitionsrecht auch Surrel, in: RMC 1990, S. 221.

8 Vgl. Dok. A3-269/91 (Tsimas/Roumeliotis vom 17.10.1991).

II. Anträge auf Aussetzung der eingeleiteten Strafverfolgung oder Freilassung (Art. 5 Abs. 3 GOEP)

1. Praxis des Europäischen Parlaments

Für den Fall, daß Mitglieder des Parlaments freiheitsbeschränkenden oder entziehenden Maßnahmen ausgesetzt sind, obgleich ihre Immunität (noch) nicht aufgehoben wurde, sieht Art. 5 Abs. 3 GOEP vor: „Falls ein Mitglied beim Begehen einer Straftat oder unmittelbar danach festgenommen oder verfolgt wird, kann jedes Mitglied die Aussetzung der eingeleiteten Strafverfolgung oder die Freilassung beantragen."

Der Antrag gemäß Art. 5 Abs. 3 GOEP ist auf die Herbeiführung eines Parlamentsbeschlusses gerichtet, der im Gegensatz zu den Anträgen auf Aufhebung der Immunität nicht die Genehmigung zur Einleitung eines Strafverfahrens, sondern das Verlangen zum Inhalt hat, die bereits eingeleitete Strafverfolgung auszusetzen bzw. den betreffenden Abgeordneten freizulassen. Dieses in Art. 5 Abs. 3 GOEP verankerte Recht korrespondiert mit den genehmigungsfreien, vorläufigen Zwangsmaßnahmen bei Flagranztaten[9]. Es soll dem Europäischen Parlament ermöglichen, bei dem entsprechenden Mitgliedsstaat darauf hinzuwirken, daß die Wirkungen der parlamentarischen Immunität wiederhergestellt werden.

Gestützt auf diese Regelung verlangte das Europäische Parlament bislang in zwei Fällen, die gegen Mitglieder des Parlaments eingeleiteten Verfolgungsmaßnahmen auszusetzen. Diese betrafen den von dem Abgeordneten Staes eingereichten Antrag auf Aussetzung der gegen das Mitglied Roelants du Vivier eingeleiteten Strafverfolgung[10] und den von dem Abgeordneten Rogalla initiierten Antrag, das Bußgeldverfahren gegen die Mitglieder des Parlaments Simons und Walter wegen einer Maßnahme nach dem OWiG auszusetzen[11]. Keinen Gebrauch von seinem Reklamationsrecht machte das Europäische Parlament hingegen in dem disziplinargerichtlichen Verfahren gegen den Abgeordneten Schwalbah-Hoth[12], wobei festzustellen ist, daß in diesem Fall bereits eine Antragstel-

---

9 Siehe zur Auslegung des Begriffs „bei Ergreifung auf frischer Tat" in Art. 10 Abs. 3 des Protokolls oben 1.Teil § 2.

10 Der Abgeordnete du Vivier war festgenommen und inhaftiert worden, als er gemeinsam mit sieben belgischen Abgeordneten den Zaun des belgischen Militärlagers Florennes überstieg. Vgl. Schreiben des Abgeordneten Staes vom 6.11.1985 an den Präsidenten des EP, Dok. A2-151/85 (Roelants du Vivier).

11 Die Abgeordneten Simons und Walter nahmen am 13.5.1985 an einer Versammlung unmittelbar vor dem Haupteingang zur Kanzlei der Botschaft der Republik Südafrika in Bonn teil. Nach den Feststellungen des AG Bonn wurde die vom Einsatzleiter der Polizei vorschriftsmäßig angeordnete Auflösung der Versammlung nicht beachtet. Gegen die gegen sie ergangenen Bußgeldbescheide legten beide Widerspruch ein. In der Hauptverhandlung vor dem AG Bonn vom 14.2.1986 wurde die Abgeordnete Simons wegen vorsätzlichen Verstoßes gegen § 29 I und II VersammlG zu einer Geldbuße von 100 DM verurteilt. Die Hauptverhandlung gegen den Abgeordneten Walter fand am 7.3.1986 ebenfalls vor dem AG Bonn statt. Siehe zur Entscheidung in der Revisionsinstanz OLG Köln, Ss 310/86 -471-, in: NStZ 1987, S. 564 f.

12 Der Abgeordnete Schwalbah-Hoth, Leutnant d.R., bespritzte auf einem Empfang des damaligen Präsidenten des Hessischen Landtages einen anwesenden Generalleutnant der US-Streitkräfte mit Blut. Dabei rief er aus: „Blood for the bloody Army!" In dem wegen des Vorfalls eingeleiteten disziplinargerichtlichen Verfahren befand die Truppendienstkammer den früheren Soldaten am 18.6.1984 eines als Dienstvergehen geltenden Verhaltens schuldig und verurteilte ihn zur Herabsetzung in den Dienstgrad eines Kanoniers d.R. Die Rechtsmittel des am 17.6.1984 zum Eu-

lung nach Art. 5 Abs. 3 GOEP unterblieb[13]. Der Fall erschien den Mitgliedern des Europäischen Parlaments offenbar ungeeignet, um ihre Rechtsposition - auch Ordnungswidrigkeiten unterfallen der parlamentarischen Immunität - zu verteidigen. Er macht zudem deutlich, daß es für einen Antragssteller i.S.d. Art. 5 Abs. 3 GOEP unter Umständen eine schmale Gratwanderung ist zwischen der Verfolgung berechtigter übergeordneter Interessen und dem Verdacht, sich mit der inkriminierten Tat zu identifizieren. Eine Antragsstellung setzt insoweit stets eine gewisse Souveränität und Unangreifbarkeit voraus.

Daß das antragsberechtigte Mitglied von dem festgenommenen oder verfolgten Mitglied verschieden sein muß, obwohl nach dem Wortlaut des Art. 5 Abs. 3 GOEP „jedes Mitglied" antragsberechtigt ist, ergibt sich schon daraus, daß es sich bei der parlamentarischen Immunität um ein Privileg des Parlaments und nicht des einzelnen Abgeordneten handelt[14].

2. *Vereinbarkeit eines Reklamationsrechts mit Art. 10 des Protokolls*

Problematisch an Art. 5 Abs. 3 GOEP ist, daß das Aussetzungsverlangen in Art. 10 des Protokolls keine ausdrückliche Rechtsgrundlage findet[15].

Nach Sieglerschmidt sei aus dem Umstand, daß gemäß Art. 10 Abs. 3, 1. Hs. des Protokolls die Unverletzlichkeit bei Ergreifung auf frischer Tat nicht geltend gemacht werden könne, zu folgern, „daß Art. 5 Abs. 3 der Geschäftsordnung im Widerspruch zu Art. 10 Abs. 3 S. 1 des Protokolls steht und deshalb obsolet ist."[16] Dieser Auffassung, derzufolge auch nicht wiederhergestellt was ohnehin nicht geltend gemacht werden kann, ist jedoch entgegenzuhalten, daß das Reklamationsrecht gerade dort erforderlich ist, wo es unter dem Deckmantel einer Flagranztat zu einer tendenziösen Strafverfolgung gekommen ist, bzw. die Voraussetzungen einer Flagranzfestnahme nicht vorlagen. Zwar darf aus der Notwendigkeit des Reklamationsrechts nicht auf dessen Bestehen geschlossen werden. Auch läßt sich das Reklamationsrecht, angesichts von Mitgliedsstaaten, die entweder überhaupt keine parlamentarische Immunität oder aber kein Reklamationsrecht im innerstaatlichen Recht verankert haben, nicht ohne weiteres als ein den Mitgliedsstaaten gemeinsamer Rechtsgrundsatz konkretisieren[17]. Mit dem Ausschluß für Recht und Bürgerrechte kann jedoch zumindest davon ausgegangen werden, daß bei Vorhandensein einer nationalen Vorschrift über die Möglichkeit des Parlaments, die Aussetzung der Strafverfolgung zu verlangen[18], diese Möglichkeit auch für die Mitglieder des

ropäischen Parlament gewählten Mitglieds blieben erfolglos; siehe BVerwG vom 23.4.1985, in: NJW 1986, S. 2520 ff.

13 Ein entsprechender Beschluß hätte den Interessen des Betroffenen auch eher geschadet, da Rechtsmittel zum BVerwG eingelegt wurden. Siehe BVerwG, Urt. v. 23.4.1985, NJW 1986, S. 2520 ff.

14 Insoweit besteht kein Verfügungsrecht der Mitglieder über ihre Immunität; siehe zu dem Verfahrensgrundsatz „fehlender Rechtswirksamkeit einer Verzichtserklärung" näher unten § 2 B.

15 Siehe *Butzer*, Verfahrensrecht, S. 155.

16 *Sieglerschmidt*, in: EuGRZ 1986, S. 446 m.w.N.; so im Ergebnis auch *Butzer*, Verfahrensrecht, S. 155, 169, 256.

17 Vgl. im Hinblick auf die damaligen sechs Mitgliedsstaaten bereits *Harms*: „Weder in den Niederlanden noch in Italien steht dem Parlament ein Aussetzungsrecht zu.", S. 111.

18 Vgl. neben Art. 56 IV GG z.B. auch Art. 26 IV der französischen Verfassung.

Europäischen Parlaments gegeben ist[19]. Da jedoch keineswegs in allen Mitgliedsstaaten ein entsprechendes Reklamationsrecht verankert ist, stellt sich die Frage nach der Rechtsverbindlichkeit eines Aufhebungsverlangens gegenüber den Behörden eines Mitgliedsstaates, das kein entsprechendes innerstaatliches Reklamationsrecht vorsieht[20]. Harms formuliert insoweit:

> „Dem Beschluß des Europäischen Parlaments über die Aussetzung kann jedoch keine den Mitgliedstaaten gegenüber rechtsverbindliche Bedeutung zukommen. Wenn die Mitgliedstaaten dem Europäischen Parlament ein entsprechendes Recht hätten geben wollen, so hätten sie dies in den Immunitätsprotokollen sicherlich zum Ausdruck gebracht."[21]

Harms hätte sicherlich Recht, wenn dem Europäischen Parlament kein originäres Recht zustehen würde, über die Aufhebung der parlamentarischen Immunität zu beschließen[22].

Die Wiederherstellung der parlamentarischen Immunität mit der Folge, daß dem bereits laufenden Verfahren ein Prozeßhindernis, bzw. der konkreten Maßnahme ein Prozeßhandlungshindernis entgegengestellt wird, ist jedoch nichts anderes als lediglich ein Ausdruck der Befugnis, die Genehmigung zu versagen, bzw. bei nachträglich bekannt werdenden Umständen, zu widerrufen. Ebenso, wie bereits die Auslegung des Art. 10 Abs. 3, 2. Hs. des Protokolls ergeben hat, daß aus der Befugnis, die Immunität aufzuheben auch das Recht folgt, an der Immunität des betreffenden Abgeordneten festzuhalten, erscheinen Reklamationsrecht und Genehmigungsbedürftigkeit von Verfolgungsmaßnahmen lediglich als zwei sich komplementierende Teile der parlamentarischen Immunität. Das Reklamationsrecht des Art. 5 Abs. 3 GOEP ist deshalb mit Art. 10 des Protokolls vereinbar[23].

III. Behandlung unerledigter Anträge

Zu Beginn der zweiten Wahlperiode war zu erörtern, was mit denjenigen Anträgen zu geschehen hatte, über die bis zum Ende der vorausgegangenen Sitzungsperiode noch nicht entschieden worden war. Mit Plenarbeschluß vom 25.10.1984 lehnte das Europäische Parlament die ihm vom Ausschuß für Recht und Bürgerrechte unterbreitete Auffassung, unerledigte Anträge seien gemäß Art. 116 GOEP (a.F.)[24] als hinfällig anzusehen, zurecht ab. Sinn und Zweck des Art. 116 GOEP (a.F.) ist die politische Stärkung der Position des Europäischen Parlaments im Konsultationsprozeß mit der Kommission und dem Rat. Er

---

19 Vgl. Dok. A2-35/86 (Simons/Walter), S. 7. Dementsprechend hatte es dem Immunitätsausschuß im Hinblick auf den vorerwähnten Antrag des Abgeordneten Rogalla oblegen, die Statthaftigkeit des Antrags, bzw. die Frage zu prüfen, ob Art. 46 GG dem Deutschen Bundestag die Möglichkeit einräumt, eine Aussetzung der Strafverfolgung bei der Verfolgung von Ordnungswidrigkeiten zu verlangen.

20 Ablehnend *Butzer*, Verfahrensrecht, S. 155, 169, 256.

21 S. 110 m.w.N.; so auch *Butzer*, Verfahrensrecht, S. 155.

22 Siehe Art. 10 III 2. Halbs.

23 So wie hier auch die französische Chambre criminelle de la Cour des cassation: „Simplement, les poursuites devront être suspendies si l'Assemblée des Communautés en demande la suspension." In: AFDI 1987, S. 907.

24 Art. 136 GOEP (Art. 116 GOEP [a.F.]) lautet: „Am Ende der letzten Tagung vor den nächsten Wahlen gelten alle Konsultationen oder Ersuchen um Stellungnahme, Entschließungsanträge und Anfragen als verfallen. Dies gilt nicht für Petitionen und für Texte die keiner Beschlußfassung bedürfen."

bezweckt hingegen nicht die Präklusion von Anträgen nach Art. 5 GOEP. Ein erneuter Antrag auf Aufhebung der Immunität eines wiedergewählten Abgeordneten ist deshalb nicht notwendig[25].

Demgegenüber ist jedoch die Genehmigung des neu gewählten Parlaments erforderlich, wenn der wiedergewählte Abgeordnete, gegen den ein bereits genehmigtes Verfahren läuft, nicht bis zum Ende der Sitzungsperiode abgeurteilt wird. Die erteilte Genehmigung verliert ihre Wirksamkeit mit dem Beginn der neuen Sitzungsperiode. Wird der Abgeordnete wiedergewählt, und gehört er auch dem neuen Parlament an, so bedarf seine Verfolgung somit einer erneuten Beantragung. Dabei ist das sich neu konstituierende Parlament nicht an die Beschlüsse des alten Parlaments gebunden. Es darf deshalb bei erneuter Beantragung sowohl die Genehmigung einer Verfolgung beschließen, die das alte Parlament versagt hatte, als auch eine bereits früher erteilte Genehmigung versagen.

B. Ausschußdelegation (Art. 5 Abs. 2 GOEP)

Die Praxis des Europäischen Parlaments in Immunitätsangelegenheiten zeigt, daß das Europäische Parlament, die in Art. 10 Abs. 3 des Protokolls geregelte „Befugnis der Versammlung ... die Unverletzlichkeit eines ihrer Mitglieder aufzuheben" praktisch an seinen Immunitätsausschuß delegiert hat. Obwohl dem Plenum gemäß Art. 5 Abs. 4 GOEP der abschließende Beschluß zukommt, obliegt dem Immunitätsausschuß gemäß Art. 5 Art. 2 GOEP die maßgebende Vorprüfung des Antrags in tatsächlicher und rechtlicher Hinsicht.

I. Das prüfende Organ

Gemäß Art. 5 Abs. 1 GOEP verfährt das Europaparlament in der Weise, daß der Präsident Anträge auf Aufhebung der Immunität, nach Mitteilung an das Plenum, unmittelbar an den „zuständigen Ausschuß" überweist. Entsprechend wird mit Anträgen nach Art. 5 Abs. 3 GOEP verfahren. Zuständiger Ausschuß ist der Ausschuß für Geschäftsordnung, Wahlprüfung und Fragen der Immunität („Immunitätsausschuß"), dem am 6.4.1987 28 ständige und 26 stellvertretende Mitglieder, darunter auch mehrere Juristen, angehörten[26]. Ein Vergleich der bis zum 6.4.1987 behandelten Anträge mit der Mitgliederliste des damaligen Immunitätsausschusses zeigt, daß dem Ausschuß zum Teil auch Mitglieder und Stellvertreter angehörten, deren Immunität bereits zu einem früheren Zeitpunkt Verhandlungsgegenstand war. So z.B. im Fall des Ausschußvorsitzenden Amadei[27], des Mitglieds Cicciomessere[28] sowie der stellvertretenden Mitglieder Bonino[29] und

---

25 Vgl. die bislang noch unverwirklichte, obgleich mehrheitlich gebilligte Anregung des Berichterstatters, den diesbezüglichen Plenarbeschluß vom 25.10.1984 anläßlich einer Revision des Protokolls aus Gründen der Klarheit in der Geschäftsordnung festzuschreiben, in: Dok. A2-121/86 (Entwurf eines Protokolls), S. 11.

26 Vgl. die Liste der Mitglieder in: Europäisches Parlament, Mitglieder, S. 82.

27 Dok. A2-33/86; Dok. A2-34/86 wegen der in diesem Verfahren vorgetragenen Beschuldigungen hob das nationale italienische Parlament die Immunität im Gegensatz zum Europäischen Parlament auf.

28 Dok. A2-105/85; A2-36/87; A2-37/87; Dok. A2-38/87.

Rigo[30]. Die Abgeordneten waren zwar nicht an Abstimmungen in eigener Sache beteiligt, gleichwohl sind sie dem Verdacht der Befangenheit ausgesetzt, wenn sie z.B. über die Immunität derjenigen Abgeordneten beraten, die früher an der Aufhebung der eigenen Immunität beteiligt waren.

Die Zusammensetzung des Immunitätsausschusses regelt sich nach Art. 110 GOEP. Demnach können die Ausschußmitglieder gewählt werden, nachdem sie dem Präsidium von den Fraktionen, den fraktionslosen Mitgliedern oder mindestens 13 Mitgliedern benannt wurden. Das Präsidium unterbreitet dem Parlament hierzu Vorschläge, die einer gerechten Vertretung der Mitgliedsstaaten und politischen Richtungen Rechnung tragen. Eine gerechte Berücksichtigung dieser Interessen bildet die Voraussetzung dafür, daß die Ausschußarbeit im Plenum Anerkennung findet. Wie in jedem Parlament mit Fraktionsstruktur so stellt auch im Europäischen Parlament die Auswahl sachkundiger Kandidaten innerhalb der Fraktion „einen schwierigen Balanceakt zwischen den Wünschen der einzelnen Abgeordneten und den Interessen der Gesamtfraktion dar."[31] Im Europäischen Parlament kommt jedoch erschwerend hinzu, daß über die Vielzahl der Entscheidungskriterien hinaus[32] eine Konsensbildung zwischen den zu einer Fraktion zusammengeschlossenen Parteien unterschiedlicher Herkunftsstaaten mit unterschiedlichen Sprachen und Kulturen erforderlich ist[33].

II. Der Ablauf der Prüfung

Gegenstand des Verfahrens im Immunitätsausschuß ist die Vorbereitung der Beschlußfassung des Europäischen Parlaments über die Frage, ob die Immunität eines Mitglieds aufgehoben wird oder nicht, bzw. ob die Aussetzung der eingeleiteten Strafverfolgung oder die Freilassung von der zuständigen Behörde verlangt werden soll. Nach Art. 5 Abs. 2 GOEP gilt:

> „Der zuständige Ausschuß prüft unverzüglich den Antrag. Selbst wenn dies dazu führt, daß der Ausschuß umfassende Kenntnis von dem zugrunde liegenden Sachverhalt erlangt, kann er sich in keinem Falle zur Schuld oder Nichtschuld des Mitglieds äußern. Er hört das betreffende Mitglied, wenn dieses es wünscht. Befindet sich das Mitglied in Haft, so kann es sich durch ein anderes Mitglied vertreten lassen."[34]

---

29 Vgl. den Bericht Dok. A2-309/87 (Bonino).

30 Vgl. den Bericht Dok. A2-226/87 (Rigo); siehe zuletzt auch das Verfahren betreffend das Mitglied Taradash Dok. A3-67/91 und Dok. A3-38/92.

31 So *Magiera* für den Deutschen Bundestag, Parlament und Staatsleitung, S. 133 ff.

32 *Magiera* nennt als maßgebende Kriterien den persönlichen Einfluß des Kandidaten, die Bedeutung oder das Prestige des Ausschusses, die Sachkenntnis, die Anciennität oder das Hausrecht des Abgeordneten einerseits und eine möglichst ausgegliche Besetzung der Ausschüsse mit sowohl fachlich spezialisierten Sachkennern als auch mit mehr allgemein orientierten Parlamentariern andererseits, Parlament und Staatsleitung, S. 135.

33 Siehe hierzu *Rutschke*, S. 21 ff. m.w.N.; *Bangemann/Klepsch/Weber/Bieber*, S. 37.

34 Der frühere Zusatz: „... tritt jedoch nicht in eine Prüfung des dem Antrag zugrunde liegenden Sachverhalts ein ..." ist gestrichen. Vgl. den Wortlaut im Bericht Donnez „über eine Änderung von Art.5 der Geschäftsordnung betreffend Anträge auf Aufhebung der Immunität", Dok. A2-289/87, vom 2.2.1988, ABl. 1988 Nr. C 122 vom 9.5.1988; sowie zur Frage, ob und inwieweit der Immunitätsausschuß befugt ist, eine Sachverhaltsprüfung vorzunehmen, unten § 2 C.

Der Ausschuß ist in der Behandlung des Antrags sowohl in sachlicher als auch in zeitlicher Hinsicht weitgehend frei. Er bestimmt seine Tagesordnung selbst und ist weder in der Art, wie er seinen Auftrag erfüllt noch in seiner Willensentscheidung weisungsgebunden[35]. Er verhandelt in nicht öffentlicher Sitzung. Dementsprechend müssen bei Besprechungen, außer den Mitgliedern des Ausschusses selbst sowie einem stark eingeschränkten Personal, alle übrigen Personen den Raum verlassen. Schriftstücke werden mit dem Zusatz „Vertraulich" weitergereicht[36]. Für jeden überwiesenen Antrag ernennt der Ausschuß aus seiner Mitte ein Mitglied zum Berichterstatter. Dieser verfaßt einen der Öffentlichkeit zugänglichen Bericht über die Ergebnisse der Ausschußberatungen, den er dem Plenum im Namen des Ausschusses vorlegt. Er stellt i.d.R. auch Minderheitsmeinungen dar[37], falls im Ausschuß keine Einstimmigkeit erzielt werden konnte[38]. An den bisherigen Abstimmungen im Ausschuß nahmen, dem 1/4 Erfordernis des Art. 123 GOEP entsprechend[39], zumeist mehr als sieben Abgeordnete teil[40]. Neben einer Darstellung des dem Mitglied zur Last gelegten Verhaltens, des gegenwärtigen Verfahrensstandes vor den nationalen Verfolgungsbehörden und Gerichten sowie den heranzuziehenden Rechtsgrundlagen enthält der Bericht in knapper Form die jeweiligen ausschlaggebenden Beweggründe, die den Beschlußempfehlungen des Ausschusses zugrundeliegen. Entsprechend der vom Europäischen Parlament nach Art. 131 Abs. 5 GOEP angenommenen Auslegung des Art. 5 GOEP hat sich der Beschlußvorschlag darauf zu beschränken, die Annahme oder Ablehnung des Antrags auf Aufhebung der Immunität zu empfehlen.

Liegen dem Parlament mehrere Aufhebungsanträge hinsichtlich desselben Mitglieds vor, die die gleichen strafrechtlichen Bestimmungen betreffen[41], so prüft der Ausschuß jeden von ihnen in einem eigenen Bericht[42]. Die jeweils vorangehenden Entscheidungen können dabei u.U. präjudizierend wirken: „Wenn wir konsequent sein wollen, dürfen wir die parlamentarische Immunität

35 Vgl. *Rutschke*, S. 54 m.w.N.; *Grabitz/Läufer*, S. 82.

36 Daß die Vertraulichkeit bisweilen auch gebrochen wird, zeigt der ausführliche Beitrag eines anonymen „Euronymus" in der „Tageszeitung" vom 5.11.1984 über die kontroversen Ausschußberatungen in dem Fall der Abgeordneten Klöckner/Härlin (Dok. A2-14/85).

37 So z.B. in den Berichten Dok. A2-168/85 (Panella); Dok. A2- 195/85 (Almirante); Dok. A2-101/86 (Gaibisso); Dok. A2-220/86 (Valenzi), Dok. A2-221/86 (Valenzi); Dok. A3-88/89 (Le Pen).

38 Einstimmigkeit unter den anwesenden Ausschußmitgliedern wird nur in „äußerst seltenen" Fällen erreicht. So der Berichterstatter in seinen Ausführungen zu dem Bericht Dok. A2-299/87 (*Malaud*), Verhandlungen vom 6.7.1987 Nr. 2354/6; A2-188/87 (Tripodi), Verhandlung vom 16.11.1987 Nr. 2-358/10.

39 Gemessen an Art. 123 GOEP, kann ein Ausschuß gültig abstimmen, „wenn ein Viertel seiner Mitglieder tatsächlich anwesend ist".

40 Vgl. jedoch die Ausschuß-Berichte Dok. A2-99/87 (*Malaud*); A2-226/87 (Rigo); Dok. A2-130/88 (Panella); Dok. A2-413/88 (De Pasquale), über die lediglich sieben Ausschußmitglieder abgestimmt haben.

41 Gehen die Strafverfolgungsorgane von einem Fortsetzungszusammenhang aus, genügt ein Aufhebungsantrag.

42 Vgl. die Ausschußberichte Dok. A2-191/85, Dok. A2-195/85 (Almirante); Dok. A2-33/86, Dok. A2-34/86 (Amadei); Dok. A2-220/86, Dok. A2-221/86 (Valenzi); Dok. A2-36/87, Dok. A2-37/87, Dok. A2-38/87 (Cicciomessere); A2-90/88, Dok. A2-130/88, Dok. A2-191/88, Dok. A2-217/88 (Panella).

aufgrund des zweiten Antrages schon deshalb nicht aufheben, weil wir sie aufgrund des ersten Antrages nicht aufgehoben haben."[43]

Umgekehrt liefert der Ausschuß lediglich einen Beschlußvorschlag, wenn diesem die Aufhebung der Immunität mehrerer Mitglieder zugrundeliegt[44].

III. Plenarzuständigkeit und Ausschußdelegation

Die Notwendigkeit einer Delegation parlamentarischer Aufgaben an Untergliederungen des Parlaments steht angesichts der Fülle und Komplexität parlamentarischer Aufgaben außer Frage. Hingegen bedarf die Ausschußdelegation im Hinblick auf den Wortlaut des Art. 10 Abs. 3 des Protokolls, demnach die Aufhebungsbefugnis „der Versammlung" zusteht, einer näheren Betrachtung[45].

1. Vereinbarkeit der Ausschußdelegation mit dem Prinzip der Repräsentativdemokratie

Entsprechend dem in Art. 137 EWGV i.V.m. dem Direktwahlakt vom 20.9.1976[46] implizit enthaltenden Bekenntnis zum Prinzip der Repräsentativdemokratie setzt sich das Europäische Parlament aus den gewählten „Vertretern der Völker" der Mitgliedsstaaten zusammen. Aus dieser verfassungsrechtlich vorgeschriebenen Zusammensetzung des Parlaments könnte gefolgert werden, daß Entscheidungen über die parlamentarische Immunität einzelner Mitglieder nur aufgrund freier und öffentlicher Diskussion im Plenum getroffen werden dürfen, da nur die Gesamtheit aller Abgeordneten in der Lage sei, die Völker der in der Gemeinschaft zusammengeschlossenen Staaten zu repräsentieren.

Indes kann dieses idealtypische Modell des Parlamentarismus in der Realität weder auf staatlicher noch auf supranationaler Ebene erreicht werden. Es liegt auf der Hand, daß sich nur ein Bruchteil der 540 Abgeordneten für oder wieder die Aufhebung der Immunität eines Mitglieds im Plenum äußern kann. Gleichwohl bleibt es jedem Abgeordneten unbenommen, sich in der gemeinsamen Aussprache aktiv zu beteiligen. Die in der Geschäftsordnung vorgesehenen Einschränkungen dieser Freiheit, etwa durch die Unzulässigkeit eines Änderungsantrages oder dem ungünstigen Zeitpunkt der Aussprache zu Beginn jeder Sitzungswoche[47] tragen den Bedürfnissen der Praxis Rechnung. Der Arbeitsanfall des Europäischen Parlaments erfordert, wie bei jedem anderen Parlament auch, eine Arbeitsteilung. Diese kann nur dadurch bewerkstelligt werden, daß sich das Europäische Parlament arbeitsteilig untergliedert, und Teile des Parlaments entweder pars pro toto Entscheidungen vorbereiten oder für das Parlament handeln[48]. Zudem ist dem kleineren Ausschuß eine genauere Prüfung möglich als

---

[43] Donnez, Verhandlungen des Europäischen Parlaments vom 16.2.1987, Nr. 2-348/7. Vgl. auch Dok. A2-309/87 (Bonino) vom 23.2.1988, S. 9.

[44] Vgl. Dok. A2-14/85 (Klöckner/Härlin) vom 3.4.1985.

[45] Siehe zur Problematik der Delegation von Plenarbefugnissen allgemein *Bieber*, in: *Beutler/Bieber/Pipkorn/Streil*, Rn. 4.2.4.2.

[46] ABl. 1976 Nr. L 278/1 vom 8.10.1976.

[47] Die Abgeordneten befinden sich zu diesem Zeitpunkt überwiegend noch auf der Anreise.

[48] Vgl. Art. 18 Abs. 4 GOEP; sowie *Magiera*, Parlament und Staatsleitung, S. 136.

dem ganzen Parlament[49]. Die Delegation der Prüfungsbefugnis auf den Ausschuß ist deshalb solange ohne Belang, wie dem Ausschuß lediglich eine Berichtspflicht obliegt[50], und das Plenum als letztendlich beschließendes Organ die rechtliche und tatsächliche Möglichkeit behält, den Ausschußbericht anzunehmen oder abzulehnen. Die Delegation der Prüfungsaufgaben an den Immunitätsausschuß steht m.a.W. erst dann im verfassungsrechtlich relevanten Widerspruch zu Art. 10 Abs. 3 des Protokolls, wenn das Plenum den Ausschuß mit selbständigen Entscheidungsbefugnissen betraut.

2. *Vereinbarkeit der Ausschußdelegation mit dem Publizitätsgebot*

Demgegenüber fragt sich, ob die Praxis des Europäischen Parlaments, die Prüfung von Immunitätsangelegenheiten an den nichtöffentlich tagenden Immunitätsausschuß zu delegieren, auch mit dem Gebot der Publizität parlamentarischer Arbeit vereinbar ist. Das Publizitätsgebot stellt eine Konkretisierung des allgemeinen Postulats demokratischer Kontrolle der Gemeinschaftstätigkeit dar. Seine wesentliche Bedeutung liegt darin, das öffentliche Vertrauen in die Entscheidungsgremien zu festigen und der Möglichkeit vorzubeugen, daß sachfremde Umstände auf die Entscheidungsfindung Einfluß gewinnen. Es zwingt insoweit sowohl zur Begründung als auch zur Verantwortung getroffener Entscheidungen. Publizität ist damit Voraussetzung einer Kontrolle der Abgeordneten durch ihre Wähler. Ausdrücklich verankert ist es zwar lediglich für die „Verhandlungsniederschriften der Versammlung"[51] sowie für die Erörterung des jährlichen Gesamtberichts „in öffentlicher Sitzung"[52]. Gleichwohl ließe sich behaupten, daß Ausschüsse nicht an die Stelle des Plenums treten dürfen, wenn sie unter Ausschluß der Öffentlichkeit tagen und beschließen.[53]

Andererseits kann auch das Publizitätsgebot nicht uneingeschränkt gelten. Mit Läufer ist vielmehr davon auszugehen, daß dem Publizitätsgebot des Art. 142 Abs. 2 EWGV außer den Plenartagungen selbst, nur „die mit Anspruch auf Außenwirkung auftretenden Handlungen des Parlaments" unterfallen, nicht aber die bloß vorbereitenden Sitzungen der Ausschüsse[54]. Zu berücksichtigen ist zudem die Schwere der Beeinträchtigung, die eine öffentliche Prüfung der noch unbewiesenen Behauptungen für den betreffenden Abgeordneten darstellt. Ahrens hat insoweit für die vergleichbare Situation im Bundestag richtig ausgeführt:

> „Man möchte den betroffenen Abgeordneten in der Öffentlichkeit nicht kompromittieren, zumal der strafrechtliche Vorwurf, der dem Aufhebungsantrag in der Regel zugrunde liegt, noch nicht durch die Ermittlungen bestätigt ist. (Eben diese Ermittlungen werden ja durch die Immunität gehindert.)"[55]

---

49 Hiervon zu unterscheiden ist die Frage, ob und inwieweit der Immunitätsausschuß befugt ist, in eine Sachverhaltsprüfung einzutreten, dazu unten § 2 C.

50 Art. 112 GOEP. Vgl. auch *Magiera*, Parlament und Staatsleitung, S. 134 ff. m.w.N.

51 Vgl. Art. 142 Abs. 2 EWGV: „Die Verhandlungsniederschriften werden nach den Bestimmungen dieser Geschäftsordnung veröffentlicht."; sowie Art. 107 f. GOEP.

52 *Läufer*, in: Grabitz, Art. 142 EWGV Rn. 13.

53 Vgl. z.B. *Ahrens*, S. 32.

54 *Läufer*, in: Grabitz, Art. 142 EWGV Rn. 16.

55 *Ahrens*, S. 29.

Immunitätsfälle finden eine erhebliche Beachtung und Verbreitung durch die Presse. Ergibt sich aber aus den späteren Ermittlungen, daß die Vorwürfe nicht zutreffen, so nimmt davon niemand mehr Notiz[56]. Der Persönlichkeitsschutz des Abgeordneten überwiegt deshalb das öffentliche Interesse an der Publizität von Ausschuß-Verhandlungen. In Immunitätsangelegenheiten kann der Anspruch der Öffentlichkeit auf Publizität des Ausschußverfahrens solange hinter dem Integritätsinteresse des betreffenden Abgeordneten zurückstehen, wie der Ausschuß lediglich vorbereitende Prüfungen unternimmt und keine dem Plenum vorbehaltene Entscheidungen trifft. Dies gilt um so mehr, als der Öffentlichkeit die Verfahrensgrundsätze und Entscheidungskriterien des Ausschußverfahrens durch den ausführlichen Sitzungsbericht und die Begründung des Entscheidungsvorschlags zugänglich gemacht werden.

Der Grundsatz der Nichtöffentlichkeit der Ausschußsitzung des Immunitätsausschusses steht deshalb solange im Einklang mit dem öffentlichen Interesse an der Publizität parlamentarischen Handelns, wie dem Immunitätsausschuß lediglich die vorbereitende Prüfung des Falles anhand öffentlich bekannter Grundsätze und Kriterien, dem Plenum jedoch die Entscheidung obliegt[57].

C. Plenaraussprache (Art. 5 Abs. 4 GOEP)

Im Hinblick auf das Verfahren nach Vorlage des Ausschußberichts bestimmt Art. 5 Abs. 4 S. 1 GOEP: „Sobald der Bericht des Ausschusses dem Plenum eingereicht wurde, ist er als erster Punkt auf die Tagesordnung der nächsten Sitzung zu setzen".

Die Beratung von Beschlußvorlagen des Immunitätsausschusses findet deshalb alle drei Wochen mindestens einmal pro Monat am Montag der jeweiligen Sitzungswoche in Straßburg statt. Dieser in Art. 5 Abs. 4 S. 1 GOEP zum Ausdruck kommenden vorrangigen Behandlung von Immunitätsangelegenheiten steht jedoch die parlamentarische Praxis gegenüber, demnach sich zu Beginn der Sitzung zahlreiche Abgeordnete noch in der Anreise befinden[58]. Ungeachtet der Zahl der Abstimmenden ist jede Abstimmung gültig[59]. Erst wenn 13 Abgeordnete einen Antrag auf Festellung der Beschlußunfähigkeit stellen, und die Abstimmung ergibt, daß weniger als ein Drittel der dem Parlament tatsächlich angehörenden Mitglieder im Plenarsaal anwesend ist, stellt das Präsidium die Beschlußunfähigkeit fest[60]. Dieser Fall ist bislang nicht vorgekommen.

Der Ablauf der Aussprache richtet sich nach Art. 5 Abs. 4 S. 2 GOEP: „Die Aussprache erstreckt sich demnach nur auf Gründe, die für oder gegen die Auf-

---

56 Vgl. *Ahrens*, S. 29.

57 Für eine vertrauliche Behandlung von Immunitätsangelegenheiten auch im Plenum sprechen sich die Abgeordneten Janssen van Ray und Stavrou aus; Verhandlungen des EP vom 14.12.1987 Nr. 2-359/6.

58 Dies veranlaßte den Berichterstatter Donnez in der Sitzung vom 26.10.1987 zu dem charmanten Bonmot: „Herr Präsident! Es mag uns zwar an Quantität mangeln, da aber wenigstens Sie anwesend sind, haben wir doch die Qualität bei uns."

59 Art. 89 Nr. 3 S. 1 GOEP.

60 Siehe zur Beschlußunfähigkeit Art. 84 GOEP; *Bieber*, in: G/T/E, Art. 141 EWGV Rn. 7 ff.; sowie zur veralteten Geschäftsordnung *Rutschke*, S. 250.

hebung der Immunität sprechen." Der Vorsitzende und der Berichterstatter des Ausschusses können während der Aussprache jederzeit das Wort ergreifen. Der Präsident soll dem Berichterstatter sogar vorrangig vor anderen Rednern das Wort erteilen[61]. Für die Anwendung des Art. 5 Abs. 4 GOEP sieht das Europäische Parlament gemäß Art. 131 Abs. 5 GOEP nachfolgende Auslegung als verbindlich an:

> „Der Bericht des Ausschusses enthält einen Vorschlag für einen Beschluß, der sich darauf beschränkt, die Annahme oder Ablehnung des Antrags auf Aufhebung der Immunität zu empfehlen. Zu dem Vorschlag für einen Beschluß ist kein Änderungsantrag zulässig. Nach der Prüfung durch das Parlament findet nur eine einzige Abstimmung über den im Bericht enthaltenen Vorschlag statt.
> Im Falle der Ablehnung dieses Vorschlags gilt der gegenteilige Beschluß als angenommen."

Ein Änderungsvorschlag zu der Beschlußvorlage des Ausschusses ist somit unzulässig. Nach der mit Plenarbeschluß vom 13.4.1988 angenommenen Änderung des Art. 5 Nr. 4 GOEP wird nunmehr unverzüglich nach der Aussprache abgestimmt[62].

D. Beschlußfassung

Es findet nur eine einzige Abstimmung statt. Liegen dem Parlament mehrere Aufhebungsanträge vor und prüft der Ausschuß jeden von ihnen in einem eigenen Bericht, so ergehen auch jeweils eigene Plenarbeschlüsse.

Umgekehrt beschließt das Parlament lediglich über einen Beschlußvorschlag, wenn diesem die Aufhebung der Immunität mehrerer Mitglieder zugrunde liegt[63].

Die den Aufhebungsbeschlüssen des Plenums vorangestellte Beschlußformel lautet in der Regel:

> „Das Europäische Parlament, befaßt mit ...
> 1. beschließt, die parlamentarische Immunität von ... aufzuheben
> 2. beauftragt seinen Präsidenten ..."

Sie ist allgemein gehalten und spricht keine Genehmigung zu einem bestimmten Verfahren bzw. zu einer bestimmten Maßnahme aus. Damit ist nach dem Wortlaut des Beschlusses offen, ob die Tat, unter allen in Frage kommenden rechtlichen Gesichtspunkten, bis zur Rechtskraft verfolgt werden darf. So könnten sich sowohl im Hinblick auf real konkurrierende Tatbestände, die nicht ausdrücklich in die beantragte Verfolgung einbezogen sind, als auch für Nachtragsklagen, die sich erst aus dem Prozeßverlauf ergeben[64], Probleme ergeben. Die in der italienischen Abgeordnetenkammer zu beobachtende Praxis, entsprechend Art. 68 der italienischen Verfassung zu unterscheiden zwischen der Zustimmung dazu, „daß das Parlamentsmitglied einem Strafverfahren unterworfen werde, einerseits, und der Zustimmung dazu, daß das Parteimitglied verhaftet oder der persönlichen Freiheit beraubt werde andererseits," hat das Europäische Parlament nur in einem Fall aufgegriffen[65]. Im Hinblick darauf, daß die Staatsanwaltschaft von Neapel lediglich die

61 Art. 84 Nr. 3 GOEP; vgl. im Hinblick auf Art. 66 Abs. 3 und Abs. 4 GOEP (a.F.), *Rutschke*, S. 57.

62 ABl. 1988 Nr. C 122 vom 9.5.1988.

63 Vgl. Dok. A2-14/85 (Klöckner/Härlin) vom .4.1985.

64 In der Praxis scheinen hier bislang keine Schwierigkeiten aufgetaucht zu sein.

65 Dok. A2-164/85 (Tortara) vom 29.11.1985.

Aufhebung der Verfolgungsimmunität des Abgeordneten Tortora beantragte, dieser aber zum Zeitpunkt seiner Wahl in das Europäische Parlament bereits unter Freiheitsentzug stand, beschloß das Plenum, die Staatsanwaltschaft „mit Ausnahme jeglicher Aufhebung der Immunität in bezug auf Festnahme und Entzug der persönlichen Freiheit zur Strafverfolgung zu ermächtigen“[66].

Eindeutiger ist demgegenüber der Nichtaufhebungsbeschluß:

> „Das Europäische Parlament, - befaßt mit ...
> 1. beschließt, die parlamentarische Immunität von ... nicht aufzuheben
> 2. beauftragt seinen Präsidenten ...“

Unnötig und mißverständlich ist jedoch die gelegentlich zu beobachtende Praxis, das Delikt zu bezeichnen, dessen vermeintlicher Begehung nicht verfolgt werden soll. Ein derartiger Nichtaufhebungsbeschluß könnte dahingehend mißverstanden werden, daß die Verfolgung mit Ausnahme der ausdrücklich erwähnten Delikte genehmigt ist[67].

In Fällen der Ablehnung der Beschlußvorlage gilt der gegenteilige Beschluß als angenommen. Abweichungen des Plenums von der Beschlußvorlage sind bislang lediglich in einem von 62 Fällen vorgekommen[68].

Mit der Annahme oder Ablehnung des Berichts wird der Präsident aufgefordert, den Beschluß des Parlaments unverzüglich der zuständigen Behörde des betreffenden Mitgliedsstaates mitzuteilen[69].

§ 2 Verfahrensgrundsätze

A. Der Grundsatz der Unabhängigkeit der europäischen parlamentarischen Immunität von der nationalen parlamentarischen Immunität

I. Ausgestaltung des Grundsatzes in der Parlamentspraxis

Bereits in dem ersten Ausschußbericht über die Aufhebung der parlamentarischen Immunität eines Mitglieds hatte sich der Immunitätsausschuß mit der Frage auseinanderzusetzen, wie die Verweisung des Art. 10 lit. a des Protokolls auf die den Mitgliedern „im Hoheitsgebiet ihres eigenen Staates [...] zuerkannte Unverletzlichkeit“ hinsichtlich der anzuwendenden Rechtsgrundlagen zu verstehen sei[70]. Der Ausschuß gelangte zu dem Ergebnis:

> „Da Herr Gouthier italienischer Parlamentarier ist und er die Handlungen, derer er beschuldigt wird, auf dem Staatsgebiet der italienischen Republik vorgenommen hat, steht

---

66 Dok. A2-164/85 (Tortara) vom 29.11.1985.

67 Vgl. z.B. den Nichtaufhebungsbeschluß im Fall des Abgeordneten Tortora: „beschließt, ... nicht dazu zu ermächtigen, Herrn Tortora gem. Art. 343 des italienischen Strafgesetzbuches wegen Beleidigung einer Gerichtsperson während einer Verhandlung strafrechtlich zu verfolgen.“ Dok. A2-164/85 (Tortora), S. 5. Lediglich die Qualifikation der Beleidigung, nicht aber die Verfolgung wegen einfacher Beleidigung scheint ausgeschlossen. Siehe auch den vom Plenum (inhaltlich abgelehnten) Beschlußvorschlag im Fall des Abgeordneten Amirante. Dok. A2-195/85, S. 5; sowie Dok. A2-168/85 (Panella) vom 2.12.1985, S. 5.

68 Dok. A2-195/85 (Almirante) vom 3.1.1986.

69 Art. 5 Nr. 5 GOEP.

70 Dok. 1-72/81 (Gouthier) vom 1.4.1981.

ihm die den Mitgliedern des italienischen Parlaments zuerkannte Unverletzlichkeit zu, die in Art. 68 der italienischen Verfassung verankert ist."[71]

Daß das Europäische Parlament zwar an die nationalen Immunitätsvorschriften gebunden sei, diese jedoch unabhängig von der rechtstatsächlichen Ausgestaltung, die sie in der jeweiligen innerstaatlichen parlamentarischen Praxis gefunden haben, anwenden werde, wurde in den nachfolgenden Berichten deutlich[72]. So erfolgte eine erste Präzisierung des Grundsatzes in dem Bericht über den Antrag auf Aufhebung der parlamentarischen Immunität des Abgeordneten Blumenfeld[73]: „... Die Vermutungen [...], daß das nationale Parlament die Immunität aufheben würde [...], darf [...] den zu fassenden Beschluß nicht beeinflussen."[74]

Hinsichtlich der Souveränität des Europäischen Parlaments gegenüber der nationalen Parlamentspraxis in Immunitätsangelegenheiten gelte vielmehr: „Es steht ihm frei, in bezug auf die Aufhebung der Immunität in anderer Weise als nationale Parlamente vorzugehen."[75]

Seit der Annahme des Berichts über die Aufhebung der parlamentarischen Immunität des Abgeordneten Gaibisso[76] wird in jedem Ausschußbericht unter der Überschrift „Unabhängigkeit der europäischen parlamentarischen Immunität von der nationalen parlamentarischen Immunität" wörtlich oder mit sinngemäß nachfolgendem Wortlaut festgestellt[77]:

„Der Umstand, daß Artikel 10, Absatz 1, Buchstabe a) des Protokolls auf die Immunität verweist, die den Mitgliedern der nationalen Parlamente zusteht, bedeutet nicht, daß sich das Europäische Parlament nicht eigene Regeln, eine Art 'Rechtsprechung' schaffen kann; bei der Aufhebung der parlamentarischen Immunität muß man zwischen der parlamentarischen Immunität, die für Mitglieder der nationalen Parlamente und des Europäischen Parlaments gleich ist, und der Aufhebung der Immunität die Sache jedes einzelnen Parlaments ist, unterscheiden."[78]

Die Problematik dieser Verfahrenspraxis begann sich abzuzeichnen, als das Europäische Parlament von der Entscheidung der nationalen Abgeordnetenversammlung nicht abweichen, sondern lediglich seine Souveränität unterstreichen[79] und

---

71 Dok. 1-72/81 (Gouthier) vom 1.4.1981, S. 7.

Daß von der Anwendbarkeit nationalen Rechts auch auszugehen sei, wenn die Straftat außerhalb der EG begangen wurde, zeigt sich in dem Verfahren gegen den damaligen Beamten im Staatsdienst und späteren Abgeordneten Gaibisso. Obwohl die Straftaten, derer er beschuldigt wurde, im Hoheitsgebiet der Vereinigten Staaten erfolgt waren, bestand wegen Art. 7 Abs. 4 des italienischen Strafgesetzbuches dennoch Anlaß, sie zu verfolgen. Siehe dazu Dok. A2-101/86 (Gaibisso) vom 24.9.1986, S. 6; sowie Dok. A3-88/89 (Le Pen) vom 1.12.1989.

72 Vgl. z.B. den Bericht Dok. A2-1105/84 (Tortorra) vom 28.11.1984.

73 Dok. 1-123/84 (Blumenfeld) vom 3.4.1984. Der Antrag bezog sich auf die Tätigkeit des Abgeordneten als Geschäftsführer der Firma „Hansa" durch die Beihilfe zur Steuerhinterziehung im Zusammenhang mit Parteispenden geleistet worden sein soll.

74 Dok. 1-123/84 (Blumenfeld), S. 9.

75 Dok. 1-123/84 (Blumenfeld), S. 9.

76 Dok. A2-101/86 (Gaibisso) vom 24.9.1986.

77 Abweichungen resultieren aus den zum Teil ungenauen Übersetzungen.

78 Vgl. zuletzt die Ausschußberichte Dok. A3-77/92 (Ferrara); Dok. A3-76/92 (Tsimas); Dok. A3-39/92 (Kostoproulos); Dok. A3-38/92 (Avgerinos); Dok. A3-303/91 (Fantini).

79 Dok. A2-46/85 (Pannella) vom 29.5.1985; Dok. A2-105/85 (Cittiomessere) vom 30.9.1985; Dok. A2-191/85 (Almirante) vom 3.1.1986; Dok. A2-188/87 (Tripodi) vom 30.10.1987; Dok. A2-191/85 (Almirante), S. 9.

den Beschluß des nationalen Parlaments abwarten wollte[80]. So hatte der Ausschuß hinsichtlich der präjudiziellen Wirkung einer Entscheidung der italienischen Abgeordnetenkammer, demnach die Immunität von vier Tatteilnehmern des Abgeordneten Valenzi nicht aufgehoben wurde, bemerkt,

> „daß der oben erwähnte Beschluß [...] nicht ohne Einfluß auf den vom Europäischen Parlament zu fassenden Beschluß sein kann: Würde seine Immunität aufgehoben, so müßte sich Herr Valenzi vor Gericht für einen Sachverhalt verantworten, für den seine Stellvertreter durch die parlamentarische Immunität gedeckt sind."[81]

Auch gab die Ablehnung des Antrags auf Aufhebung der parlamentarischen Immunität der Abgeordneten Bonnino durch die italienische Abgeordnetenkammer Anlaß, die Genehmigung zur Strafverfolgung der Abgeordneten Bonnino „angesichts dieser früheren Beschlüsse der italienischen Abgeordnetenkammer"[82] zu versagen.

Die Unabhängigkeit von den Entscheidungen der nationalen Parlamente wurde vollends deutlich, als das Europäische Parlament die Aufhebung der parlamentarischen Immunität verweigerte, obwohl das innerstaatliche Parlament die nationale parlamentarische Immunität des Mitglieds bereits aufgehoben hatte[83]. So erteilte die italienische Abgeordnetenkammer die Genehmigung zur Einleitung der Strafverfolgung gegen den Abgeordneten Panella mit Beschluß vom 5.5.1977[84]. Der daraufhin vor das Gericht geladene Beschuldigte erschien jedoch nicht zur Verhandlung. Aufgrund des schleppenden Verfahrensganges und der beständigen Wiederwahl des Beschuldigten zur „Camera dei Deputati" mußten insgesamt drei weitere Anträge auf Aufhebung der Immunität gestellt werden. Angesichts der Tatsache, daß die italienische Abgeordnetenkammer insgesamt dreimal die Genehmigung zur Strafverfolgung erteilt hatte[85], kam der Immunitätsausschuß des Parlamentarischen Parlaments und ihm folgend das Plenum hinsichtlich der Beachtung dieser Entscheidungen zu dem Ergebnis:

---

80 Vgl. die Schlußfolgerungen in dem von dem damaligen Ausschußvorsitzenden, dem Abgeordneten Ferri, ausgearbeiteten Arbeitsdokument PE 67868 end.; zit. nach De Guche, Dok. A1-82/81, S. 8.

81 Der Abgeordnete wurde beschuldigt, in seiner Eigenschaft als Bürgermeister von Neapel gemeinschaftlich mit seinen zwei Stellvertretern und weiteren zwei Beigeordneten, falsche Angaben über die Haushaltspläne der Stadt Neapel gemacht zu haben, mit der Folge, daß diese als vermeintlich ausgeglichen verabschiedet worden waren, jedoch ein Gesamtdefizit von mindestens 980 Mrd. Lire aufwiesen. Vgl. Art. 110, 328, 476, 479, 81 Ital. StGB; zum Sachverhalt Dok. A2-220/86 (Valenzi), S. 16.

82 Siehe auch Dok. A2-46/85 (Panella). Die italienische Abgeordnetenkammer hatte am 19.10.1977 und am 23.10.1984 die Genehmigung zur Einleitung eines Strafverfahrens gegen den Abgeordneten Panella verweigert. Siehe Dok. A2-46/85 (Panella), S. 6, ABl. 1985 Nr. C 175/23 vom 15.7.1985; Dok. A2-309/87 (Bonnino), S. 9, ABl. 1988 Nr. C 49/13 vom 7.3.1988.

83 Vgl. zu Art. 62 Abs. 2 der griechischen Verfassung demnach Anträge auf Aufhebung der parlamentarischen Immunität als abgelehnt gelten, wenn das Parlament nach Ablauf von drei Monaten noch nicht entschieden hat, Dok. A3-269/91 (Tsimas/Roumeliotis).

84 Der Antrag der italienischen Strafverfolgungsbehörden bezog sich auf das Verhalten des Abgeordneten, der nicht Prozeßbeteiligter war, im September 1976 vor Gericht. Er wurde u.a. beschuldigt, die Hauptverhandlung „als Teil eines verbrecherischen Gesamtplans" bezeichnet, dem Gericht „verbrecherische Anmaßung" vorgeworfen und es schließlich als eine „Verbrecherbande" tituliert zu haben. Vgl. zum Sachverhalt Dok. A2-168/85 (Panella) vom 2.12.1985, S. 7.

85 Zuletzt am 20.6.1984; siehe zu diesem Sachverhalt Dok. A2-168/85 (Panella), S. 7.

„Die vom Europäischen Parlament zu treffende Entscheidung wird [...] nicht durch die Tatsache beeinflußt, daß die Abgeordnetenkammer der Republik Italien - aufgrund derselben Sachverhalte - bereits dreimal die Ermächtigung zur Einleitung von Strafverfahren [...] erteilt hat."[86]

Die Immunität des Abgeordneten Panella wurde deshalb von dem Europäischen Parlament folgerichtig nicht aufgehoben. Unbeeinflußt von der Entscheidung des innerstaatlichen Parlaments zeigte sich der Immunitätsschluß auch in der Auseinandersetzung über den Antrag, die Immunität des Abgeordneten Almirante aufzuheben[87]. Zwar war ein Teil der Mitglieder des Ausschusses der Auffassung,

„daß sich das Europäische Parlament in einer Frage, die so eng mit dem politischen Leben in Italien verbunden ist [...] nicht über den Entschluß hinwegsetzen kann, der von der italienischen Abgeordnetenkammer [...] bereits mehrfach gefaßt wurde."[88]

Demgegenüber ließ sich die Mehrheit von der Überlegung leiten, daß der Abgeordnete ordnungsgemäß gewählt und auf demokratische Weise wiedergewählt worden war. Der Ausschuß gab deshalb die Empfehlung, die Immunität nicht aufzuheben und beschloß:

„Das Europäische Parlament muß zwar aus politischen Gründen den Beschlüssen der nationalen Parlamente weitestgehend Rechnung tragen, darf jedoch nicht nur zu einer Vollziehungsstelle für die dort gefaßten Beschlüsse werden, sondern muß seine Unabhängigkeit und seine Entscheidungsfreiheit bewahren."[89]

Auch in dem Fall des Abgeordneten Amadei setzte sich das Europäische Parlament über die Beschlüsse der „Camera dei Deputati", die Immunität des Abgeordneten Amadei u.a. wegen des Vorwurfs der Bildung einer kriminellen Vereinigung aufzuheben, hinweg[90]. Zuvor hatte der Immunitätsausschuß in seiner Beschlußvorlage betont:

„Die vom Europäischen Parlament zu treffende Entscheidung kann [...] nicht durch die Tatsache präjudiziert werden, daß die italienische Abgeordnetenkammer die Justizbehörde wegen des gleichen Sachverhalts ermächtigt hat, Herrn Amadei strafrechtlich zu verfolgen."[91]

Auch nach Aufhebung des Doppelmandatssystems ist die Problematik des Grundsatzes der Unabhängigkeit der europäischen parlamentarischen Immunität von der nationalen parlamentarischen Immunität ungelöst. Dies zeigt die Rechtsauffassung des Immunitätsausschusses in der Ordnungswidrigkeitensache gegen die Abgeordneten Simons und Walter[92]. Das Europäische Parlament verlangte mit

---

86 Dok. A2-168/85 (Panella), S. 10.

87 Der Bericht betrifft dieselben Vorwürfe, die bereits Gegenstand des Berichts Dok. 1-1311/82 vom 23.2.1983 waren. Siehe auch den Bericht Dok. A2-191/85 (Almirante) vom 3.1.1986. Der Abgeordnete Almirante wurde u.a. beschuldigt, „in seiner Eigenschaft als politischer Sekretär der italienischen Sozialbewegung (MSI), die Neubildung der aufgelösten faschistischen Partei (Patita Nazionale Faszita) gefördert und organisiert" zu haben, strafbar nach Art. 1 und 2 Abs. 2 und 3 des Gesetzes Nr. 645 vom 20.6.1952.

88 Dok. A2-195/85 (Almirante), S. 11.

89 Dok. A2-195/85 (Almirante), S. 13. Diesen Empfehlungen vermochte das Plenum jedoch nicht zu folgen. Mit Beschluß vom 13.1.1986 (ABl. 1986 Nr. C) lehnte es zum ersten und bisher einzigen Mal eine Beschlußvorlage seines Immunitätsausschusses mehrheitlich ab und hob die Immunität des Abgeordneten auf.

90 Siehe zum näheren Sachverhalt Dok. A2-33/86 (Amadei) vom 5.5.1986, S. 6.

91 Dok. A2-34/86 (Amadei), S. 9.

92 Dok. A2-35/86 (Simons/Walter) vom 5.5.1986.

Beschluß vom 12.5.1986[93] die Aussetzung der Strafverfolgung und vertrat die Auffassung, die durch Ordnungswidrigkeiten geregelten Tatbestände seien grundsätzlich „mit Strafe bedrohte Handlungen" i.S.v. Art. 46 Abs. 2 GG. Sie unterlägen damit dem Schutzbereich der europäischen parlamentarischen Immunität. Darüber hinaus komme es keineswegs darauf an, wie schwer der kriminelle Gehalt einer Tat wiege, sondern einzig und allein darauf, die Arbeitsfähigkeit des Parlaments zu erhalten. Diese werde durch ungenehmigte Verfahren mit eventuellen Sanktionen gegen Abgeordnete gefährdet. Allein der Hinweis auf die Tatsache, daß eine Geldbuße nach dem Ordnungswidrigkeitengesetz eine Geldstrafe nach dem Strafgesetzbuch erheblich übersteigen könne, belege, daß Einschnitte in das Leben eines Abgeordneten nach dem OWiG gewichtiger seien als solche nach dem StGB[94]. Selbst wenn die innerstaatliche parlamentarische Immunität vor der Verfolgung von Ordnungswidrigkeiten nicht schützen könne, so präjudiziere dies keinesfalls den Umfang der europäischen parlamentarischen Immunität.

In dieser dargestellten Ausprägung begegnet der Verfahrensgrundsatz der Unabhängigkeit der europäischen parlamentarischen Immunität von der nationalen parlamentarischen Immunität Bedenken. Hat das Europäische Parlament die nationalen Immunitätsbestimmungen gemäß Art. 10 des Protokolls in der Auslegung der nationalen Parlaments- und Gerichtspraxis zu beachten, legt es jedoch seinen Immunitätsentscheidungen eigene, von der nationalen Praxis unabhängige Grundsätze zugrunde, ist die Vereinbarkeit dieser Praxis mit dem Protokoll zweifelhaft[95]. Seitens des Europäischen Parlaments wird dieser Widerspruch mit der These gerechtfertigt, eine Anwendung divergierenden innerstaatlichen Immunitätsrechts verschärfe die bereits bestehenden Disparitäten zwischen den Abgeordneten. Unabhängig von der Frage des „rechtlichen Dürfens" erscheint diese Rechtfertigung auf den ersten Blick plausibel. So resümierte die Abteilung EG-Wissenschaft des Europäischen Parlaments in einem rechtsvergleichenden Dokument:

> „Die verschiedenen Verfahren, die in den Mitgliedsstaaten zur Aufhebung der parlamentarischen Immunität angewendet werden, spiegelt die bestehenden prozeßrechtlichen Unterschiede wider. Wo ein derartiges Verfahren nicht besteht, ist diese Lücke auf die parlamentarischen Gepflogenheiten im betreffenden Land zurückzuführen."[96]

Dieser These soll nachfolgend zunächst in einer nach Mitgliedsstaaten geordneten Darstellung der jeweiligen nationalen Bestimmungen nachgegangen werden[97]. Sodann soll in einer vergleichenden Übersicht eine zusammenfassende Darstellung

---

93 ABl. 1986 Nr. C 148/16 vom 16.6.1986.

94 Vgl. Dok. A2-35/86 (Simons/Walter), S. 7; sowie Aktenvermerk des Ausschusses 75/86 vom 12.5.1987 an Frau Simons.

95 Eine Würdigung der Immunitätspraxis, lediglich aus dem Blickwinkel des Protokolls ließe jedoch offen, ob die Parlamentspraxis nicht aus übergeordneten Gesichtspunkten hingenommen werden kann, wenn sie mit vorrangigen Verfassungsrechtssätzen des Gemeinschaftsrechts in Einklang steht, siehe dazu unten 3. Teil.

96 Europäisches Parlament, EP-Wissenschaft, in: PE 104074, S. 24. Leider enthält das 1985 erstellte Dokument keinerlei Nachweise. Auch werden die Begriffe der Immunität und Indemnität in unklarer Weise vermengt. Unzutreffend ist die Auslegung des Art. 46 GG auf S. 14. „Disziplinarrechtliche Maßnahmen" unterfallen nach dem Urteil des BVerwG (NJW 1986, S. 2520) nicht der parlamentarischen Immunität gemäß Art. 46 GG. Das Dokument hält einem weitergehenden wissenschaftlichen Anspruch nicht Stand.

97 Besonderes Gewicht liegt dabei auf denjenigen Ländern, aus denen bislang die meisten Aufhebungsanträge gestellt wurden.

am Beispiel der parlamentarischen Immunität gegenüber Taten erfolgen, die nicht als Straftaten, sondern als Vergehen verfolgt werden („Ordnungswidrigkeiten“).

II. Die parlamentarische Immunität der Abgeordneten in ihren Herkunftsstaaten

1. Belgien

Art. 45 der belgischen Verfassung vom 7.2.1831[98] steht im systematischen Zusammenhang mit den allgemeinen Bestimmungen über die Mitglieder der Abgeordnetenkammer und des Senats und ergänzt die in Art. 44 geregelte Indemnität der Mitglieder dieser Kammern. Nach Art. 45, der späteren deutschen Verfassungen als Vorbild gedient hat[99], dürfen Abgeordnete ohne die Genehmigung ihrer Kammer weder strafrechtlich verfolgt oder festgenommen (Abs. 1) noch inhaftiert (Abs. 2) werden[100]. Im Gegensatz zu Art. 44 schließt die Immunität nicht aus, daß ein Ermittlungsverfahren gegen einen Parlamentarier eingeleitet wird, verhindert jedoch die Vollstreckung des Urteils sowie Maßnahmen zur Beschränkung der persönlichen Freiheit. Die Immunität erstreckt sich ausdrücklich auf Straftaten. Darunter fallen auch solche, die nicht im Zusammenhang mit der Ausübung der parlamentarischen Tätigkeit stehen. Hingegen sind zivilrechtliche oder dem Verwaltungsrecht unterfallende Zwangsmaßnahmen, mit Ausnahme der Inhaftierung und der Zwangsvollstreckung[101], genehmigungsfrei. Ebenfalls genehmigungsfrei ist die Ergreifung auf frischer Tat. Die Flagranzfestnahme korrespondiert mit dem Reklamationsrecht derjenigen Kammer, der das Mitglied angehört (Abs. 3)[102]. Im übrigen beschränkt Abs. 3 die Dauer der Immunität auf die Dauer der Sitzungsperiode. Eine Strafverfolgung während der Parlamentsferien ist möglich.

Gemäß einer dienstlichen Weisung des Justizministers vom 1.9.1983 an die Generalstaatsanwaltschaft bei den obersten Gerichtshöfen in Brüssel, Monz und Lüttich werden Abgeordnete im Hinblick auf Straßenverkehrsvergehen wegen Trunkenheit durch ihre Immunität nicht geschützt. Dementsprechend heißt es in einem Schreiben des Justizministeriums an den Außenminister vom 17.1.1991:

> „En ce qui concerne la détermination de la concentration d'alcool dans le sang, la circulaire du 1er septembre 1983 précise en son point no. 9 que le parlementaire comme tout usager de la route est tenu de se soumettre aux injonctions tels que l'épreuve respiratoire et le prélèvement sanguin .... L'infraction de roulage constituant un flagrant délit, le parlementaire ne bénéficie pas de l'immunité parlementaire.“[103]

---

98 Zuletzt geändert am 17.7.1984: „Kein Mitglied einer der beiden Kammern darf während der Sitzungsperiode ohne Genehmigung der Kammer, der es angehört, strafrechtlich verfolgt oder festgenommen werden, außer bei Entdeckung auf frischer Tat. Kein Mitglied einer der beiden Kammern darf während der Sitzungsperiode ohne eine gleiche Genehmigung in Personalhaft genommen werden. Die Haft oder die Verfolgung eines Mitglieds einer der beiden Kammern wird während der Sitzungsperiode und für deren ganze Dauer ausgesetzt, wenn die Kammer dies verlangt.“ — *Kimmel*, S. 6; siehe zur historischen Entwicklung der Immunität und Indemnität in Belgien, *Härth*, S. 33; *Linden*, S. 19 ff.; *Gilissen*, in: Conze, S. 38 ff.; *Butzer*, S. 45 ff.

99 Vgl. *Ahrens*, S. 25.

100 Vgl. Inter-Parliamentary Union, S. 142 f; *Senelle*, S. 191.

101 *Senelle*, S. 53 ff., S. 191.

102 Vgl. zum Fall Roelants du Vivier (Dok. A2-151/85), *Wetz*, in: Le Monde vom 26.4.1985.

103 Az.: SDP-2650/V/L.

Art. 77 der Geschäftsordnung der Abgeordnetenkammer regelt das Verfahren in Immunitätsangelegenheiten. Demnach wird auf Vorschlag des Präsidenten der Kammer ein Sonderausschuß ernannt, der dem Plenum berichtet. Die endgültige Bescheidung des Antrags trifft das Plenum. In materieller Hinsicht beruhen die Entscheidungen der Kammer auf den drei nachfolgenden Kriterien:

- Zunächst prüft das Parlament am Maßstab der Grundsätze einer korrekten Rechtspflege die Grundlagen des Antrags.
- Sodann werden die Schwere der Tatbestände, die den Parlamentariern zur Last gelegt werden und die Angemessenheit des beabsichtigten Strafverfahrens geprüft. Dabei tritt die Entscheidung nicht an die Stelle eines Urteils über Schuld oder Unschuld des Mitglieds und kann die richterliche Entscheidung auch nicht präjudizieren.
- Abschließend werden die Auswirkungen einer Genehmigungserteilung auf die Parlamentsarbeit erörtert[104].

2. *Dänemark*

§ 57 der dänischen Verfassung vom 5.6.1953[105] steht im systematischen Zusammenhang mit den in Kapitel V enthaltenen Vorschriften über die Befugnisse des Folketing. Er ergänzt zusammen mit S. 2, der die Indemnität regelt, die in § 34 verankerte Unantastbarkeit des Folketing. Mit Ausnahme der Flagranzfestnahme stellt S. 1 des § 57 die Anklage und jegliche Inhaftierung Abgeordneter für die Dauer des Mandats unter das Genehmigungserfordernis des Folketing[106]. Auch wenn keine Anklage erhoben werden darf, können gerichtliche Untersuchungen angestellt werden.

Ebenfalls müssen sich die Abgeordneten vor Gericht für Handlungen verantworten, die sie vor der Mandatsübernahme begangen haben sollen. Anwendbar bleibt ferner die Möglichkeit, bei freiwilliger Bezahlung einer Geldbuße, ein Gerichtsverfahren zu vermeiden. Zu beachten ist auch § 33, der es dem Folketing erlaubt, ein Mitglied bei dessen ehrenrührigem Verhalten für immer auszuschließen[107].

Nach Art. 17 Abs. 2 und 25 der GO des Folketing sind neben der Generalstaatsanwaltschaft, bei Antragsdelikten oder bei Zivilklagen auch Privatpersonen, denen die Privat- bzw. Zivilklage zusteht, antragsberechtigt[108]. Die parlamentarische Immunität des § 57 schützt demnach auch vor Zivilklagen. In der Praxis wird der Genehmigungsantrag gemäß § 54 der Verfassung und Art. 25 der Geschäftsordnung des Folketing in Form einer Petition an den Präsidenten des Folketing gerichtet, der sie dem Ausschuß für Geschäftsordnungsfragen zur Prüfung überreicht. Die Entscheidung fällt im Plenum.

---

104 Europäisches Parlament, GD-Wissenschaft, in: PE 104.074, S. 25

105 „Kein Mitglied des Folketing kann ohne dessen Zustimmung angeklagt oder in irgendeine Art von Haft genommen werden, es sei denn, es sei auf frischer Tat ergriffen worden. Für seine Äußerungen im Folketing kann keines von dessen Mitgliedern ohne Zustimmung des Folketing außerhalb desselben zur Verantwortung gezogen werden." *Kimmel*, S. 36.

106 Vgl. Inter-Parliamentary Union, S. 148 f.

107 Vgl. den Fall des ehemaligen Fischereiministers Normann, in: o. Verf., „Ausschluß eines Abgeordneten aus dem dänischen Parlament", in: Neue Zürcher Zeitung vom 25.11.1972.

108 Europäisches Parlament, GD-Wissenschaft, in: PE 104.074, S. 25.

3. *Bundesrepublik Deutschland*

a) Art. 46 GG

Art. 46 Abs. 1 GG regelt die Indemnität, Abs. 2-4 GG die parlamentarische Immunität der Mitglieder des Bundestages[109]. Die parlamentarische Immunität ist im Gegensatz zur Indemnität auf die Dauer der Abgeordneteneigenschaft beschränkt. Mit Ausnahme der „Ergreifung bei Begehung der Tat oder im Laufe des folgenden Tages" sind die Abgeordneten nach dem Wortlaut des Abs. 2 vor der gesamten öffentlichen Strafgewalt einschließlich der staatsanwaltschaftlichen und polizeilichen Ermittlungsverfahren weitgehend geschützt[110]. Ebenfalls genehmigungsbedürftig sind nach Abs. 3 „andere Beschränkungen der persönlichen Freiheit", wie vor allem Polizeihaft, Ordnungs-, Zwangs- und Beugehaft, Zwangsvorführung, einstweilige Unterbringung nach ZPO, StPO, GVG, OWiG oder AO. Nicht geschützt sind die Mitglieder des Deutschen Bundestages hingegen vor der Erhebung von Privatklagen, vor einer Zivilrechtsverfolgung einschließlich - vorbehaltlich Abs. 3 - ziviler Zwangsvollstreckung sowie vor Verwaltungszwang.

Ist die Genehmigung des Bundestages erteilt, so deckt sie jede weitere Maßnahme, außer der unter besonderem Genehmigungsvorbehalt stehenden „Verhaftung", d.h. der Freiheitsbeschränkung zu Strafverfolgungszwecken. Abs. 4 regelt das Reklamationsrecht, demnach dem Bundestag das Recht zusteht, jederzeit die Aussetzung der getroffenen Maßnahmen zu verlangen[111].

b) Rechtstatsächliche Ausgestaltung

Das Verfahren in Immunitätsangelegeneheiten hat der Deutsche Bundestag in Art. 107 GOBT sowie insbesondere in Anlage 6 seiner Geschäftsordnung niedergelegt. Antragsberechtigt sind demnach neben den Staatsanwaltschaften[112] und den Gerichten, einschließlich der Ehren- und Berufsgerichte, die Gläubiger im Vollstreckungsverfahren sowie bei Antragsdelikten die Privatkläger. In der Praxis trifft zur Vereinfachung des Geschäftsganges der Ausschuß für Wahlprüfung, Immunität und Geschäftsordnung eine Vorabentscheidung, die als Entscheidung des Bundestages gilt, wenn ihr nicht wiedersprochen wird.

---

109 „(1) Ein Abgeordneter darf zu keiner Zeit wegen seiner Abstimmung oder wegen einer Äußerung, die er im Bundestage oder in einem seiner Ausschüsse getan hat, gerichtlich oder dienstlich verfolgt oder sonst außerhalb des Bundestages zur Verantwortung gezogen werden. Dies gilt nicht für verleumderische Beleidigungen. — (2) Wegen einer mit Strafe bedrohten Handlung darf ein Abgeordneter nur mit Genehmigung des Bundestages zur Verantwortung gezogen oder verhaftet werden, es sei denn, daß er bei Begehung der Tat oder im Laufe des folgenden Tages festgenommen wird. — (3) Die Genehmigung des Bundestages ist ferner bei jeder anderen Beschränkung der persönlichen Freiheit eines Abgeordneten oder zur Einleitung eines Verfahrens gegen einen Abgeordneten gemäß Art. 18 erforderlich. — (4) Jedes Strafverfahren und jedes Verfahren gemäß Art. 18 gegen einen Abgeordneten, jede Haft und jede sonstige Beschränkung seiner persönlichen Freiheit sind auf Verlangen des Bundestages auszusetzen.

110 Siehe jedoch zur Zulässigkeit von Disziplinarmaßnahmen BVerwG NJW 1986, S. 2520.

111 Siehe zum ganzen neben *Butzer*, S. 392 ff. m.w.N., die Kommentierungen von *Magiera*, in: BK Art. 46 GG; *Maunz/Dürig/Herzog/Scholz*, Art. 46 GG Rn. 24 ff.; sowie *Bockelmann*, S. 62 ff.

112 Vgl. zur Praxis der Staatsanwaltschaften die bundeseinheitlichen RiStBV Nr. 192 b (5), abgedruckt bei *Schulz/Händel*, § 152 a StPO Rn. 10, 12; sowie zu § 152 a StPO allgemein *Rieß*, in: LR, § 152 a StPO; *Schoreit*, in: KK, § 152 a StPO.

Seit der 5. Wahlperiode ist der Deutsche Bundestag dazu übergegangen, die Durchführung von strafrechtlichen Ermittlungsverfahren für die Dauer der Wahlperiode generell zu genehmigen. Gemäß Art. 107 Abs. 2 seiner GO beschließt der Bundestag jeweils zu Beginn seiner Wahlperiode durch den Ausschuß für Wahlprüfung, Immunität und Geschäftsordnung gleichlautend die „Grundsätze in Immunitätsangelegenheiten und im Falle der Genehmigung gem. § 50 Abs. 3 und § 382 Abs. 3 ZPO sowie bei Ermächtigungen gem. § 90 b Abs. 2, § 194 Abs. 2 StGB."[113]

Nach dieser Praxis zulässig sind z.B. Maßnahmen der Unfallaufnahme, Blutproben, Geldbußen für Ordnungswidrigkeiten, Verwarnungen und Verwarnungsgelder, Quarantänemaßnahmen sowie die polizeiliche Inverwahrnahme[114]. Hingegen bedarf es weiterhin einer Genehmigung für die Anklageerhebung, den Antrag auf Erlaß eines Strafbefehls oder einer Strafverfügung, für freiheitsentziehende und beschränkende Maßnahmen im Ermittlungsverfahren sowie für die Vollstreckung von Freiheitsstrafen oder Erzwingungshaft nach §§ 96, 97 OWiG. Über sog. mitgebrachte Verfahren, d.h. Verfahren, die bei Übernahme des Mandats anhängig sind, enthält Nr. 16 der Immunitätsgrundsätze des Bundestages die Bestimmung, daß deren Fortsetzung, jede angeordnete Haft, Vollstreckung einer Freiheitsstrafe oder sonstigen Beschränkungen der persönlichen Freiheit von Amts wegen auszusetzen sind. Nicht durch Art. 46 GG erfaßt sind nach der Rechtsprechung des BVerwG Dienstpflichtverletzungen von aktiven und früheren Beamten, Richtern und Soldaten sowie Disziplinarverfahren gegen diese Personen. Nach Ansicht des 2. Wehrdienstsenats des BVerwG steht die Immunität eines Abgeordneten des Europäischen Parlaments dem Disziplinarverfahren eines früheren Soldaten nicht als Verfahrenshindernis entgegen[115].

Auch stellen Bußgelder nach dem OWiG keine „Strafe" i.S.d. Art. 46 GG dar[116].

4. Frankreich

a) Art. 26 der Verfassung vom 4.10.1958[117]

Art. 26 der französischen Verfassung[118] unterscheidet zwischen der Immunität, die während und außerhalb der Sitzungsperiode besteht[119]. Grundsätzlich

---

113 Abgedruckt bei *Troßmann*, S. 217; siehe dazu auch *Wurbs*, S. 305 ff.; *Ahrens*, S. 28 ff., sowie die Bekanntmachung über die Übernahme der Grundsätze in Immunitätsangelegenheiten von Mitgliedern des Deutschen Bundestages vom 6.3.1991, BGBl. I, S. 721.

114 Siehe zur Polizeipraxis Rundschreiben des BMI vom 10.1.1983, betreffend die Immunität und Indemnität der Abgeordneten, GMBl. 1983, S. 37 ff.

115 BVerwG, Urt. v. 23.4.1985 - 2 WD 42/84, abgedruckt in: NJW 1986, S. 2520; sowie die Anmerkung zu dieser Entscheidung von *Kemper*, in: DÖV 1985, S. 878.

116 BVerwG NJW 1986, S. 2520 f.; OLG Köln, Beschl. v. 26.5.1987 - Ss 310/86, NStZ 1987, S. 564 = NJW 1988, S. 1606; LG Arnsberg, BB 1984, S. 1134; OLG Düsseldorf, Beschl. v. 6.7.1988, NJW 1989 S. 2207.

117 Zuletzt geändert am 18.6.1976; vgl. zu der historischen Entwicklung *Butzer*, S. 38 ff. m.w.N.; *Härth*, S. 30 ff. m.w.N.; *Linden*, S. 12 ff. m.w.N.

118 „Kein Mitglied des Parlaments darf wegen der in Wahrnehmung seines Mandats geäußerten Meinungen oder vorgenommenen Abstimmungen verfolgt, verhaftet, in Haft gehalten oder verurteilt werden. Kein Mitglied des Parlaments darf ohne Genehmigung der Kammer, der es angehört, während der Sitzungsperioden strafrechtlich verfolgt oder verhaftet werden, es sei denn, daß es auf frischer Tat ergriffen wird. Kein Mitglied des Parlaments darf außerhalb der Sitzungsperiode ohne Genehmigung des Präsidiums der Kammer, der es angehört, verhaftet werden, ausgenommen bei

fallen alle Handlungen der Abgeordneten unter die parlamentarische Immunität, mit Ausnahme des Falles, daß die Abgeordneten auf frischer Tat ergriffen werden[120]. Dies schließt während der Dauer der Sitzungsperiode das Genehmigungserfordernis für Ermittlungsverfahren der Staatsanwaltschaft sowie des juge d'instruction ein. Außerhalb der Dauer der Sitzungsperiode ist nach dem Wortlaut der Verfassung lediglich die Verhaftung des Mitglieds genehmigungsbedürftig, es sei denn, die Strafverfolgung ist genehmigt bzw. bei endgültiger Verurteilung[121]. Nicht geltend gemacht werden kann die parlamentarische Immunität bei zivilrichtlichen Verfahren und geringen Verstößen[122]. Der Schutz vor Verfolgung erstreckt sich nicht auf Übertretungen, dafür aber auf den Schutz vor Verhaftungen jeder Art[123]. Die Versammlung kann die Aussetzung der Haft oder der Verfolgung eines Abgeordneten verlangen, der auf frischer Tat ergriffen wurde oder dem die Immunität entzogen wurde[124].

b) Rechtstatsächliche Ausgestaltung

Das Verfahren zur Aufhebung der parlamentarischen Immunität eines Mitglieds der Nationalversammlung ist in Art. 80 der Geschäftsordnung der Nationalversammlung (Art. 105 GO-Senat) geregelt. Dem Beschluß der Versammlung geht die Bildung eines Ad hoc-Ausschusses voraus, der einen Bericht vorlegt, über den im Plenum eine Aussprache stattfindet. Von 1958 bis 1989 hat die Versammlung von ca. 30 Aufhebungsanträgen lediglich 6 Anträgen stattgegeben[125]. In der Praxis wird nicht unterschieden, ob die Versammlung sich in einer Sitzungsperiode befindet oder nicht[126]. So bemerkte der Vorsitzende der Ad hoc-Komission Rudloff:

> „En effet, la question de la durée de inviolabilité parlementaire ne se pose pas en droit (alinéas 2,3 et 4 de l'article 26 de la Constitution): elle est rattachée au mandat parlementaire et ce mandat est exercé pendant et en dehors des sessions. Il existe d'ailleurs un arrêt de la Cour de cassation du 5 mai 1964 qui stipule que la protection parlementaire existe pendant toute la durée du mandat."[127]

Ergreifung auf frischer Tat, bei genehmigten Strafverfolgungen oder bei endgültiger Verurteilung.Die Inhaftierung oder Verfolgung eines Mitglieds des Parlaments ist auf Verlangen der Kammer, der es angehört, auszusetzen." *Kimmel*, S. 99; *Marcilhacy*, in: Luchaire/Conac, S. 442; *Auby/Auby*, S. 144 f.

119 Vgl. Inter-Parliamentary Union, S. 150 f.; *Pactet*, S. 419.

120 *Berthold/Rochedez/Roux de Berieux*, S. 12 ff.; Assemblée national, in: B.A.N. Nr. 66, S. 21.

121 *Berthold/Rochedez/Roux de Berieux*, S. 114 ff.; *Soulier*, S. 190; *Masclet*, S. 47; *Marcilhacy*, in: Luchaire/Conac, S. 442 ff.; *Auby/Auby*, S. 144 f.

122 *Pactet*, S. 419.

123 *Ahrens*, S. 27; *Soulier*, S. 193 ff.; Assemblée Nationale, in: B.A.N. Nr. 66, S. 21.

124 Vgl. *Gicquel*, S. 747 ff. m.w.N.; *Berthold/Rochedez/Roux de Berieux*, S. 24 ff.; *Avril/Giquel*, S. 137.

125 *Berthold/Rochedez/Roux de Berieux*, S. 34 f. (Annexen); siehe auch RDP 1987, S. 1545; vgl. *Hadas-Lebel*, in: L'Express vom 15.8.1989, S. 29 ff.; *Gicquel*, S. 748 m.w.N.

126 *Gicquel*, S. 748;

127 Zit. bei *Varenne*, „Le Sénat af firme un pricipe: Immunité pendant la durée du mandat parlementaire", in: Le Figaro vom 16.12.1982.

Verhaftungen eines Parlamentsmitglieds außerhalb der Sitzungsperiode setzen die Zustimmung des Präsidiums voraus. Einzige Kriterien der Parlamentsentscheidung sind „le caractere serieux, loyal et sincere" des Aufhebungsersuchens[128].

5. *Griechenland*

Art. 62[129] der griechischen Verfassung vom 9.6.1975[130] schützt die Mitglieder des Parlaments während der Dauer der gesamten Legislaturperiode umfassend vor Strafverfolgung, Festnahme oder Inhaftierung[131]. Außerdem dürfen die Abgeordneten in ihrer sonstigen Freiheit nicht beschränkt werden. In der Zeit zwischen der Auflösung des alten Parlaments und der Bekanntgabe der Abgeordneten des neuen Parlaments darf kein Mitglied des aufgelösten Parlaments wegen einer „politischen Straftat" verfolgt werden. Mit Ausnahmen der in der Verfassung ausdrücklich vorgesehenen Ergreifung auf frischer Tat stehen alle übrigen Maßnahmen unter dem Genehmigungsvorbehalt des Parlaments.

Die parlamentarische Immunität gilt nach Art. 15 Abs. 2 der Geschäftsordnung des griechischen Parlaments auch für diejenigen Mitglieder, gegen deren Ernennung Beschwerde eingelegt worden ist[132]. In Art. 17 der Geschäftsordnung ist das Verfahren festgelegt, das im Falle eines Ersuchens um Ermächtigung zur Einleitung eines Strafverfahrens gegen Mitglieder des Parlaments Anwendung findet. Die Entscheidung über den Antrag auf Aufhebung der Immunität eines Abgeordneten obliegt der Abgeordnetenkammer. Der Grundsatz der Nichtverfolgbarkeit bei Abgeordneten zielt ausschließlich auf ihren Schutz vor eventuellen strafrechtlichen Verfolgungen ab, nicht jedoch vor zivilrechtlicher Verfolgung oder vor Disziplinarverfahren[133]. Unabdingbare Voraussetzung für die strafrechtliche Verfolgung eines Parlamentsmitglieds, beispielsweise wegen der Verletzung des Art. 42 der Straßenverkehrsordnung[134] während der Legislaturperiode ist die vorherige Zu-

---

128 *Gicquel*, S. 748 m.w.N.; Assemblée Nationale, in: B.A.N. Nr. 66, S. 21.

129 „Ein Abgeordneter darf während der Legislaturperiode ohne Erlaubnis des Parlaments nicht verfolgt, festgenommen oder inhaftiert oder sonstwie in seiner Freiheit beschränkt werden. Desgleichen darf ein Abgeordneter eines aufgelösten Parlaments wegen politischer Straftaten in der Zeit zwischen der Auflösung des alten Parlaments und der Übernahme der Sitze der neuen Parlamentsabgeordneten nicht verfolgt werden. — Die Erlaubnis gilt als abgelehnt, wenn das Parlament darüber nicht innerhalb von drei Monaten befindet, nachdem der Antrag des Staatsanwalts auf Verfolgung bei dem Parlamentspräsidenten eingegangen ist. Die Dreimonatsfrist wird durch die Parlamentsferien unterbrochen. Eine Erlaubnis ist bei flagranten Delikten nicht erforderlich."

130 In Kraft getreten am 11.6.1975, zuletzt geändert am 12.3.1986; vgl. *Kassavas*, S. 17 f.

131 Inter-Parliamentary Union, S. 152 f.; *Pantélis*, S. 76 f., 286 f.

132 Vgl. Europäisches Parlament, GD-Wissenschaft, in: PE 104.074,

133 *Sotirelis/Kaminis*, S. 2.

134 Nach Abs. 1 des Art. 42 der Straßenverkehrsordnung ist „jedem Fahrer, der unter Einfluß von Alkohol oder toxischen Substanzen steht, die Lenkung von Fahrzeugen untersagt". Aus diesem Grunde ist es in der Straßenverkehrsordnung vorgesehen, daß „die zuständigen Polizeibeamten in jedem Fall berechtigt sind, eine Untersuchung zum Nachweis von Alkoholgenuß oder des Gebrauchs von toxischen Substanzen durchzuführen" (Abs. 2). Wenn „es Anzeichen dafür gibt, daß der Fahrzeugfahrer unter dem Einfluß von Alkohol oder toxischen Substanzen steht, ist er dazu verpflichtet, eine Untersuchung zur Feststellung des Tatbestands über sich ergehen zu lassen" (Abs. 4). „Gegen die Übertreter dieser Bestimmungen wird eine Haftstrafe von 1 bis zu 12 Monaten, eine Mindestgeldstrafe in Höhe von 5.000 Drachmen und die Abnahme des Führerscheins für den Zeitraum von 3 bis zu 6 Monaten vorgesehen." (Abs. 6)

stimmung des Parlaments, gemäß dem Absatz 1 des Verfassungsartikels 62. Nach der Straßenverkehrsordnung erfolgt die Abnahme des Führerscheins entweder durch Beschluß eines Strafgerichts[135] oder als Disziplinarstrafe nach einem Ministerbeschluß[136]. Nach den obigen Ausführungen ist im ersten Fall, in dem ein Abgeordneter während der Legislaturperiode beschuldigt wird, zu seiner strafrechtlichen Verfolgung die vorherige Zustimmung des Parlaments erforderlich. Im zweiten Fall (Disziplinarstrafe), in dem er nicht strafrechtlich verfolgt wird, ist die Zustimmung des Parlaments nicht erforderlich[137].

6. *Großbritannien*

In England waren bereits zur Zeit der Angelsachsen die Mitglieder im Kings Council 40 Tage vor und nach der Sitzungsperiode gegen Inhaftierung geschützt[138]. 1603 sah der „Privilege of Parliament Act" erstmals die Bestrafung derjenigen Personen vor, welche die Verhaftung eines Parlamentsmitglieds veranlaßten. Darüber hinaus enthielt dieser Act ein Reklamationsrecht des Parlaments, demzufolge ein in Haft genommenes Unterhausmitglied auf Veranlassung des Unter-Hauses freigelassen werden müsse[139]. Ausnahmegesetze, die die Habeas Corpus Gesetze im 18. und 19. Jahrhundert zeitweise aufhoben, setzten für die Inhaftierung eines Abgeordneten die Genehmigung desjenigen Hauses voraus, dem es angehörte[140].

Während bis zum Inkrafttreten des „Parlamentary Privilege Act" von 1970 die Abgeordneten in der Praxis vor der Verfolgung von Hoch- oder Landesverrat (treason), Verbrechen (felony) oder Friedensbruch (breach of peace) geschützt und auch Zivilklagen ohne Zustimmung des Parlaments zulässig waren, sind die Abgeordneten seit 1970 lediglich vor Freiheitsentziehung im Zivilprozeßverfahren geschützt („civil arrest")[141]. Für das Unterhaus beansprucht der Sprecher beim ersten Zusammentreten eines neuen Parlaments im Namen der Gemeinen „ihre althergebrachten und unzweifelhaften Rechte und Privilegien". Darunter fallen Redefreiheit, Freiheit von Inhaftierung in Zivilprozessen, Befreiung vom Schöffendienst, von der Aufforderung zu Zeugenaussagen und vom Dienst als Friedensrichter. Die Privilegien des Oberhauses entsprechen weitgehend denen des Unterhauses[142]. Das Haus, dem das Mitglied angehört, muß in jedem Falle über die Gründe unterrichtet werden, die zur Anklage wegen einer Straftat und zu einer Festnahme geführt haben. Auch über das Urteil ist es zu

---

[135] Siehe z.B. Art. 42 Abs. 6 der Straßenverkehrsordnung.

[136] Siehe z.B. Art. 52 Abs. 4 der Straßenverkehrsordnung, wie er durch den Art. 10 Abs. 3 des Gesetzes 1903/1990 geändert wurde.

[137] *Sotirelis/Kaminis*, S. 2; auch stellt eine Bußgeldbuße eine verwaltungsrechtliche Strafe dar, die eine Zustimmung des Parlaments nicht erfordert.

[138] Die 40 Tage Frist wurde erstmals gerichtlich festgelegt im Verfahren Goudy v. Duncombe ([1847] [1.Exch.430]), zit. bei: *Loewenstein*, S. 282; siehe auch Inter-Parliamentary Union, S. 174 f.; siehe zur geschichtlichen Entwicklung in Großbritannien *Härth*, S. 26 ff.; *Linden*, S. 57 ff. m.w.N.; sowie besonders *Butzer*, S. 31 ff. m.w.N. und *Bagehot*, S. 34 ff.

[139] Vgl. *Loewenstein*, S. 282.

[140] Ders.

[141] Vgl. Europäisches Parlament, GD-Wissenschaft, in: PE 104.074, S. 17; *Harms*, S. 102; *May*, S. 34 ff.; *Silk/Walters*, S. 14 ff.; *Smith/Street/Brazier*, S. 134 ff.

[142] Foreign und Commonwealth Office, S. 19.

unterrichten. Das Unterhaus kann ein Mitglied ausschließen, das sich einer strafbaren Handlung schuldig gemacht hat und der Zugehörigkeit zum Parlament nicht würdig ist, wenn die Schwere der Tat diesen Schritt rechtfertigt[143]. Da das Unter-Haus nach Benachrichtigung durch das Gericht den Abgeordneten ohne weitere Erörterung auszuschließen pflegt, ist der Vollzug von Freiheitsstrafe problemlos möglich[144].

7. Republik Irland

a) Art. 15 Abs. 10 und Abs. 13 der Verfassung vom 1.7.1937[145]

Art. 15 Abs. 10[146], Abs. 12 und Abs. 13[147] der irischen Verfassung bilden die Rechtsgrundlage für die parlamentarische Immunität der Mitglieder des Oireachtas. Art. 15 unterscheidet zwischen der Immunität für Handlungen des Parlaments (Oireachtas[148]) sowie der Immunität der Mitglieder des Repräsentantenhauses (Dail Eireann) und des Senats (Senadad Eireann). Während Abs. 12 sich vor allem auf die Indemnität des Parlaments als ganzem sowie die Indemnität seiner Mitglieder bezieht, ist deren parlamentarische Immunität im nachfolgenden Abs. 13 verankert. Abs. 13 geht auf einen Entschluß des englischen Unterhauses vom 20.5.1675 zurück[149]. Die parlamentarische Immunität schützt die Abgeordneten vor jedem gerichtlichen Verfahren, das ihre Meinungs- und Handlungsfreiheit einschränken kann, mit Ausnahme der in der Verfassung explizit genannten schweren Straftaten, wie Hochverrat (Art. 39), Kapitalverbrechen oder Friedensbruch[150]. Außer im Fall der angeführten Straftaten können die Mitglieder des Parlaments, wenn sie sich auf dem Weg zu oder von den beiden Häusern oder innerhalb ihrer Bannmeile befinden, in ihrer persönlichen Freiheit nicht eingeschränkt werden[151].

---

143 Vgl. zu der aufgrund ihrer judikativen Funktionen weitergehenden Immunität der Mitglieder des House of Lords, *Langheid*, S. 311 ff.; *Bradshaw/Pring*, S. 170 ff.; *Wade/Bradley*, S. 211 ff.; *Hood-Philips/Jackson*, P., S. 87.

144 *Ahrens*, S. 25; *Loewenstein* beschreibt die Situation so: „Begeht daher ein Parlamentsmitglied ein Verbrechen, so kann es verhaftet werden wie jedes andere auch, und wenn das Gericht dann dem Haus von seiner Verurteilung amtliche Mitteilung gemacht hat, wird ohne weitere Debatte der Ausschluß verfügt." S. 282.

145 Zuletzt geändert am 26.6.1987, *Kimmel*, S. 177 f.

146 „Jedes der Häuser gibt sich seine eigenen Regeln und seine Geschäftsordnung; es hat das Recht, Verstöße mit Strafen zu belegen, die Freiheit der Rede zu garantieren, seine amtlichen Urkunden und die Privatpapiere seiner Mitglieder und sich selbst und seine Mitglieder vor jedermann oder allen zu schützen, die seine Mitglieder in der Ausübung ihrer Pflichten belästigen oder zu bestechen versuchen."

147 „Außer im Falle eines Hochverrates im Sinne dieser Verfassung, eines Kapitalverbrechens oder eines Friedensbruches können die Mitglieder beider Häuser auf dem Wege zu oder von den beiden Häusern oder innerhalb ihrer Bannmeile nicht verhaftet werden; für irgendwelche Äußerungen in einem der beiden Häuser sind sie keiner anderen Autorität als dem Hause selbst verantwortlich."

148 *McGowan Smyth*, S. 34 ff.

149 *Harms*, S. 102 f. m.w.N.

150 Vgl. Inter-Parliamentary Union, S. 154 f.

151 *Kelly*, S. 91, 94 ff.

b) Rechtstatsächliche Ausgestaltung

Mit Art. 2 des „Committees of the Houses of the Oireachtas (Privilege and Procedure) Act 1976“ existieren Grundsätze, die die parlamentarische Immunität nicht nur auf die Mitglieder des Parlaments beschränken, sondern darüber hinaus auch auf die Parlamentsausschüsse sowie auf die Parlamentsbediensteten und übrigen Personen ausdehnen, die an den Arbeiten des Parlaments teilnehmen. Nach der parlamentarischen Praxis können sich die Mitglieder des Parlaments nicht auf die Immunität für Handlungen berufen, die außerhalb des parlamentarischen Mandats wahrgenommen wurden, es sei denn, diese Handlungen stehen in einem Zusammenhang mit der Handlung des Parlaments als ganzem oder seiner Ausschüsse[152]. Art. 15 Abs. 13 ist an das britische Vorbild eng angelehnt[153]. Die explizit genannten Verbrechen, für die keine Immunität besteht, werden extensiv ausgelegt, so daß in der Praxis kaum Schutz vor Verhaftungen besteht[154]. Es gibt keine Bestimmung über das Verfahren zur Aufhebung der parlamentarischen Immunität. Ein Abgeordneter, der beschuldigt wird, seine Immunität durch Verleumdungen mißbraucht zu haben, kann seine Äußerungen jederzeit außerhalb der Kammer oder des Sitzungsortes des Ausschusses wiederholen und sich so freiwillig einem Gerichtsverfahren unterwerfen.

8. Italien

a) Art. 68 der Verfassung vom 27.12.1947[155]

Rechtsgrundlage für die parlamentarische Immunität der Abgeordneten bzw. Senatoren des Parlaments ist Art. 68 der italienischen Verfassung[156]. In Ergänzung des Satzes 1, der die parlamentarische Indemnität regelt, wird in den Sätzen 2 und 3 des Art. 68 der Verfassung die parlamentarische Immunität der Mitglieder des Parlaments näher bestimmt[157]. Über einen Zeitraum von 5 Jahren, d.h. für die gesamte Dauer der Legislaturperiode entzieht die parlamentarische Immunität die Abgeordneten der Zivil-, Straf- und Verwaltungsgerichtsbarkeit. Nach S. 2 der Verfassung darf ein Mitglied des Parlaments ohne Zustimmung der Kammer der es angehört, keinem Strafverfahren unterworfen, weder verhaftet oder auf anderer Weise der persönlichen Freiheit beraubt noch einer Leibesvisitation oder Hausdurchsuchung unterzogen werden[158]. Ohne Genehmigung der Versammlung ist einzig die Flagranzfestnahme wegen einer Tat

---

152 Vgl. Europäisches Parlament, GD-Wissenschaft, in: PE 104.074,

153 *Ahrens*, S. 27.

154 So *Harms*, S. 102; *Ahrens*, S. 27.

155 Zuletzt geändert am 22.11.1967: *Kimmel*, S. 215 f..

156 „Die Mitglieder des Parlaments können wegen der in Ausübung ihres Mandats vorgenommenen Meinungsäußerungen und Abstimmungen nicht verfolgt werden. Ohne die Zustimmung seiner Kammer darf kein Mitglied des Parlaments einem Strafverfahren unterzogen werden; es darf nicht verhaftet oder auf andere Weise der persönlichen Freiheit beraubt werden, keiner Leibesvisitation oder Hausdurchsuchung unterzogen werden, es sei denn, es werde beim Begehen einer Tat überrascht, für die ein Haftbefehl erlassen werden muß. Die gleiche Genehmigung ist erforderlich, um ein Parlamentsmitglied, selbst infolge eines rechtskräftigen Urteils, zu verhaften oder in Haft zu halten.“

157 Vgl. Inter-Parliamentary Union, S. 156 f.; *Chiellino*, S. 154; *Amato/Barbera*, S. 437.

158 Vgl. *Musso*, S. 35.

zulässig, für die ein Haftbefehl erlassen werden muß[159]. Art. 68 S. 3 der Verfassung bindet darüber hinaus die Vollstreckung selbst eines rechtskräftigen Urteils, die Verhaftung oder die Aufrechterhaltung der Haft an die Genehmigung der entsprechenden Kammer.

b) Rechtstatsächliche Ausgestaltung

Art. 18 der Geschäftsordnung der Abgeordnetenkammer und Art. 135 der Geschäftsordnung des Senats regeln die Modalitäten für die Prüfung von Anträgen auf Aufhebung der parlamentarischen Immunität. Die Abgeordnetenkammer trifft im Einklang mit dem Gesetz Nr. 437 vom 3.5.1966 sowie dem Gesetz Nr. 150 vom 6.4.1977 eine Entscheidung, nachdem sie zuvor von dem zuständigen Ausschuß unterrichtet wurde[160]. Eine Ermächtigung zur Strafverfolgung bedeutet jedoch nicht, daß die Parlamentarier verhaftet oder in ihrer persönlichen Freiheit beschränkt werden könnten. Die Ermächtigung zur Verhaftung muß ebenso wie die Ermächtigung zur Fortsetzung des Verfahrens ausdrücklich beantragt und gesondert erteilt werden. Anträge auf Genehmigung zur Strafverfolgung werden in der Praxis nicht nur in Fällen abgelehnt, in denen der Verdacht eines fumus persecutionis vorliegt, sondern auch dann, wenn der Tatbestand im Zusammenhang mit der politischen Tätigkeit des Mitglieds steht. Da das Parlament die Immunität auch in Fällen aufhob, die einen politischen Hintergrund hatten[161], sind die Grenzen dessen, was noch eine politische Tätigkeit darstellt, eher fließend.

Verstöße gegen die Straßenverkehrsordnung infolge von zu hoher Blutalkoholkonzentration stellen nach italienischem Gesetz verwaltungsmäßige Vergehen dar. In derartigen Fällen findet die parlamentarische Immunität keine Anwendung, weil es sich „nicht um die persönliche Freiheit beschränkende Maßnahmen handelt. Somit kann sich der Abgeordnete, der gegen die Straßenverkehrsordnung verstößt oder eine Verwarnung erhält, nicht auf die parlamentarische Immunität berufen“[162].

Der italienische Verfassungsgerichtshof hat in seinem Urteil Nr. 300 vom 20.12.1984 festgelegt, daß die Mitglieder des Europäischen Parlaments das legitime Recht haben, „im nationalen Hoheitsgebiet die gleichen Immunitäten zu genießen, wie sie den Mitgliedern ihres Landes zuerkannt werden“[163].

---

159 Präsidium der Republik Italien, S. 46, zugleich Giancola, Supplement zu Nr. 3-1975.

160 Vgl. Europäisches Parlament, GD-Wissenschaft, in: PE 104.074, S. 29 f.

161 So erstmals im Fall Almirante; vgl. *Hofmann*, in: International Herald Tribune, 25.5.1973, S. 1 f.

162 Schreiben des Gesandten der Republik Italien, Avogado, vom 6.12.1990 an den Verf., Az.: 8117.

163 Siehe EuGRZ 1985, S. 354 f.

9. Luxemburg

Die Rechtsgrundlage der parlamentarischen Immunität findet sich in Art. 69[164] der luxemburgischen Verfassung vom 17.10.1968[165]. Art. 69 entspricht fast wörtlich dem Art. 45 der belgischen Verfassung. Er ergänzt die in Art. 68 verankerte Indemnität um den Schutz vor gerichtlicher Verfolgung oder Verhaftung während der Dauer der Sitzungsperiode der Abgeordnetenkammer. Unter Art. 69 fallen alle nach dem Strafgesetz strafbaren Handlungen der Abgeordneten, außer im Falle der Ergreifung auf frischer Tat[166]. Kein Mitglied der Abgeordnetenkammer darf ohne dessen Genehmigung gerichtlich verfolgt, verhaftet oder in seiner persönlichen Freiheit eingeschränkt werden[167]. Hingegen stellt die parlamentarische Immunität keinen Hinderungsgrund für eine zivilrechtliche Verfolgung oder eine Verfolgung wegen geringfügiger Verstöße dar, jedenfalls solange das anzuwendende Gesetz keine Untersuchungshaft vorsieht. Art. 68 S. 3 der Verfassung regelt das Reklamationsrecht[168].

Nach Art. 1 ff. der Verfahrensordnung vom 4.5.1982 über das Verfahren zur Prüfung von Anträgen auf Aufhebung der parlamentarischen Immunität wird für jeden entsprechenden Antrag ein besonderer Ausschuß eingesetzt. Dieser erstattet der Abgeordnetenkammer in Form eines Entschließungsantrages einen Bericht, über den das Plenum einen endgültigen Beschluß faßt. Im Hinblick auf die Immunität gegenüber Straßenverkehrsvergehen gilt, daß Art. 63: „... vise donc toutes poursuites en matière répressive d'un crime, d'un délit ou d'une contravention, il s'applique donc aussi aux délits et contraventions contre le code de la route."[169]

10. Niederlande

In den Niederlanden bedarf es seit 1884 keiner Genehmigung mehr, um ein Verfahren gegen einen Abgeordneten einzuleiten. Art. 71 der niederländischen Verfassung vom 17.2.1983[170] regelt lediglich die parlamentarische Indemnität. Durch Gesetz von 1884 sind die Mitglieder des Parlaments hinsichtlich der strafrechtlichen Verfolgung und des Vollzugs der Strafe für eine strafbare Hand-

---

164 „Kein Abgeordneter darf während der Sitzungsperiode ohne Ermächtigung durch die Kammer in Strafsachen gerichtlich verfolgt oder verhaftet werden, es sei denn bei Ergreifung auf frischer Tat. Eine Personalhaft darf während der Sitzungsperiode gegen eines ihrer Mitglieder ohne die gleiche Ermächtigung nicht verhängt werden. Die Haft oder die gerichtliche Verfolgung eines Abgeordneten wird während der Sitzungsperiode und für ihre ganze Dauer ausgesetzt, wenn es die Kammer verlangt."

165 Zuletzt geändert am 25.11.1983.

166 Vgl. Inter-Parliamentary Union, S. 158 f.

167 *Majerus*, S. 186.

168 Ders.

169 Schreiben des Außenministers vom 29.11.1990 an den luxemburgischen Botschafter in Bonn, Az. Nr. 30/307-90/291.

170 „Die Mitglieder der Generalstaaten, die Minister, die Staatssekretäre und andere Personen, die an den Beratungen teilnehmen, können für das, was sie in den Sitzungen der Generalstaaten oder der Parlamentsausschüsse gesagt haben oder diesen schriftlich vorgelegt haben, nicht rechtlich belangt oder haftbar gemacht werden." *Kimmel*, S. 258.

lung des gemeinen Rechts den privaten Bürgern gleichgestellt[171]. Bei Vergehen, die von niederländischen Abgeordneten im Zusammenhang mit der Ausübung ihres Mandats begangen werden, obliegt die Strafgewalt jedoch dem obersten Gericht (Hooge Raat).

11. Portugal

Art. 160[172] der portugiesischen Verfassung vom 2.4.1976[173] sieht in den Absätzen 2 und 3 vor, daß ohne eine entsprechende Ermächtigung der Versammlung ein Abgeordneter weder festgehalten noch festgenommen werden darf, außer im Falle des Antreffens auf frischer Tat oder einer Straftat auf die eine schwere Strafe steht. Unter einer „schweren Strafe" ist gemäß § 55 des Strafgesetzbuches eine Freiheitsstrafe nicht unter 2 Jahren oder die Aberkennung der politischen Rechte für länger als 15 oder 20 Jahre zu verstehen[174]. Mit Ausnahme der Straftat im besonders schweren Fall steht der Versammlung das Reklamationsrecht nach der Einleitung eines Strafverfahrens bzw. nach der „despacho de pronuncia" oder einer entsprechenden Amtshandlung zu[175]. Die Entscheidung über eine Suspendierung des Abgeordneten zur Weiterführung des Strafverfahrens liegt bei der Versammlung[176].

Art. 11 des Kapitels II des Statuts der Abgeordneten regelt die Aufhebung der Immunität. Der in diesem Artikel vorgesehene Beschluß wird in geheimer Abstimmung und mit der absoluten Mehrheit der anwesenden Abgeordneten nach vorheriger Anhörung des Ausschusses für Geschäftsordnung und Mandate gefaßt[177].

---

171 Vgl. *Kranenburg*, S. 185; Inter-Parliamentary Union, S. 34; *Kapteyn*, in: Smit/Herzog, Art. 137 EWGV, S. 5-25; *Bieber*, in: EuR 1981, S. 130.

172 „(1) Die Abgeordneten sind weder zivil- oder strafrechtlich, noch disziplinarisch verantwortlich für die in Wahrnehmung ihrer Aufgaben gemachten Abstimmungen oder Äußerungen. — (2) Kein Abgeordneter darf ohne Genehmigung der Versammlung festgehalten oder festgenommen werden, es sei denn, wegen einer mit schwerer Strafe bedrohten Straftat, oder wenn er auf frischer Tat angetroffen wird. — (3) Nach Einleitung eines Strafverfahrens gegen einen Abgeordneten und nach dessen Belastung durch eine Anklageerhebung oder eine entsprechende Amtshandlung liegt die Entscheidung über eine Suspendierung des Abgeordneten zwecks der Weiterführung des Strafverfahrens bei der Versammlung; ausgenommen sind die Fälle einer mit schwerer Strafe bedrohten Straftat."

173 Zuletzt geändert am 30.10.1982, abgedruckt in: Diário da Republica Nr. 86 v. 10.4.1976. Siehe auch G. *Schmid*, in: AöR 1978, S. 204 ff. sowie *Canotilho/Moreira*, S. 86.

174 Vgl. *Thomashausen*, S. 461.

175 Unter der „despacho de pronuncia" ist die Amtshandlung des Untersuchungsrichters zu verstehen, durch welche dem Angeschuldigten die Anklageerhebung bekanntgegeben wird. Bei einigen Delikten erfolgt keine Anklageerhebung, sondern eine entsprechende Amtshandlung; vgl. *Thomhausen*, S. 437 f.

176 Vgl. Inter-Parliamentary Union, S. 166 f.

177 Vgl. Europäisches Parlament, GD-Wissenschaft, in: PE 104.074, S. 31.

12. Spanien

a) Art. 71 der Verfassung vom 29.12.1978

Während das Institut der parlamentarischen Immunität unter der Diktatur restriktiv ausgelegt wurde[178], garantiert Art. 71 der spanischen Verfassung[179] den Schutz der Cortes-Mitglieder in dreierlei Form. Während Abs. 1 die Indemnität der Abgeordneten und Senatoren regelt, sollen die Absätze 2 und 3 verhindern, daß ohne vorherige Ermächtigung der betreffenden Kammer gegen die Mitglieder Strafverfahren eingeleitet werden[180]. Ohne Genehmigung der betreffenden Kammer dürfen Mitglieder der Cortes nur im Falle der Ergreifung auf frischer Tat verhaftet werden. Verhaftungen, Festnahmen, Vernehmungen, Durchsuchungen, gerichtliche Verfolgung oder die Anklage der Abgeordneten ist hingegen nur mit ausdrücklicher Ermächtigung der betreffenden Kammer möglich[181]. Hingegen sind nach Auskunft der Forschungs- und Dokumentationsstelle des Generalsekretariats des spanischen Abgeordnetenhauses Blutentnahmen für Alkoholtests, Führerscheinentzug oder die Festsetzung von Geldbußen und Verwarnungsgeldern nicht Gegenstand der parlamentarischen Immunität[182]. Zuständig für Strafverfahren sind die Strafkammern des obersten Gerichts[183]. Das Reklamationsrecht ist nicht ausdrücklich geregelt.

b) Rechtstatsächliche Ausgestaltung

Das Institut der parlamentarischen Immunität ist in Kapitel II Art. 10-14 der Geschäftsordnung der Abgeordnetenkammer geregelt. Art. 11 beschränkt die Immunität auf den Zeitraum des parlamentarischen Mandats. In der Praxis ist die parlamentarische Immunität seit den Verfahren gegen den Abgeordneten J. G. Estéfani und den Senator C. Burral auf Taten beschränkt, die im Zusammenhang mit der politischen Tätigkeit der Repräsentanten stehen[184]. Angelegenheiten zivilrechtlicher Natur, z.B. Zahlungsunterlassungen, sind dem Zugriff der Justiz nur unter der Voraussetzung eines politischen Zusammenhangs entzogen. Die parlamentarische Immunität schützt damit nur vor Rechtsstreitigkeiten, die in einem politischen Kontext entstanden sind, nicht aber aus Gründen, die außerhalb seiner parlamentarischen Stellung liegen. Dementsprechend formulierte ein Repräsentant des zuständigen Ausschusses der Abgeordnetenkammer:

---

178 Vgl. z.B. o.Verf., „Die Immunität der spanischen Cortes-Mitglieder, Eine restriktive Interpretation", in: Neue Zürcher Zeitung vom 12.7.1969, S. 5.

179 „(1) Die Abgeordneten und Senatoren genießen Unverletzlichkeit hinsichtlich der in Ausübung ihres Mandates geäußerten Meinungen. — (2) Ebenso genießen die Abgeordneten und Senatoren während ihrer Mandatszeit Immunität und dürfen nur bei Begehung einer Straftat festgenommen werden. Sie dürfen nur mit vorheriger Erlaubnis der betreffenden Kammer angeklagt oder gerichtlich verfolgt werden. — (3) Für Strafverfahren gegen Abgeordnete und Senatoren ist die Strafkammer des obersten Gerichts zuständig. — (4) Die Abgeordneten und Senatoren beziehen Diäten, die von der jeweiligen Kammer festgesetzt werden."

180 Vgl. zur Bedeutung der Cortes, *Antoni*, S. 426.

181 Vgl. *Valles*, S. 17.

182 Schreiben der spanischen Botschaft an den Unterzeichner, ohne Datum.

183 Vgl. Inter-Parliamentary Union, S. 170 f.

184 Vgl. *Diez*, „Las Cortes dan via libre a las acciones judiciales contra Barral y González Estéfani", in: El Pais vom 25.9.1985; ders. „El Congreso accede a que se juzgue a González Estéfani, Las Cortes consolidan una nueva interpretación de la immunidad parlamentaria", in: El Pais vom 26.9.1985.

„La necesaria congruencia constitucional con el disfrute de las prerrogativas parlamentarias, obliga a una escrupulosa consideración de las circunstancias ncurrentes en todo suplicatorio, para que voluntad de la Cámera tenga lugar sin incurrir en arbitrariedad.“[185]

Von entscheidender Bedeutung für den sachlichen Umfang der parlamentarischen Immunität ist die Entscheidung der ersten Kammer des Verfassungsgerichts vom 22.7.1985, in der es den Beschluß des Senats, die Immunität des Senators C. Barral nicht aufzuheben, für verfassungswidrig erklärte. In seiner Begründung legte es die Reichweite und die Grenzen der parlamentarischen Immunität gemäß Art. 71 der spanischen Verfassung fest. Das Verfassungsgericht führte zunächst zum grundsätzlichen Verständnis des Instituts der parlamentarischen Immunität aus, daß

„la amenaza frente a la que protege la immunidad sólo puede serlo de tipo político y consiste en la eventualidad de que la vía penal sea utilizada con la intención de pertubar el funcionamiento de las Cámeras o de alterar la composición que a las mismas ha dado la voluntad popular.“[186]

Man könne daher nicht akzeptieren, daß „la libertad con que se produce un acto parlamentario con esa relevancia jurídica para terceros llegue a rebasar el marco de tales normas, pues ello serfa tanto como aceptar la arbitrariedad.“

Die Verweigerung der Verfolgungsgenehmigung könne hingegen als verfassungsmäßig betrachtet werden,

„unicamente en el caso de que dicha denegación sea conforme a la finalidad que la institución de la immunidad parlamentaria persigue y en la que la posibilidad de denegación se fundamenta. Por el contrario - anade - , la respuesta nagativa a la autorización para processar será incorrecta y habrá un abuso de la figura constitucional de la inmunidad cuando ésta sea utilizada para fines que no le son proprios.“

Als Garant der verfassungsmäßigen Ordnung kann das Verfassungsgericht die von Kongreß und Senat getroffenen Entscheidungen in Immunitätsangelegenheiten auf ihre Rechtmäßigkeit hin überprüfen, jedoch nicht anstelle der jeweils betreffenden Kammer entscheiden.

III. Der Grundsatz im Lichte rechtsvergleichender Betrachtung

Bei rechtsvergleichender Betrachtung der vorstehend genannten innerstaatlichen Immunitätsregeln ergeben sich erhebliche Unterschiede sowohl im Hinblick auf die Dauer und den Geltungsbereich der jeweiligen innerstaatlichen Gewährleistungen als auch im Hinblick auf das jeweilige innerstaatliche Verfahren zur Aufhebung der parlamentarischen Immunität. Mit Ausnahme der Niederlande und Großbritannien, die lediglich die Indemnität der Mitglieder des Parlaments regeln, sie jedoch hinsichtlich der parlamentarischen Immunität ihren privaten Bürgern weitgehend gleichstellen, sehen alle Mitgliedsstaaten eine verfassungsrechtlich verankerte parlamentarische Immunität vor[187]. An dem willkürlich herausgegegriffenen Beispiel der parlamentarischen Immunität gegenüber Maßnahmen, die im Zusammenhang mit Straßenverkehrsverstößen infolge von zu hoher Blut-Alkoholkonzen-

185 Abgedruckt in: Diez, El Pais vom 26.9.1985.

186 Nachfolgende Zitate sind entnommen aus *Gundin*, „El Tribunal Constitucional establece límites a la inmunidad parlamentaria“, Nacional vom 22.7.1985, S. 23.

187 Beachte jedoch besonders die Bestimmungen im Vereinigten Königreich von Großbritannien.

tration stehen, zeigt sich jedoch, daß z.B. die Abgeordneten aus Luxemburg weitaus umfassender geschützt sind als die Mitglieder des griechischen Parlaments. Während die griechischen Abgeordneten auch einer Disziplinarstrafe ausgesetzt sein können, die der parlamentarischen Immunität gemäß Art. 62 der griechischen Verfassung nicht unterfällt, müssen sich die luxemburgischen Abgeordneten auch wegen Straßenverkehrsvergehen verantworten. Zusammenfassend läßt sich behaupten, daß die These, eine Anwendung divergierender innerstaatlicher Immunitätsbestimmungen verschärfe die bereits bestehenden Disparitäten zwischen den Mitgliedern des Europäischen Parlaments, berechtigt ist. Sie vermag den Grundsatz der Unabhängigkeit der europäischen parlamentarischen Immunität zwar zu rechtfertigen, läßt jedoch offen, ob und inwieweit das Europäische Parlament befugt ist, von Art. 10 des Protokolls abzuweichen[188].

B. Der Grundsatz fehlender Rechtswirkung eines Verzichts auf die parlamentarische Immunität

In seiner Sitzung vom 27.3.1980 war der damalige Rechtsausschuß zu dem Schluß gelangt, daß der von einem Mitglied ausgesprochene Verzicht auf seine parlamentarische Immunität keine rechtsverbindliche Wirkung haben könne. Dennoch erklären regelmäßig fast alle Abgeordneten ihren Verzicht auf die Immunität, um im Rahmen ihres dann möglichen Strafverfahrens ihre Unschuld beweisen zu können. Diese Praxis vermag nicht zu überraschen, denn das betreffende Mitglied kann vor dem Hintergrund einer ständig von neuem bekräftigten und gefestigten Praxis davon ausgehen, daß sein diesbezüglicher Wunsch ohne verbindliche Wirkung bleibt. Zudem kann es auch darauf vertrauen, daß sein politisches Ansehen durch einen überzeugend vorgetragenen Verzichtswunsch wieder steigt. Zu beachten ist, daß der Aufhebungswunsch in dem der interessierten Öffentlichkeit zugänglichen Ausschußbericht notifiziert wird[189]. Diejenigen, die keinen Verzicht erklären, laufen deshalb Gefahr, in der Öffentlichkeit so angesehen zu werden, als ob sie „weiterhin ihre Immunität und andere angenehme Seiten des Parlamentarier-Daseins" genießen wollten[190], mit anderen Worten, als ob sie ihre Schuld hinter ihrer Unverfolgbarkeit zu verbergen suchten.

Nach Auffassung des Europäischen Parlaments liegt die Verfügungsbefugnis über die Immunität seiner Mitglieder ausschließlich bei ihm selbst[191]. Auch mehrfach und dringlich geäußerte Wünsche, die Immunität aufzuheben, sollen die jeweilige Entscheidung des Europäischen Parlaments „in keiner Weise" be-

---

188 Siehe dazu näher im 3. Teil.

189 Daß sich von dem Verzichtswunsch bisweilen auch die Kollegen beeindrucken lassen, zeigt die Erklärung des Abgeordneten Stavrou zur Abstimmung im Fall Braun-Moser: „... vor allem aber das Beharren unserer Kollegin auf Aufhebung ihrer Immunität überzeugte uns ..."; Verhandlungen des Europäischen Parlaments vom 26.10.1987 Nr. 2-357/5.

190 DER SPIEGEL Nr. 8 vom 16.2.1987, hinsichtlich der deutschen Abgeordneten Klöckner und Härlin, die zwar einen entsprechenden Aufhebungswunsch erklärten, jedoch den in der Öffentlichkeit verbreiteten Verdacht, daß sie vor allem aus Gründen des Immunitätsschutzes auf sichere Listenplätze zur Wahl in das Europäische Parlament gesetzt wurden, gleichwohl nicht widerlegen konnten. Vgl. Dok. A2-14/85 (Klöckner/Härlin) vom 3.4.1985.

191 Vgl. z.B. Dok. 1-123/84 (Blumenfeld), S. 8; Dok. A2-105/85 (Cicciomessere) vom 30.9.1985, S. 8.

rühren[192]. Dies vor allem deshalb, weil: „die Immunität der Abgeordneten nicht als persönliches Privileg gewährt wird, sondern eine Einrichtung zugunsten des parlamentarischen Organs ist“[193].

Dementsprechend faßte der Berichterstatter in der gemeinsamen Aussprache über die Anträge auf Aufhebung der Immunität des Abgeordneten Cicciomessere[194] noch einmal das Für und Wider der Anerkennung einer Beachtlichkeit von Verzichtserklärungen der Abgeordneten zusammen:

> „Es ist natürlich immer unsere Aufgabe, im Rahmen des Möglichen mit dem allergrößten Interesse dem Verlangen des beschuldigten Parlamentariers stattzugeben, der den lebhaften Wunsch haben kann, daß seine parlamentarische Immunität aufgehoben wird, sei es auch nur, um sich gegebenenfalls vor besonders ungerechtfertigten, um nicht zu sagen beleidigenden Anschuldigungen reinwaschen zu können [...]. Wir hingegen sagen [...], daß wir den Grundsatz aufrechterhalten müssen, da die Immunität die Institution schützen soll.“[195]

Die Erklärung des Abgeordneten Cicciomessere, auf seine Immunität verzichten zu wollen, wurde deshalb lediglich zur Kenntnis genommen, ohne ihr jedoch eine weitere Bedeutung beizumessen[196].

Eine Abkehr von dem Prinzip, die Verzichtserklärung lediglich zur Kenntnis zu nehmen, ihr aber keine Rechtsverbindlichkeit beizumessen, begann sich im Juni 1988 abzuzeichnen, als der Ausschuß es in dem Verfahren zur Aufhebung der parlamentarischen Immunität des Abgeordneten Panella für angezeigt hielt, zur völligen Klärung des Sachverhalts dessen parlamentarische Immunität aufzuheben „um so mehr, als es auch im Interesse von Herrn Panella ist, vor Gericht den Beweis für seine Anschuldigung [...] zu erbringen.“[197]

Keinesfalls dürfe sich die parlamentarische Immunität in ein echtes Privileg umwandeln, „daß a priori es nicht mehr zuließe, die persönlichen und legitimen Interessen von Personen, die als solche der Rechtsprechung unterliegen, zu wahren.“[198]

In der Gemeinsamen Aussprache erläuterte er diesen Gedanken und erklärt, es sei unerläßlich, einem Beschuldigten die Möglichkeit zu geben, sich vor Gericht zu verteidigen. Man müsse sich der Tatsache bewußt sein, daß die parlamentarische Immunität zwar ein Privileg sei, durch das die Institution geschützt werden solle, daß sie aber kein Superprivileg sei, hinter dem sich ein europäischer Abgeordneter „gewissermaßen verschanzen“ könne. Anderenfalls würde dies dazu führen, daß den betreffenden Abgeordneten die Möglichkeit verweigert würde,

---

192 Dok. A2-46/85 (Panella), S. 9; vgl. auch Dok. A2-195/85 (Almirante), S. 12, demnach der Abgeordnete Almirante sowohl in der Sitzung des Parlaments vom 15.9.1980 als auch bei seiner Anhörung im Verlauf der Sitzungen vom 29., 30. und 31.10.1985 den Wunsch auf Aufhebung seiner Immunität bekräftigte und wiederholte.

193 Dok. 1-1082/81 (Castellina), S. 8. Frau Castellina war in ihrer Eigenschaft als verantwortliche Redakteurin einer Tageszeitung wegen Verleumdung nach Art. 595 Ital. StGB und Art. 13 des Gesetzes Nr. 47 vom 8.2.1948 verurteilt worden. Hiergegen hatte sie Berufung eingelegt.

194 Dok. A2-36/87, Dok. A2-37/87, Dok. A2-38/87 (Cicciomessere) vom 29.4.1987.

195 Donnez, Verhandlungen des Europäischen Parlaments vom 11.5.1987, Nr. 2-352/5.

196 So auch im Hinblick auf eine entsprechende Erklärung von Frau Castellina, Dok. 1-1082/81, S. 8.

197 Dok. A2-130/88 (Panella) vom 28.6.1988, S. 10; ebenso Dok. A2-217/88 (Panella), S. 10.

198 Dok. A2-130/88 (Panella) vom 28.6.1988, S. 10; ebenso Dok. A2-217/88 (Panella), S. 10.

den Beweis für das zu erbringen, was sie getan bzw. gesagt haben[199]. Insofern sei die parlamentarische Immunität „in keinem Fall in ein zu weitgehendes Privileg [zu] verkehren“[200].

Demnach besteht in der parlamentarischen Praxis des Europäischen Parlaments zwar kein justitiabler Anspruch, auf die parlamentarische Immunität verzichten zu können. Eine entsprechende Erklärung bleibt jedoch auch nicht unberücksichtigt. Festzustellen ist jedenfalls, daß der Ausschuß das Interesse eines beschuldigten Mitglieds, in einem Strafverfahren Beweise für seine Unschuld zu erbringen, in mehreren Fällen respektiert hat. Diese Praxis begegnet Bedenken. Sie läßt zudem keine Kriterien erkennen, wann „es im Interesse des Abgeordneten ist, sich vor Gericht verteidigen zu können“. Der Verzichtserklärung darf keine Bedeutung geschenkt werden. Zum einen steht die Verfügungsbefugnis über die parlamentarische Immunität nicht den Abgeordneten persönlich, sondern nur dem Parlament als solchem zu.

Zum anderen wären die betroffenen Mitglieder gezwungen, eine Verzichtserklärung selbst dann abzugeben, wenn dem Aufhebungsantrag erkennbar unlautere Motive zugrunde liegen. Anderenfalls wären sie stets dem Verdacht ausgesetzt, sich hinter ihrer Immunität zu verschanzen und diese als Privileg zu mißbrauchen. Die Entscheidung des Europäischen Parlaments über Anträge auf Aufhebung der parlamentarischen Immunität seiner Mitglieder sollte deshalb in völliger Unverbindlichkeit gegenüber den Wünschen des betroffenen Abgeordneten gefällt werden.

C. Der Grundsatz der bloßen Sachverhaltsprüfung

I. Das Problem der Ermittlung des tatsächlichen Geschehens

Bis zur Annahme des Berichts über eine Änderung von Art. 5 GOEP im April 1988[201] hatte sich der Immunitätsausschuß die Prüfung des dem Aufhebungsantrag zugrunde liegenden Sachverhalts versagt[202], da das Europäische Parlament „bei der Beurteilung der Fakten und des Sachverhalts der Angelegenheit nicht die Stelle des Richters einnehmen“[203] dürfe. Dementsprechend hielt er es beispielsweise im Hinblick auf die Prüfung des Antrags auf Aufhebung der parlamentarischen Immunität des Abgeordneten Tortora für ausgeschlossen, auch nur beiläufig zu prüfen, ob die Äußerung des Abgeordneten den Tatbestand der Beleidigung einer Gerichtsperson darstellen könne[204].

---

199 Donnez, Verhandlungen des Europäischen Parlaments vom 4.7.1988, Nr. 2-367/8. Siehe auch die zustimmenden Wortmeldungen der Abgeordneten Rogalla, Stravrou und Cicciomessere, in: Verhandlungen des Europäischen Parlaments vom 4.7.1988, S. 2-367/8.

200 Dok. A2-217/88 (Panella), S. 10.

201 Siehe den Bericht über eine Änderung von Art. 5 der Geschäftsordnung betreffend die Anträge auf Aufhebung der Immunität, Dok. A2-289/87 vom 2.2.1988; ABl. 1988 Nr. C 122/ vom 9.5.1988.

202 Vgl. Art. 5 Nr. 2 GOEP (a.F.): „Der zuständige Ausschuß prüft unverzüglich den Antrag, tritt jedoch nicht in eine Prüfung des dem Antrag zugrunde liegenden Sachverhalts ein.“

203 Dok. A2-164/85 (Tortora) vom 29.11.1985, S. 9.

204 Während der vom Europäischen Parlament am 10.12.1984 genehmigten Strafverfolgung des Abgeordneten Tortora (ABl. 1985 Nr. C 12/12 vom 14.1.1985) soll diese auf den Vorwurf der Staatsanwaltschaft, er sei mit den Stimmen der „Camorra“ Abgeordneter geworden, geant-

Daß es für den Immunitätsausschuß problematisch sein kann, „unter Vermeidung gerichtsähnlicher Verfahren“[205] die Berechtigung eines Aufhebungsverlangens zu prüfen, liegt auf der Hand.

Ohne eine umfassende Sachverhaltskenntnis ist eine Äußerung darüber, ob den Strafverfahren die Absicht zugrundeliegt, dem Abgeordneten politisch zu schaden, i.d.R. nicht möglich. Dementsprechend bemerkte der Ausschußbericht hinsichtlich der Nichtaufhebung der parlamentarischen Immunität des Abgeordneten Vetter[206]:

> „Ohne in eine Beweiswürdigung einzutreten, ist dennoch die Vielzahl der Ungereimtheiten in diesem Vorverfahren sowohl auf Seiten des Untersuchungsausschusses, wie auch auf Seiten der Staatsanwaltschaft derart auffallend, daß schlechterdings nicht nachvollziehbar ist, inwiefern (noch) 'zureichende tatsächliche Anhaltspunkte' einer Straftat (Falschaussage) vorliegen sollen, [...].“[207]

Praktischen Schwierigkeiten begegnete der Ausschuß auch bei der Prüfung des Antrags auf Aufhebung der parlamentarischen Immunität der Abgeordneten Braun-Moser[208]. Der Beschlußempfehlung des Ausschusses vorausgegangen war die Klärung einer Diskrepanz zwischen den im Aufhebungsantrag geschilderten Fakten und den diesbezüglichen Erklärungen der Abgeordneten Braun-Moser. Das Europäische Parlament bat daher die zuständigen deutschen Behörden um Übermittlung der Ermittlungsakten. Unter Hinweis auf Art. 5 Abs. 2 GOEP (a.F.), wonach „der zuständige Ausschuß ... nicht in eine Prüfung des dem Antrag zugrunde liegenden Sachverhalts [tritt]“[209], kam der Bundesminister der Justiz dieser Bitte zwar „ausnahmsweise“, jedoch nur unter Vorbehalt nach. Der Umstand, daß den Rückfragen des Europäischen Parlaments die eigene Geschäftsordnung entgegengehalten werden konnte, bot deshalb den äußeren Anlaß zu den Änderungen des Art. 5 GOEP, demnach dem Immunitätsausschuß die Prüfung des Sachverhalts nicht länger versagt bleiben bzw. „Geist und Wirklichkeit“ des Textes in Übereinstimmung gebracht werden sollte[210]. In seiner geänderten Fassung stellt der Art. 5 Nr. 2 S. 2 GOEP deshalb klar: „Selbst wenn dies dazu führt, daß der Ausschuß umfassende

---

wortet haben: „Das ist eine Unverschämtheit!“ Die Staatsanwaltschaft hielt dies für die Beleidigung einer Gerichtsperson während einer Verhandlung, die nach Art. 343 Ital. StGB strafbar sei. Vgl. zum Sachverhalt Dok. A2-164/85 (Tortora), S. 6.

205 Siehe Dok. A2-165/85 (Zahorka) vom 29.11.1985, S. 6. Der Abgeordnete wurde beschuldigte, einen anderen zum Diebstahl von Blankopässen angestiftet und diese auf den Namen einer tschechischen Arztfamilie ausgestellt zu haben, um ihnen die Flucht aus der CSSR zu ermöglichen.

206 Der Abgeordnete Vetter wurde verdächtigt, in seiner Eigenschaft als ehemaliger Vorsitzender des Aufsichtsrates der „Neuen Heimat Hamburg“ vor dem Untersuchungsausschuß „Neue Heimat“ des 10. Deutschen Bundestages falsch uneidlich zu Vorgängen, die in das Jahr 1976 zurückreichen, ausgesagt zu haben; siehe Dok. A2-42/89 (Vetter) vom 30.3.1989, Teil B, S. 6.

207 Dok. A2-49/89 (Vetter) vom 30.3.1989, S. 11.

208 Die Abgeordnete wurde seitens der Staatsanwaltschaft beim Landgericht Frankfurt der Verkehrsunfallflucht gemäß § 142 StGB beschuldigt, siehe zum näheren Sachverhalt Dok. A2-176/87 (Braun-Moser), S. 6. Gelegentliche Inkonsequenzen traten jedoch auch schon früher auf, vgl. z.B. den Bericht Dok. A2-35/86 (Simons/Walter) vom 5.5.1986, S. 9: „Diese Divergenz schränkt den Immunitätsschutz grundsätzlich nicht ein und enthebt das Europäische Parlament nicht seiner eigenständigen Prüfung des Sachverhalts.“

209 Zitiert nach Donnez, Dok. A2-289/87 vom 2.2.1988, S. 8.

210 Donnez, Verhandlungen des Europäischen Parlaments vom 11.4.1988, Nr. 2-364/6; sowie Dok. A2-289/87, S. 8.

Kenntnis von dem zugrunde liegenden Sachverhalt erlangt, kann er sich in keinem Falle zur Schuld oder Nichtschuld des Mitglieds äußern."[211]

Gestützt auf die Erfahrungen aus der bisherigen Praxis wurden vor allem zwei Argumente genannt, die eine Neufassung des Art. 5 GOEP notwendig machen: Erstens erfordere die Anwendung der Kriterien, die das Parlament sich hinsichtlich der Aufhebung der Immunität gesetzt hat, eine eingehende Sachverhaltskenntnis, aus der allein das Vorhandensein beispielsweise eines „fumus persecutionis" ersichtlich werden könne[212]:

> „Wenn wir angesichts unserer Rechtsprechung wissen wollen, ob es eine politische Interferenz zwischen den zur Last gelegten Delikten und der politischen Tätigkeit des beschuldigten Mitglieds gibt, ist es unerläßlich, die Fakten zu kennen."[213]

Zweitens dürfe das Parlament nicht gegen den Grundsatz der Gewaltenteilung verstoßen und müsse vermeiden, daß es Funktionen der Judikative übernehme[214]. „Wir sind keine Richter, ich habe dies oft gesagt und bleibe auch dabei. Es steht uns nicht an, uns zur Schuld und Nichtschuld zu äußern."[215]

Aus diesen Erwägungen heraus folgerte der Berichterstatter, daß der zuständige Ausschuß, ohne im Widerspruch zur Geschäftsordnung zu handeln, jederzeit imstande sein müsse, „bei den nationalen Gerichtsbarkeiten jede von ihm für zweckmäßig erachtete ergänzende Information einzuholen"[216].

II. Das Problem der Bewertung des tatsächlichen Geschehens

Davon ausgehend, daß den Mitgliedern des Europäischen Parlaments gemäß der Verweisung des Art. 10 des Protokolls in ihren Herkunftsstaaten genau die parlamentarische Immunität zusteht, die auch die Abgeordneten des nationalen Parlaments genießen, hätte der Immunitätsausschuß bei seiner Entscheidungsfindung zunächst zu prüfen, ob der Tatvorwurf der Immunität unterfällt. Mit anderen Worten hätte der Ausschuß eine rechtliche Bewertung des tatsächlichen Geschehens vorzunehmen[217], die er gemäß seiner Beschränkung auf die bloße Sachverhaltsprüfung nicht vornehmen will und, wie die folgenden Beispiele zeigen, auch nicht leisten kann.

---

211 ABl. 1988 Nr. C-122/ vom 9.5.1988.

212 Dok. A2-289/87 vom 2.2.1988, S. 8.

213 Donnez, Verhandlungen des Europäischen Parlaments Nr. 2-364/6, zustimmend auch das Mitglied Estgen: „Man kann nicht beurteilen, ob es in einer Anklage einen Bodensatz politischer Böswilligkeit, einen 'fumus persecutionis' gibt oder nicht." Verhandlungen des Europäischen Parlaments Nr. 2-364/7; zustimmend auch die Abgeordneten Rogalla und Lehideux, Donnez, Verhandlungen des Europäischen Parlaments, Nr. 2-364/7.

214 Dok. A2-289/87 vom 2.2.1988, S. 8.

215 Donnez, Verhandlungen des Europäischen Parlaments vom 11.4.1988, Nr. 2-364/6.

216 Dok. A2-289/87, S. 8. Die Mitgliedsstaaten kommen einem entsprechenden Ansinnen nur zögernd nach. Da kein Auskunftsanspruch des Parlaments besteht, ist das Parlament insoweit auf die Kooperationsbereitschaft der Mitgliedsstaaten angewiesen; vgl. zu dieser Dok. A3-229/91 (Panella) vom 19.9.1991, S. 6 und Dok. A3-230/91 (Le Pen) vom 19.9.1991, S. 10 ff. zur Herausgabe von Tonband- und Videoaufzeichnungen.

217 Vgl. Dok. A3-230/91 (Le Pen) vom 19.9.1991. Interessant ist, daß sich der Immunitätsausschuß hier auch ausdrücklich auf die EGMR bezieht.

Dem Abgeordneten Tripodi wurde vorgeworfen, als Verfasser des Buches „Il Fascimo Secundo Mussolini“ mit Hilfe eines Druckwerks öffentlich Grundsätze, Taten und Methoden des Faschismus verherrlicht zu haben[218]. In der Begründung der Beschlußvorlage stellte der Berichterstatter Donnez zunächst fest, „daß die inkriminierte Veröffentlichung tatsächlich eines jener Werke darstellt, die die faschistische Ideologie in ihrer Blütezeit darzustellen versuchen“[219].

Im nächsten Satz äußerte er dann, offenkundig im Gegensatz zu den Erkenntnissen und dem Rechtsverständnis des antragstellenden Gerichts: „Man darf jedoch die Arbeit eines Historikers nicht mit der Verherrlichung des Faschismus verwechseln. Es handelt sich hier um ein typisches Meinungsdelikt, [...].“[220]

Dementsprechend erläuterte der Berichterstatter in der Gemeinsamen Aussprache seine Einschätzung des Buches so: „Und wenn wir das Buch von Herrn Tripodi prüfen, stellen wir fest, daß es sich mehr um ein geschichtliches als um ein politisches Buch handelt.“[221]

Wenige Sätze später gelangte er dann zu dem Ergebnis: „Auf jeden Fall aber handelt es sich aufgrund unserer Kriterien bei der Herrn Tripodi zur Last gelegten Handlung ganz offenkundig um eine politische Handlung, die im Zusammenhang mit seiner politischen Tätigkeit steht.“[222]

Die Einordnung des Werkes und seine Qualifikation als nicht vorwerfbare politische Meinungsäußerung stellt eine rechtliche Bewertung dar, die im Hinblick auf den Vorwurf der Faschismusverherrlichung eine Äußerung zur Schuldfrage, namentlich zur Nichtschuld des Abgeordneten, impliziert. Die Kriterien des Ausschusses weichen dabei offenkundig von denjenigen ab, bei deren Vorliegen die italienische Justiz von einem zur Eröffnung eines Strafverfahrens hinreichenden Tatverdacht, d.h. von zureichenden tatsächlichen Anhaltspunkten einer Straftat, ausgeht[223].

Die Tatsache einer abweichenden rechtlichen Bewertung wäre nicht gravierend, bei einem unredlichen Aufhebungsverlangen der nationalen Behörden auch nicht überraschend. Bedenklich ist jedoch, wenn die abweichende rechtliche Bewertung des tatsächlichen Geschehens auf unhaltbaren Subsumtionsleistungen oder auf ei-

---

218 Dem Antrag des Gerichts vom 19.3.1985 zufolge hatte der Beschuldigte damit gegen Art. 4 des Gesetzes Nr. 645 vom 20.6.1952, geändert durch Art. 10 Abs. 1 und Abs. 2 des Gesetzes Nr. 152 vom 22.5.1975, verstoßen, denen zufolge die Verherrlichung des Faschismus untersagt ist; siehe Dok. A2-188/87 (Tripodi) vom 30.10.1987, S. 6.

219 Dok. A2-188/87 (Tripodi), S. 6.

220 Dok. A2-188/87 (Tripodi), S. 6.

221 Donnez, Verhandlungen des Europäischen Parlaments vom 16.11.1987, Nr. 2-358/9.

222 Donnez, Verhandlungen des Europäischen Parlaments vom 16.11.1987, Nr. 2-358/9.

223 Vgl. auch den Fall der Abgeordneten Klöckner und Härlin, die wegen der Veröffentlichung von Bekennerbriefen und Strategiepapieren der „Roten Zellen“ gemäß § 129 a StGB in erster Instanz zu 2 1/2 Jahren Freiheitsstrafe verurteilt wurden. Das Europäische Parlament verneinte das Vorliegen des § 129 a StGB und bewertete die inkriminierte Handlung als Ausdruck der freien Meinungsäußerung; siehe zu diesem Sachverhalt Dok. A2-14/85 (Klöckner/Härlin) vom 3.4.1985, S. 6; siehe ebenfalls Dok. A2-340/88 (Pisi) vom 3.1.1989, S. 10: „Die namentliche Nennung der Firma ist nicht so sehr als gezielter Angriff gegen die Firma zu werten, sondern vielmehr als ein Beispiel, das herausgegriffen wurde, um alle diese Firmen anzuprangern.“; Dok. A2-413/88 (De Pasquale) vom 28.2.1989, S. 10: „Die Handlungen sind [...] äußerst geringfügig. Daher würde es sich empfehlen, nach der [...] Regel 'de minime non curat praetor' vorzugehen.“

ner unzulänglichen Kenntnis des innerstaatlichen Rechts beruht. So beschuldigte die Generalstaatsanwaltschaft des Berufungsgerichts von Lüttich die Abgeordnete Lizin[224], in ihrer Eigenschaft als Bürgermeisterin der Stadt Huy, den zur Ausstellung von Reisepässen ernannten Beamten angestiftet zu haben, falsche Reisepässe auszustellen. Insbesondere habe sie ihn angestiftet, die Namen von drei minderjährigen Kindern algerisch-belgischer Herkunft einzutragen, um mit Hilfe dieser Pässe unter Vorspiegelung eines falschen Personenstandes die Kinder gemeinsam mit einem Bekannten aus Algerien zu entführen[225]. Der Staatsanwaltschaft zufolge sei davon auszugehen, daß diese Pässe in Belgien benutzt wurden, um das in Algerien erforderliche Einreisevisum zu erhalten. Im Hinblick auf diesen von der Abgeordneten im vollen Umfang gestandenen Sachverhalt stellte der Immunitätsausschuß fest, daß die beabsichtigte Strafverfolgung

„sicherlich nicht die geringste Spur einer tendenziösen Verfolgung [...] erkennen läßt, daß sie aber mit ihrer Aktion unstreitig und ausschließlich das Ziel verfolgt, einen rechtswidrigen Zustand zu beseitigen und hierbei zugleich [...] berechtigte soziale Interessen wahrnahm."[226]

Im Hinblick auf die Verhältnismäßigkeit der inkriminierten Tat stellte der Ausschuß fest: „Die bei ihrer politischen Aktion angewandten Mittel [...] standen auch nicht außer Verhältnis zu den von ihr verfolgten Zielen, die höchst ehrenwert waren und sogar als rechtfertigend angesehen werden könnten."[227]

Wie weit sich der Berichterstatter, und ihm folgend das Plenum, von der Rechtsauffassung der belgischen Strafverfolgungsbehörden entfernte, zeigt die folgende Bemerkung, mit der er Stellung zur Vorwerfbarkeit bzw. zur Nichtschuld der Abgeordneten Lizin bezog: „Diese Mittel sind formal gesetzeswidrig, aber, was ihren Zweck angeht, vielleicht sogar besonders lobenswert."[228]

Daß der Berichterstatter mit dieser Ansicht breite Zustimmung fand, zeigen auch die Bemerkungen des Abgeordneten Newton Dunn: „Unseres Erachtens kann kein Zweifel daran bestehen, daß Frau Lizin einen technischen Fehler begangen hat, als sie die Pässe falsch ausstellte [...], und insofern betrachtet meine Fraktion Frau Lizin als modernen Robin Hood [...]."[229]

Bei einer Bewertung dieser Praxis darf nicht verkannt werden, welche Probleme die Prüfung der Redlichkeit des Aufhebungsverlangens mit sich bringen kann. Die Schwierigkeit liegt hier neben der Erlangung von Kenntnissen über das tatsächliche Geschehen vor allem auch in der hinreichenden Kenntnis des

---

224 Dok. A2-274/87 (Lizin) vom 29.2.1988.

225 Der belgischen Mutter war von der belgischen Justiz das Sorgerecht zugesprochen worden, doch waren die Kinder nach der Trennung der Eltern von ihrem Vater, einem algerischen Staatsangehörigen nach Algerien verschleppt worden; siehe zu diesem Sachverhalt näher Dok. A2-274/87 (Lizin), S. 6.

226 Dok. A2-274/87 (Lizin), S. 10.

227 Dok. A2-274/87 (Lizin), S. 10.

228 Eine ähnliche Argumentation findet sich in der parlamentarischen Praxis immer wieder; vgl. aus der neueren Zeit die Berichte Dok. A2-266/88 (Bloch v.Blottnitz) vom 24.11.1988; Dok. A3-68/91 (Panella) vom 22.3.1991; Dok. A3-67/91 (Taradash) vom 22.3.1991; Dok. A3-38/92 (Avgerinos) vom 24.1.1992, S. 8 f.; Dok. A3-76/92 (Tsimas) vom 9.3.1992, S. 9 ff.

229 Siehe auch den Beitrag des Abgeordneten Rogalla: „Ich wünsche [...] unserem Hause - und zwar unter Berücksichtigung der europäischen Dimension - etwas mehr Mut zu Aktionen, wie sie die Kollegin Lizin durchgeführt hat." Verhandlungen des Europäischen Parlaments vom 8.2.1988, Nr. 2-361/13.

nationalen Rechts. So vertrat der Ausschuß im Hinblick auf die Frage, ob eine Qualifizierung als Ordnungswidrigkeit überhaupt eine „mit Strafe bedrohte Handlung" i.S.v. Art. 46 Abs. 2 GG und ihre Ahndung ein „Strafverfahren" i.S.v. Art. 46 Abs. 4 GG darstellt, die Ansicht:

> „Daß der Bundestag [...] Verfahren nach dem Ordnungswidrigkeitengesetz generell freigegeben hat [...]. Es handelt sich bei dieser Regelung um eine generalisierende Anwendung des Immunitätsaufhebungsverfahrens durch den Deutschen Bundestag, der in [...] pauschalisierender Form für eine Reihe von formell qualifizierten Delikten den Immunitätsschutz aufhebt."[230]

Aufgrund dieser Erwägungen verlangte das Europäische Parlament mit Beschluß vom 12.5.1986 die Aussetzung der Strafverfolgung[231] gegen die Abgeordneten Simon und Walter, was der Erste Strafsenat des OLG Köln jedoch als unbegründet verwarf[232]. Der Senat ging zwar davon aus, daß den Abgeordneten wegen der Verweisung des Art. 10 des Protokolls im gleichen Umfange wie den Mitgliedern des Deutschen Bundestages Verfolgungsfreiheit zustehe, letztere seien jedoch bei der gebotenen restriktiven Auslegung des Art. 46 GG vor der Verfolgung eine Ordnungswidrigkeit nicht geschützt. Demnach könne auch gegen deutsche Europaparlamentarier ein Bußgeldverfahren ohne ausdrückliche Genehmigung des Europäischen Parlaments durchgeführt werden. Zur weiteren Begründung verwies der Senat auf die Praxis des Deutschen Bundestages, führte jedoch entgegen der Auffassung des Europäischen Parlaments aus:

> „Keinesfalls wird [...] jeweils pauschal die Immunität [...] für die Verfolgung von Ordnungswidrigkeiten aufgehoben [...]. Soweit es in der Stellungnahme des Ausschusses für Recht und Bürgerrechte des Europäischen Parlaments hierzu heißt, es handele sich um eine 'generalisierende Anwendung des Immunitätsaufhebungsverfahrens' [...], wird die tatsächliche Handhabung nicht korrekt wiedergegeben."[233]

III. Stellungnahme

Dem Zwang, wegen der Verweisung des Art. 10 Abs. 1 lit. a) des Protokolls im Einzelfall innerstaatliches Immunitätsrecht berücksichtigen zu müssen, kann das Parlament nicht gerecht werden. Die Beispiele aus der Praxis belegen, daß der Immunitätsausschuß bzw. ihm folgend das Europäische Parlament aufgrund seiner Funktion, seiner Aufgabenstellung und seiner personalen Besetzung überfordert ist, innerstaatliches Recht anzuwenden oder sich zur Schuldfrage zu äußern.

Zutreffend hat deshalb der juristische Dienst des Europäischen Parlaments zum Ausdruck gebracht:

---

230 Dok. A2-35/86 (Simons/Walter), S. 7.

231 Zur Begründung führte das Europäische Parlament an, es komme keineswegs auf die Schwere der Tat an, sondern einzig und allein darauf, die Arbeitsfähigkeit des Parlaments zu erhalten und nicht durch ungenehmigte Verfahren mit eventuellen Sanktionen zu gefährden. Der Hinweis auf die Tatsache, daß eine Geldbuße nach dem OWiG eine Geldstrafe nach dem StGB erheblich übersteigen könne, belege, daß Einschnitte in das Leben eines Abgeordneten nach dem OWiG gewichtiger sein können, als solche nach dem StGB (vgl. Dok. A2-35/86 [Simons/Walter], S. 7; sowie Aktenvermerk des Ausschusses 75/86 vom 12.5.1987 an Frau Simons).

232 OLG Köln, NStZ 1987, S. 564 f.; ABl. 1986 Nr. C-148/16 vom 16.6.1986.

233 S. 8 der hektographierten Fassung des Urteils vom 26.5.1987.

„In other words, the relevant decision, which will ultimately be guided by the overriding purpose of immunity, remains a purely political act even of guided by considerations of a legal nature in a specific case. The fact that the decision in question forms part of national judical proceedings and has the effect of either suspending or not suspending those proceedings does not alter political nature of the decision. These observations would appear to be self-evident: The European Parliament - and its constituent bodies - is a political constitution and not judicial or quasi-judicial body. [...] As for parliament, its area of responsibility is defined as commencing with the request for the waiver of immunity. Consequently, it can adopt only the provisions relating to the stage between referral by a Member State and notification of the outcome of its decision to the states in question. Its competence ratione materiae is limited to the request as submitted. ...“[234]

Die in dem Verfahrensgrundsatz der bloßen Sachverhaltsprüfung zum Ausdruck kommende Beschränkung des Prüfungsauftrages auf die Ermittlung des tatsächlichen Geschehens sowie die sich daran anschließende Schlüssigkeitsprüfung des Aufhebungsverlangens erscheint plausibel. Da das Parlament ohne hinreichende Kenntnisse des tatsächlichen Geschehens die Plausibilität des Aufhebungsverlangens nicht beurteilen kann, sind die Mitgliedsstaaten aufgefordert, etwaigem Auskunftsverlangen des Parlaments nachzukommen[235].

Einer über die bloße Schlüssigkeitsprüfung hinausgehenden Äußerung zur Schuldfrage muß sich das Europäische Parlament jedoch enthalten. Es läuft sonst nicht nur Gefahr zu einer Art oberster Behörde bzw. Superrevisionsinstanz der nationalen Strafverfolgungsbehörden zu werden, sondern auch aufgrund unzutreffender juristischer Wertungen angreifbare Entscheidungen zu treffen. Bedenklich ist es deshalb auch, wenn das Parlament im Zusammenhang mit seiner Tätigkeit den Begriff der „Rechtsprechung“ bzw. „Jurisdiction“ benutzt[236].

D. Die zeitliche Begrenzung der parlamentarischen Immunität

Hinsichtlich der zeitlichen Begrenzung der parlamentarischen Immunität enthält Art. 10 des Protokolls lediglich die Worte: „Während der Dauer der Sitzungsperiode der Versammlung ...“. Dieser Wortlaut erwies sich in der parlamentarischen Praxis als auslegungsbedürftig.

I. Beginn der Schutzwirkung

Im Hinblick auf die Erlangung der parlamentarischen Immunität und damit ihrer Schutzwirkung gilt in der parlamentarischen Praxis, „daß die Immunität mit der Bekanntgabe der Wahl in Kraft tritt und mit dem Ablauf des Mandats endet“[237].

---

234 European Parliament, Legal Service, SJ-213/90, 7.2.1991 im Anhang zum Dok. A3-269/91 (Tsimas/Roumeliotis) vom 17.10.1991, S. 4 ff.

235 Vgl. zur Aufgabe der Schlüssigkeitsprüfung im Bundestag auch Schneider/Zeh, S. 1165.

236 Vgl. z.B. den Berichterstatter Donnez in der Gemeinsamen Aussprache vom 11.4.1988, in: Verhandlungen des Europäischen Parlaments Nr. 2-364/6 vom 11.4.1988: „Jetzt, da unsere Rechtsprechung in Sachen Aufhebung der parlamentarischen Immunität feststeht ...“; Dok. A2-42/89 (Vetter) vom 30.3.1989, Teil B, S. 9: „Daß sich das Europäische Parlament [...] eigene Regeln, eine Art 'Rechtsprechung' schaffen kann.“; vgl. hierzu auch *Ranft*, in: ZRP 1981, S. 274.

237 Donnez, Dok. A2-121/86 (Entwurf eines Protokolls über die Vorrechte und Befreiungen), S. 11.

Der Zeitpunkt der Erlangung der Immunität unterscheidet sich somit in der Praxis von dem Zeitpunkt der Mandatserlangung. Knüpft man zur Bestimmung des Beginns der Schutzwirkung an die Mandatsdauer an, so ergibt die Gleichstellung der vorgesehenen Mandatsdauer mit der Wahlperiode in Art. 3 Nr. 3 DWA vom 20.9.1976[238], daß die Immunität erst mit der Öffnung der ersten Sitzung nach jeder Wahl beginnt, und zwar ohne Rücksicht auf den Zeitpunkt der Wahlfeststellung[239]. Demgegenüber bezieht sich die „Bekanntgabe der Wahl" auf einen Zeitpunkt, der vor der Annahme der Wahl und vor der Eröffnung der ersten Sitzung nach jeder Wahl liegt[240]. Nach der parlamentarischen Praxis erlangen die Mitglieder des Europäischen Parlaments die Schutzwirkung der Immunität somit zum frühestmöglichen Zeitpunkt. Unter der Prämisse, daß gerade auch die nach ihrer Wahl in der Öffentlichkeit stark exponierten, zukünftigen Mitglieder des Parlaments vor einer unzulässigen Strafverfolgung zu schützen sind, erscheint diese Praxis durchaus konsequent. Zu beachten ist jedoch, daß mit der Bekanntgabe des Wahlergebnisses erst dann begonnen werden darf, wenn die Wahlen in dem Mitgliedsstaat, dessen Wähler als letzte wählen, abgeschlossen sind. Dies erklärt sich aus der Tatsache, daß in den Mitgliedsstaaten zu unterschiedlichen Zeitpunkten gewählt wird[241]. Der Zeitpunkt der Bekanntgabe der Wahl und damit der Beginn der Schutzwirkung der parlamentarischen Immunität ist somit für alle Mitglieder gleich.

Im Hinblick auf die Behandlung von Verfahren, die schon vor diesem Zeitpunkt eingeleitet wurden, bzw. von solchen Verfahren, die sich auf Taten beziehen, die vor der Mandatsübernahme lagen (sog. mitgebrachte Verfahren), war in der parlamentarischen Praxis zu klären, ob ein anhängiges Verfahren vor den nationalen Strafverfolgungsbehörden auch ohne vorhergehende Entscheidung des Europäischen Parlaments fortgeführt werden darf. Unter Berufung auf den Sinn und Zweck der parlamentarischen Immunität, demnach diese nicht ein Privileg des einzelnen Mitglieds, sondern die Garantie für die Unabhängigkeit des gesamten Parlaments und seiner Mitglieder sei, setzte sich in der Praxis die Ansicht durch, von einem Genehmigungserfordernis auch dann auszugehen, wenn das betreffende Mitglied zum Tatzeitpunkt tatsächlich keine Immunität besaß[242]. Bei entsprechender Gelegenheit bekräftigt das Europäische Parlament daher stets[243], daß es nicht auf das Datum der inkriminierten Handlung ankomme, bzw. ob sie vor oder nach dem Einzug in das Parlament begangen wurde. Entscheidend sei vielmehr das Datum, unter dem der Antrag auf Aufhebung der parlamentarischen Immunität gestellt werde[244]. Einzig und allein der Schutz der parlamentarischen Institution über den Schutz der Mitglieder sei zu berücksichtigen[245].

Der Grundsatz des Europäischen Parlaments, parlamentarische Immunität auch für mitgebrachte Verfahren zu gewähren, ist Mißbrauchsgefahren ausgesetzt. So

238 ABl. 1976 Nr. L 278/1 vom 8.10.1976.

239 Vgl. *Grabitz*, in: ders., Art. 138 EWGW Rn. 10.

240 Vgl. dazu Art. 9 Nr. 3 GOEP.

241 Vgl. Art. 9 Abs. 1 DWA.

242 So auch GA Darmon, in: EuGH Rs. 149/85 (Wybot/Faure), Slg. 1986, S. 2399.

243 Vgl. z.B. Dok. A2-13/85 (Klöckner); Dok. A2-165/85 (Zahorka); Dok. A2-214/85 (Graefe zu Baringdorf); Dok. A2-195/85 (Almirante); Dok. A2-101/86 (Gaibisso).

244 Donnez: „Worauf es ankommt, ist das Datum, zu dem der Antrag ... gestellt wurde.", in: Verhandlungen des Europäischen Parlaments Nr. 2-352/6 vom 11.5.1987.

245 Dok. A2-221/86 (Valenzi), S. 8.

waren z.B. die späteren Abgeordneten Klöckner und Härlin am 1.3.1984 durch den 2. Strafsenat des Berliner Kammergerichts wegen öffentlicher Aufforderung zu Straftaten und Werbung für eine terroristische Vereinigung zu einer Freiheitsstrafe von jeweils zwei Jahren und sechs Monaten verurteilt worden, wobei die Haftbefehle gegen Kautionen und Auflagen außer Vollzug gesetzt wurden[246]. Klöckner und Härlin, die zu diesem Zeitpunkt noch parteilos waren, wurden daraufhin von der Partei DIE GRÜNEN auf sichere Listenplätze für die Wahlen zum Europäischen Parlament gesetzt[247]. Bis zum Ende der 2. Wahlperiode konnte über die zum BGH eingelegte Revision der Beschuldigten nicht entschieden werden, da das Verfahren auf Grund der vom Europäischen Parlament nicht aufgehobenen Immunität[248] ruhte. Ob es den Abgeordneten um schützenswerte politische Anliegen ging, mag dahinstehen[249]. Obgleich nicht zu verkennen ist, daß eine hinreichende politische Mehrheit ihre Interessen im Europäischen Parlament durch die Abgeordneten Klöckner und Härlin vertreten wissen wollte, ist auch nicht zu übersehen, daß die Entscheidung von massiver öffentlicher Kritik begleitet wurde.

Dieses Verhalten der Abgeordneten ist dem Verdacht einer Instrumentalisierung der parlamentarischen Immunität zu Lasten des öffentlichen Interesses an einer Strafverfolgung ausgesetzt. Es ist jedoch solange nicht mißbräuchlich, wie die Abgeordneten auch mit einem stets möglichen Aufhebungsbeschluß rechnen mußten. Eine mißbräuchliche Instrumentalisierung des Instituts der parlamentarischen Immunität ist mit anderen Worten solange ausgeschlossen, wie das Parlament nicht aufgrund einer ständigen Praxis berechenbare Entscheidungen trifft.

Bemerkenswert ist, daß sich das Europäische Parlament nicht gegen eine Entscheidung der französischen Chambre Criminelle de la Cour de Cassation vom 26.6.1986 wendete. In dieser Rechtssache, die die Immunität der Abgeordneten Hersant und Le Pen betraf[250], lehnte das Französische Kassationsgericht es ab, die Immunität der Abgeordneten für Taten anzunehmen, die vor deren Wahl lagen. Zur Begründung führte es an, daß das Europäische Parlament gemäß Art. 5

246 Härlin war seine Mitherausgeberschaft der Zeitschrift „Radikal“ angelastet worden, in der Strategiepapiere und Bekennerbriefe der „Revolutionären Zellen“ erschienen, ohne im Impressum einen dafür verantwortlichen Redakteur zu benennen. Klöckner war für schuldig befunden worden, am Verbreiten der Zeitschrift mitgewirkt zu haben. Siehe zu diesen Sachverhalten auch, Der SPIEGEL Nr. 33 vom 15.8.1983, S. 143 und Nr. 10 vom 5.3.1984, S. 27 ff..

247 Vgl. Der SPIEGEL Nr. 17 vom 22.4.1985, S. 64 ff. Härlin erklärte sein Ansinnen in einem Leserbrief der Frankfurter Rundschau vom 14.3.1984 so: „Mir zumindest geht es bei der Kandidatur darum, durch eine mögliche Debatte über die Aufhebung unserer Immunität unter den versammelten Demokraten Europas dem politischen Skandal, den wir in dem Urteil sehen, zu seinem Recht zu verhelfen ...“; vergleichbar waren auch die Umstände der Wahl Antonio Negrin, der, wegen Beteiligung an der Ermordung des ehemaligen italienischen Staatspräsidenten Aldo Moros beschuldigt, von der Radikalen Partei bei den Wahlen im Juni 1983 aufgestellt wurde, um damit gegen die in Italien üblichen, überlangen Untersuchungshaftzeiten ohne Prozeß zu protestieren, FAZ vom 23.9.1983.

248 Dok. A2-14/85 (Klöckner/Härlin) vom 3.4.1985; die Abgeordneten weigerten sich auch, den Rotationsbeschluß der Partei DIE GRÜNEN zu befolgen, vgl. Der SPIEGEL, Nr. 8 vom 16.2.1987.

249 Durch Beschluß vom 20.2.1990 hat der 3. Strafsenat des Bundesgerichtshofs den Revisionen stattgegeben und die Sache zur Neuverhandlung an einen anderen Strafsenat des Kammergerichts zurückgegeben; NJW 1990, S. 2828 f.

250 Vgl. zu diesem Sachverhalt Cour de Cassation vom 26.6.1986, in: AFDI 1987, S. 907, sowie RGDIP 1987, S. 977.

Abs. 3 GOEP jederzeit die Herstellung der Immunität verlangen könne[251]. Ein solches Recht ist zwar in Art. 10 des Protokolls über die Vorrechte und Befreiungen ausdrücklich nicht enthalten[252]. Immerhin wird jedoch das Reklamationsrecht des Parlaments eindeutig anerkannt.

II. Dauer der parlamentarischen Immunität

Hinsichtlich der Dauer der parlamentarischen Immunität wird in den Beschlußempfehlungen des Ausschusses regelmäßig festgestellt: „Um sinnvoll zu sein, muß sich die parlamentarische Immunität natürlich auf die gesamte Mandatsdauer erstrecken."[253] Im übrigen verweist das Europäische Parlament in dieser Frage stets auf die oben dargestellte Rechtsprechung des EuGH[254], demnach das Europäische Parlament eine jährliche Sitzungsperiode abhält, während der seine Mitglieder, auch in der Zeit zwischen den einzelnen Tagungen, parlamentarische Immunität genießen[255].

Da die zeitliche Dauer des Mandats gemäß Art. 3 Abs. 3 DWA im Interesse eines gleichzeitigen Erwerbs der Mitgliedsschaft durch alle Abgeordneten[256] mit der Wahlperiode identisch ist, und diese gemäß Art. 3 Abs. 2 DWA erst mit dem Zusammentritt des neu gewählten Parlaments endet, besteht somit lückenloser Immunitätsschutz von der Bekanntgabe der Wahl bis zum Zusammentritt des neu gewählten Parlaments. Letzteres garantiert insbesondere dem wiedergewählten Mitglied des Parlaments einen umfassenden Schutz. Wie in den meisten Mitgliedsstaaten korrespondieren damit Beginn und Ende der parlamentarischen Immunität mit der Abgeordneteneigenschaft[257].

§ 3 Entscheidungskriterien

Das Europäische Parlament läßt sich bei seiner Entscheidungsfindung von dem Anspruch leiten, die Unabhängigkeit der Institution durch die Unabhängig-

---

[251] „Simplement, les poursuites devrout être suspendues si l'Assemblée des Communautés en demande la suspension." AFDI 1987, S. 907.

[252] Siehe hierzu ausführlich oben § 1 A. II. 2.

[253] Vgl. zuletzt Dok. A3-39/92 (Kostopoulos) vom 24.1.1992, S. 7.

[254] EuGH Rs. 101/63 (Wagner/Vormann und Krier), Slg. 1964, S. 397; EuGH Rs. 149/85 (Wybot/Faure), Slg. 1986, S. 2403; siehe dazu ausführlich oben 1. Teil § 2.

[255] Nicht berührt wird diese Auslegung von Art. 10 Abs. 3 DWA, in dem - unbeschadet der Art. 22 EGKSV, 139 EWGV und Art. 109 EAGV - der Zeitpunkt für das ohne vorherige Einberufung erfolgende Zusammentreten der Versammlung nach deren Direktwahlen festgesetzt wurde; vgl. Dok. A2-46/85 (Panella), S. 9.

[256] Vgl. *Grabitz*, in: ders., Art. 138 EWGV Rn. 10; Absatz 3 trägt der Tatsache Rechnung, daß in den Mitgliedsstaaten zu unterschiedlichen Zeitpunkten gewählt wird. Siehe dazu die Untersuchung des Europäischen Parlaments, so Wissenschaft zur Wahl der Abgeordneten des Europäischen Parlaments: Gemeinschaftliche und soziale Gesetzgebung, Reihe Politik Nr. 13, April 1987, S. 30, sowie Art. 9 Abs. 1 DWA.

[257] Siehe zum Verfahren gegen einen angeklagten Bundestagsabgeordneten, dessen Immunität aufgehoben ist, sich aber über den Ablauf der Wahlperiode fortsetzt, und der Angeklagte erneut in den Bundestag gewählt wird, mit der Folge, daß er wieder Immunität genießt, *Wolfslast*, in: NStZ 1987, S. 433 ff.

keit des einzelnen Mitglieds[258] und gleichzeitig „ganz einfach [...] die Demokratie im Hause" zu schützen[259]. Hierzu haben sich in der parlamentarischen Praxis eine Reihe von Entscheidungskriterien herausgestellt, die das Europäische Parlament bei der Prüfung von Anträgen auf Aufhebung der parlamentarischen Immunität seiner Mitglieder heranzieht.

A. Zusammenhang mit der politischen Tätigkeit

Ein wichtiges Kriterium für die Beantwortung der Frage, ob die Immunität eines Mitglieds aufgehoben werden soll oder nicht, ist, ob die dem betreffenden Mitglied vorgeworfene Handlung mit dessen politischer Tätigkeit im Zusammenhang steht oder nicht. Das Europäische Parlament beschließt „immer dann, wenn eine strafrechtliche Verfolgung in - unmittelbarem oder mittelbarem - Zusammenhang mit dem Abgeordnetenmandat, mit der politischen Tätigkeit selbst eingeleitet wird, die parlamentarische Immunität nicht aufzuheben"[260].

Die Bedeutung dieses Kriteriums wurde unterstrichen durch nachfolgende in der Sitzung des Immunitätsausschusses vom 17. und 18.9.1991 verabschiedete Resolution:

> „Any request for the waiver of immunity resulting from the free expression of political ideas or opinions should be rejected as a matter of principle; the only exceptions to this fundamental right should be incitement to any kind of hatred, slander, libel, offences against fundamental human rights and attachs on the honour and good name of others, wether individuals or groups."[261]

Ob eine Handlung noch im unmittelbaren oder mittelbaren Zusammenhang mit dem Abgeordnetenmandat steht, richtet sich nach den jeweiligen Umständen des Einzelfalles. Die Grenzen dessen, was noch der politischen Tätigkeit zugerechnet werden kann, sind naturgemäß fließend. Nicht anerkannt werden soll ein entsprechender Zusammenhang, wenn

> „nur ein irgendwie gearteter, lockerer Zusammenhang zu einer politischen Tätigkeit herzustellen ist. Es muß sich vielmehr um den Kernbereich politischer Tätigkeit handeln, der zwar nicht nur Abgeordneten zur Verfügung steht, der aber typischerweise gerade und besonders von Abgeordneten benutzt wird."[262]

---

[258] Vgl. z.B. Dok. A2-214/85 (Graefe zu Baringdorf) vom 6.2.1986, S. 8.

[259] Donnez, Verhandlungen des Europäischen Parlaments vom 11.5.1987, Nr. 2-352/6.

[260] Donnez, Verhandlungen des Europäischen Parlaments vom 6.7.1987, Nr. 2-354/5 über seinen Bericht, betreffend den Antrag auf Aufhebung der parlamentarischen Immunität des Abgeordneten *Malaud*, Dok. A2-99/87 vom 24.6.1987.

[261] Vgl. den Bericht Gil-Robles zur Anwendung des Art. 5 GOEP, Pe 141.446/endg. Der Bericht fand die volle Zustimmung des Plenums und ist seitdem in folgenden Fällen herangezogen worden, Dok. A3-66/91 (Stamoules) vom 22.3.1991; Dok. A3-68/91 (Pannella) vom 22.3.1991; Dok. A3-67/91 (Taradash) vom 22.3.1991; Dok. A3-229/91 (Pannella) vom 19.9.1991; Dok. A3-230/91 (Le Pen) vom 19.9.1991; Dok. A3-269/91 (Tsimas/Roumeliotis) vom 17.10.1991; Dok. A3-303/91 (Fantini) vom 7.11.1991; Dok. A3-38/92 (Avgerinos) vom 24.1.1992; Dok. A3-39/92 (Kostopoulos) vom 24.1.1992.

[262] Donnez, Verhandlungen des Europäischen Parlaments vom 11.5.1987, Nr. 2-352/6.

I. Kein Zusammenhang mit der politischen Tätigkeit

Keinen Zusammenhang mit der politischen Tätigkeit hat das Europäische Parlament dementsprechend bei Verkehrsdelikten angenommen, obgleich sich in diesen Fällen mitunter ein „mittelbarer Zusammenhang" mit der politischen Tätigkeit der betreffenden Abgeordneten konstruieren ließe. So wurde z.B. der Abgeordnete Cicciomessere auf seiner Fahrt zur „Camera dei Deputati" von einer Polizeistreife mehrfach (vergeblich) zum Anhalten aufgefordert[263]. Im Hinblick auf eine Strafverfolgung wegen Widerstandes gegen die Staatsgewalt[264] legte der Ausschuß dem Plenum nahe, die Aufhebung der Immunität zu beschließen, da der „Sachverhalt keinerlei politischen Charakter" aufwies, „den man natürlich auch nicht aus der Tatsache konstruieren kann, daß der vom Polizeiauto [...] verfolgte Wagen [...] schließlich vor der 'Camera' abgestellt wurde"[265].

Ebenfalls keinen Zusammenhang mit der politischen Tätigkeit sieht das Europäische Parlament bei ehrenrührigen Äußerungen, die den „allgemeinen Rahmen" der politischen Auseinandersetzung sprengen, jedenfalls soweit es um die moralische Integrität namentlich angegriffener Individuen und nicht um den Schutz von beleidigungsfähigen Personenmehrheiten geht. So formulierte der Berichterstatter Donnez im Hinblick auf den Antrag auf Aufhebung der parlamentarischen Immunität des Abgeordneten Pannella vom 16.1.1987[266]:

> „Wenn Herr Pannella ganz allgemein die Auffassung vertreten hätte, daß die Carabinieri oder die Beamten unqualifiziert sind, dann ist es offensichtlich, daß es sich in diesem Fall um politische Äußerungen gehandelt hätte, [...]. Im vorliegenden Fall geht es nicht um Äußerungen von eingehendem und ungenauem politischen Charakter, sondern es geht um Äußerungen, die gegen einen Polizeibeamten gemacht wurden, [...]."[267]

Dementsprechend sah sich der Immunitätsausschuß im Hinblick auf den Vorwurf des Abgeordneten Pannella, ein namentlich benannter Journalist habe im Zusammenhang mit der P2-Loge Schwarzgelder und unter der Hand Zahlungen erhalten[268], veranlaßt, den „allgemeinen Rahmen" als überschritten anzusehen, da „die Beschuldigungen [...] nicht im allgemeinen Rahmen einer politischen Auseinandersetzung erfolgte, sondern vielmehr den Vorwurf besonders schwerer Vergehen gegen den Kläger enthält"[269].

Diese Begründung würde zwar, wörtlich genommen, den Vorwurf eines besonders schweren Vergehens in der politischen Auseinandersetzung ausschließen. Aus

---

263 Nachdem es den Beamten gelungen war, den Abgeordneten zu stellen, wurde festgestellt, daß das vordere Nummernschild zwar nicht vorschriftsmäßig war, jedoch entgegen der ursprünglichen Annahme dem hinteren entsprach. Vgl. zum näheren Sachverhalt Dok. A2-105/85 (Cicciomessere) vom 30.9.1985, S. 6.

264 Vgl. Art. 81, 341 ff. ital. StGB.

265 Dok. A2-105/85 (Cicciomessere), S. 10. In keinem Zusammenhang mit der politischen Tätigkeit stand auch der gegenüber dem Abgeordneten Cicciomessere erhobene Vorwurf des unerlaubten Parkens (vgl. Dok. A2-70/86 vom 27.6.1986, S. 6) bzw. der Vorwurf der Verkehrsunfallflucht gegen die Abgeordnete Braun-Moser (vgl. Dok. A2-176/87 vom 20.10.1987, S. 9).

266 Der Abgeordnete soll öffentlich behauptet haben, gegen einen namentlich benannten Carabinieroffizier seien mindestens drei Straftaten eingeleitet worden; Dok. A2-130/88 (Pannella), S. 6.

267 Donnez, Verhandlungen des Europäischen Parlaments vom 4.7.1988, Nr. 2-367/7. Vgl. auch Dok. A2-340/88 (Pisi) vom 3.1.1989, S. 10.

268 Vgl. zu diesem Sachverhalt Dok. A2-217/88 vom 14.10.1988, S. 6.

269 Dok. A2-217/88 (Pannella), S. 10.

den nachfolgenden Erläuterungen ergibt sich jedoch, daß der angenommene „allgemeine Rahmen“ erst dort als überschritten anzusehen ist, wo das Interesse des Beleidigten beginnt, vor Gericht seine Unschuld zu beweisen[270].

II. Unmittelbarer oder mittelbarer Zusammenhang mit der politischen Tätigkeit

1. Meinungsäußerungen

Bei allen Handlungen, die nach Ansicht des Europäischen Parlaments unter die Freiheit der Meinungsäußerung fallen, stellt es einen unmittelbaren oder mittelbaren Zusammenhang zu der politischen Tätigkeit des betreffenden Mitglieds her und hebt dessen Immunität nicht auf[271]. Von den Fällen, in denen es um Meinungsäußerungen im engeren, Äußerungen in Wort und Schrift betreffenden Sinn geht, sind jene Fälle zu unterscheiden, die, wie z.B. bei der Ausübung der Demonstrationsfreiheit, eine eher tätige Meinungsäußerung, bzw. Meinungsäußerung im weiteren Sinne darstellen. Zur ersten Gruppe gehört der „Modellfall“ der Meinungsäußerung, die politische Wortmeldung des Abgeordneten in der Öffentlichkeit mit Hilfe der Medien[272]. So stellte der Immunitätsausschuß hinsichtlich der Behauptung des Abgeordneten Malaud[273], die Vereinigung „Les Verts“ wäre „Moskau-hörig“ und vom „KGB unterwandert“ fest: „Es handelt sich um den Modellfall, bei dem der politische Charakter nicht einmal mehr unterschwellig gegeben ist, sondern dem Fall selbst innewohnt.“[274]

Auch hinsichtlich des dem Abgeordneten Pannella vorgeworfenen Verhaltens der fortgesetzten Beleidigung eines Richterkollegiums[275] konstatierte der Ausschuß, daß die zur Last gelegten Äußerungen nur eine Art von Kritik an der Existenz der Militärgerichte selbst und an deren Funktion darstelle. Diese Kritik spiegele jedoch lediglich eine Überzeugung des Abgeordneten wider, der „einen politischen Standpunkt äußerte“[276].

---

270 „Die [...] Strafanzeige verfolge somit das Ziel, auf gerichtlichem Wege feststellen zu lassen, daß er sich keiner Straftat schuldig gemacht hat, die, sollte sie nachgewiesen werden können, seine moralische Integrität in entscheidendem Maße berühren würde.“ Dok. A2-217/88 (Pannella), S. 10.

271 Abgrenzungen zu der in Art. 9 des Protokolls verankerten Indemnität werden nicht vorgenommen.

272 Vgl. Dok. A2-145/86 (Jospin) vom 3.11.1986, S. 9.

273 Der Abgeordnete wurde wegen seines der Zeitung „L'évenement du jeudi“ gewährten Interviews im Privatklageverfahren strafrechtlich verfolgt, vgl. zum näheren Sachverhalt Dok. A2-99/87 (*Malaud*, S. 6).

274 Donnez, Verhandlungen des Europäischen Parlaments Nr. 354/6; Dok. A2-340/88 (Pisoni) vom 3.1.1989, S. 10; vgl. zu Meinungsäußerungen im engeren Sinne auch Dok. A3-66/91 (Stamoulis) vom 22.3.1991; Dok. A3-67/91 (Taradash) vom 22.3.1991; Dok. A3-68/91 (Pannella) vom 22.3.1991.

275 Siehe zum näheren Sachverhalt Dok. A2-168/85 (Pannella) vom 2.12.1985.

276 Dok. A2-168/85 (Pannella) vom 2.12.1985, S. 11. Nach einer anderen im Ausschuß vertretenen Ansicht dürfe die Kritik nicht zu Beleidigungen eines Richterkollegiums „zum Zeitpunkt der Ausübung seiner Funktion führen“, anderenfalls seien die demokratischen Gesellschaften zugrunde liegenden Prinzipien des Rechtsstaates, insbesondere die Unabhängigkeit der Judikative, gefährdet.

Im Zusammenhang mit dem Antrag auf Aufhebung der parlamentarischen Immunität der Abgeordneten Klöckner und Härlin, die als Mitherausgeber der Zeitschrift „Radikal" den Abdruck von Bekennerbriefen und Strategiepapieren der „Revolutionären Zellen" gemäß § 129 a StGB zu verantworten hatten[277], erläuterte der Ausschuß im Hinblick auf die Herausgabe von Presse- und sonstigen Druckwerken durch Abgeordnete: „Dieser Sachverhalt steht nun allerdings in sehr engem Zusammenhang mit den typischerweise von Abgeordneten ausgeübten politischen Aktivitäten."

Die Herausgabe von Zeitungen gehört „zur Ausübung des Rechts auf freie Meinungsäußerung gerade in den in der EG zusammengeschlossenen demokratischen Ländern"[278]. Das Europäische Parlament übersieht hier jedoch, daß die Abgeordneten zum Tatzeitpunkt noch keine Abgeordneteneigenschaft besaßen. Es prüft nicht, ob die inkriminierte Handlung in einem Zusammenhang zur Ausübung des parlamentarischen Mandats steht, sondern ob sie überhaupt einen politischen Bezug aufweist[279].

Als Meinungsäußerung im weiteren, tätigen Sinne, bzw. als „Annextätigkeit" zu dessen politischer Funktion hat das Europäische Parlament es angesehen, daß der Abgeordnete Graefe zu Baringdorf am 12.10.1983 auf der Diplomatenbühne des Deutschen Bundestages ein Transparent entrollte[280], bei seiner Abführung Widerstand gegen Vollstreckungsbeamte leistete sowie Angehörige des Polizeivollzugsdienstes beleidigte[281]. Während das Entrollen des Plakats als demonstrative Meinungsäußerung „zum Kernbereich möglicher Teilnahme am Meinungsbildungsprozeß, die für Abgeordnete eine typische politische Aktivität darstellt", zu qualifizieren sei[282], bemerkte der Rechtsausschuß und ihm folgend das Plenum zu dem weiteren Tatvorwurf:

> „Er stellt sich als Annex zu dem Vorherigen dar, der den Hauptvorwurf und auch die hauptsächliche Tätigkeit umfaßt. Da es sich hierbei um die Ausübung einer politischen Aktivität handelt, wird die Annextätigkeit von dieser Qualifizierung umfaßt."[283]

---

[277] Das Kammergericht verurteilte die Abgeordneten in einem umstrittenen Urteil zu einer Freiheitsstrafe von je zwei Jahren und sechs Monaten nach § 129 a StGB, siehe Dok. A2-14/85 (Klöckner/Härlin) vom 3.4.1985.

[278] Dok. A2-14/85 (Klöckner/Härlin), S. 9. Siehe auch Dok. A1-82/81 (Castellina) vom 8.3.1982; Dok. A1-298/82 (Pannella) vom 4.6.1982; Dok. A1-832/82 (Pannella) vom 8.11.1982; Dok. A1-766/83 (Pannella) vom 29.9.1983; Dok. A2-188/87 (Tripodi) vom 30.10.1987 sowie Dok. A2-191/88 (Pannella) vom 27.9.1988.

[279] Siehe auch die Protestkundgebung der Abgeordneten Daiber, Roth und Telkämper während der Debatte des Bundestages über ein Engagement der Bundeswehr im Golf-Krieg, näher zu diesem Sachverhalt Dok. A3-407/92 (Daiber/Roth/Telkämper) und Nichtaufhebungsbeschluß des Europäischen Parlaments vom 14.12.1992. Ebenso hat das Europäische Parlament den unmittelbaren Zusammenhang zur politischen Tätigkeit auch in den Fällen anerkannt, in denen die späteren Mitglieder des Europäischen Parlaments zur Tatzeit zwar lokalpolitisch in administrativer, aber noch nicht in europäischer parlamentarischer Funktion tätig waren.

[280] Das Transparent hatte die Aufschrift: „Milch-Kontingentierung. Ruin der kleinen Bauern. AG-Bauernblatt."

[281] Vergehen gemäß §§ 5 HausOBT, 112 OWiG; 113, 185, 53 StGB.

[282] Dok. A2-214/85 (Graefe zu Baringdorf) vom 6.2.1986, S. 9.

[283] Dok. A2-214/85 (Graefe zu Baringdorf) vom 6.2.1986, S. 9.

Damit sah das Europäische Parlament die gemäß §§ 113, 185, 53 StGB als Straftat qualifizierte Tathandlung noch als „Annex" zu der im Rahmen der politischen Tätigkeit liegenden Ordnungswidrigkeit an. Demgegenüber hatte nach der Praxis des Deutschen Bundestages für die Verfolgung der Ordnungswidrigkeit, unabhängig von dem Vorliegen einer 'Flagranztat', nicht einmal eine Genehmigungspflicht bestanden.

Eine extensive Auslegung dessen, was noch im Zusammenhang mit der politischen Tätigkeit des beschuldigten Abgeordneten steht, traf das Parlament auch im Zusammenhang mit der gegen den Abgeordneten Pannella erhobenen Beschuldigung, an verbotenen Schwangerschaftsabbrüchen in der Weise beteiligt gewesen zu sein, daß er die Frauen an verschiedene Ärzte in Italien und im Ausland vermittelte[284]. Das Europäische Parlament ordnete dieses strafrelevante Verhalten der politischen Tätigkeit des Abgeordneten zu, für das gemäß seiner Grundsätze parlamentarische Immunität bestehe. „Die Unterstützung [...] war Teil der [...] politischen Kampagne, die auf die Änderung des italienischen Gesetzes [...] abzielte. Somit gibt es genügend Indizien dafür, daß der [...] vorgeworfene Sachverhalt [...] politischer Natur ist."[285]

Die Ausgestaltung des Kriteriums eines unmittelbaren oder mittelbaren Zusammenhangs mit der politischen Tätigkeit begegnet im Hinblick auf die Konturenlosigkeit des Begriffs der „Meinungsäußerung" Bedenken. Unzweifelhaft ist die Freiheit der Meinungsäußerung bzw. die Freiheit der politischen Diskussion eine der wesentlichen Grundlagen einer demokratischen Gesellschaft und eine der besten Voraussetzungen für ihren Fortschritt und nicht zuletzt auch für die Selbstverwirklichung des Individuums[286]. Sie gehört zum Kernbereich des Begriffs einer demokratischen Gesellschaft[287] und ist auch nicht nur auf „Nachrichten" und „Ideen" anwendbar, die positiv aufgenommen werden oder als harmlos oder gleichgültig gelten, sondern auch auf solche, die beleidigen, schockieren oder stören. Dies fordert der Geist des Pluralismus, der Toleranz und der Großzügigkeit, ohne den eine „demokratische Gesellschaft" nicht bestehen kann[288]. Während die Grenzen zulässiger Kritik an einem in seiner öffentlichen Funktion auftretenden Politiker in diesem Zusammenhang weiter sind als bei einer Privatperson, ist jedoch zweifelhaft, ob umgekehrt Politiker im Interesse einer optimalen politischen Diskussion auch ein größeres Maß an Toleranz erwarten dürfen als Privatpersonen[289]. Eine einseitige Erweiterung dessen, was in der politischen Diskussion noch erlaubt ist und was nicht zugunsten von Abgeordneten, ist abzulehnen. Anderenfalls würde sich der Schutzzweck der parlamentarischen Immunität in eine echte Privilegierung gegenüber den Nicht-Abgeordneten verkehren würde. In die richtige Richtung zu

---

[284] Strafbar gemäß Art. 110 und 446 sowie Art. 81, 112, 118, 546 und 555 ital. StGB.

[285] Dok. A2-214/85 (Graefe zu Baringdorf) vom 6.2.1986, S. 10. Vgl. auch Dok. A2-309/87 (Bonino) vom 23.2.1988.

[286] Vgl. Art. 10 der in allen Mitgliedsstaaten als Ausdruck einer gemeinsamen Wertüberzeugung geltenden EMRK.

[287] Vgl. EGMR, Urt. v. 8.7.1986, in: NJW 1987, S. 2143 f.

[288] Siehe hierzu nur EGMR vom 23.5.1991, in: NJW 1992, S. 613, 615 m.w.N.

[289] Da sich der Politiker unvermeidlich und wissentlich der genauen Beobachtung seiner Worte und Taten durch die Öffentlichkeit preisgebe, müsse er ein größeres Maß von Toleranz insbesondere dann zeigen, wenn er öffentliche Erklärungen abgebe, die geeignet sind, Kritik auf sich zu ziehen; vgl. Dok. A3-230/91 (Le Pen) vom 19.9.1991, S. 9.

gehen scheint daher die mit Beschluß des Immunitätsausschusses vom 17. und 18.9.1991 vorgenommene Reduzierung der Prüfungstätigkeit des Immunitätsausschusses auf die Prüfung der Existenz von Merkmalen, bei deren Vorliegen die Immunität aufgehoben wird[290].

2. Teilnahme an Demonstrationen

Zum Kernbereich der politischen Tätigkeit zählt das Europäische Parlament auch die Teilnahme an politischen Demonstrationen. So stellte der Rechtsausschuß im Hinblick auf den Vorwurf, der Abgeordnete Gouthier habe an einer nicht genehmigten Demonstration teilgenommen und damit gegen Art. 18 des Gesetzes über die öffentliche Sicherheit der italienischen Republik verstoßen[291], fest, daß der der Anklage zugrunde liegende Sachverhalt mit der Ausübung des parlamentarischen Mandats im Zusammenhang stehe und offenkundig rein politischer Natur sei[292]. Entsprechenden Vorwürfen gegenüber dem Abgeordneten Cicciomessere[293] entgegnete der Ausschuß: „Daß die [...] erhobene Beschuldigung im engen Zusammenhang mit der Ausübung einer politischen Tätigkeit steht, auch wenn der Zweck der Demonstration nicht eindeutig erkennbar ist."[294]

Ebenfalls qualifizierte der Ausschuß die Teilnahme der Abgeordneten Siemons und Walter an einer aufgelösten Demonstration als eine politische Aktivität, „die geradezu in dem für Abgeordnete typischen Bereich der Nutzung von Meinungsfreiheit und Demonstrationsrecht zur Propagierung ihrer politischen Auffassung liegt"[295]. Als Überschreitung der politischen Tätigkeit sah es der Ausschuß demgegenüber an, daß der Abgeordnete Klöckner anläßlich einer Demonstration neben einem Stein CS-Reizstoffgas bei sich führte[296]. Hier wird zwar das Bemühen des Europäischen Parlaments um Differenzierung deutlich, im Prinzip gilt jedoch auch hier das soeben unter 1. Gesagte.

3. Frühere administrative oder lokalpolitische Tätigkeiten mit politischem Aspekt

Einen unmittelbaren oder mittelbaren Zusammenhang mit der politischen Tätigkeit des betreffenden Abgeordneten nimmt das Europäische Parlament auch an, wenn die frühere administrative Funktion des betreffenden Abgeordneten politische Aspekte beinhaltete. Die Unterscheidung zwischen der rein administrativen und der administrativen Tätigkeit, die auch politische Aspekte beinhaltet, tauchte erstmals in den beiden Verfahren auf, die Unregelmäßigkeiten des Abgeordneten Valenzi während seiner Amtszeit als Bürgermeister von Neapel betrafen[297]. Während einzelne Ausschußmitglieder der Auffassung waren, daß die inkriminierten Handlungen rein administrativen und nicht politischen Cha-

---

290 Siehe oben § 3 A.

291 Vgl. zum näheren Sachverhalt Dok. 1-72/81 (Gouthier) vom 1.4.1981. In der italienischen Republik steht die Teilnahme einer nicht genehmigten Versammlung unter Strafandrohung.

292 Dok. 1-72/81 (Gouthier), S. 7.

293 Vgl. z.B. Dok. A2-37/87 (Cicciomessere) vom 29.4.1987, S. 9.

294 Dok. A2-37/87 (Cicciomessere) vom 29.4.1987, S. 10.

295 Dok. A2-35/86 (Simons/Walter) vom 5.5.1986, S. 10.

296 Dok. A2-13/85 (Klöckner) vom 3.4.1985, S. 7.

297 Siehe zum näheren Sachverhalt Dok. A2-220/86 (Valenzi) vom 30.1.1987, S. 6.

rakter hätten[298], ging die Ausschußmehrheit angesichts der Dringlichkeit und des Ausmaßes der Probleme, denen der Abgeordnete Valenzi als Bürgermeister gegenüberstand[299], von der Untrennbarkeit der administrativen und der politischen Natur der Handlungen aus. „In diesem Sinne müssen administrative Unregelmäßigkeiten, [...] als Bestandteil einer politischen Tätigkeit und als die rasche Reaktion auf eine dramatische Notlage betrachtet werden."[300]

Eine Begründung dafür, wann die administrative als Bestandteil der politischen Tätigkeit anzusehen sei, lieferte auch die Gemeinsame Aussprache nicht. Der Berichterstatter betonte jedoch die rechtfertigende Situation, in der sich der Abgeordnete angesichts des Erdbebens befunden hätte.

> „Es versteht sich [...], daß die Tätigkeit eines Bürgermeisters im allgemeinen eher administrativen als politischen Charakter hat. Ebenso versteht es sich jedoch, daß in bestimmten Ausnahmefällen die politische Tätigkeit die administrative Tätigkeit eines Bürgermeisters überragen kann. Dies war hier offensichtlich der Fall, da Herr Valenzi und seinem Stadtrat vorgeworfen wurde, gewöhnliche Verwaltungs- und Finanzvorschriften praktiziert zu haben."[301]

Im Fall des Abgeordneten Rigo[302] stellte der Ausschuß zur Unterscheidung zwischen der auch politischen und der rein administrativen Tätigkeit fest:

> „Entweder hat Herr Rigo im Rahmen seiner politischen Tätigkeit bestimmte Freunde begünstigen wollen, - dann hängt die vorgeworfene Handlung durchaus mit seiner politischen Arbeit zusammen - oder er hat aus rein administrativen Gründen beschlossen, das berufliche Fortkommen von Personen zu behindern, die nicht seiner politischen Richtung angehörten."[303]

Mit anderen Worten ist zwar die Förderung politischer Freunde im Amt als Wahrnehmung privater Interessen strafbar. Steht sie jedoch im Zusammenhang mit der politischen Tätigkeit des Abgeordneten[304], wird die Immunität nicht aufgehoben.

Hier zeigt sich besonders deutlich, daß der unmittelbare oder mittelbare Zusammenhang zu der schützenswerten politischen Tätigkeit der Parlamentarier praktisch jederzeit hergestellt werden kann. Ohne Zweifel wird die Entscheidung des Parlaments jedoch um so fragwürdiger, je fernliegender der politische Bezug der inkriminierten Handlung zu der eigentlichen parlamentarischen Tätigkeit des Abgeordneten bzw. seiner ihm von den Wählern übertragenen Aufgabe ist. Dies zeigte sich auch in der Gemeinsamen Aussprache über den Antrag auf Aufhebung der parlamentarischen Immunität der früheren Bürgermeisterin von Huy, Lizin. Zwar, so bemerkte der Berichterstatter zunächst, sei ihm klar,

---

298 Dok. A2-220/86 (Valenzi) vom 30.1.1987, S. 11.

299 Nach den Feststellungen des Ausschusses hatte ein Erdbeben Neapel fast völlig zerstört und Hunderte von Toten, Tausende von Obdachlosen sowie erhebliche materielle Schäden verursacht, vgl. Dok. A2-220/86, Dok. A2-221/86 (Valenzi) vom 30.1.1987, S. 9.

300 Dok. A2-221/86 (Valenzi) vom 30.1.1987, S. 10.

301 Donnez, Verhandlungen des Europäischen Parlaments vom 16.2.1987, Nr. 2-348/7.

302 Der Abgeordnete wurde beschuldigt, als Bürgermeister von Venedig, kurz vor Aufgabe seines Amtes, am 20.7.1985 im Dringlichkeitsverfahren eine Verfügung erlassen zu haben, mit der politischen Freunden als Bediensteten der städtischen Spielbank provisorische Vollmachten zur Wahrnehmung höherer Aufgaben erteilt wurden. Vgl. Art. 110 und 324 des ital. StGB („Wahrnehmung privater Interessen bei Amtshandlungen"; zum Sachverhalt Dok. A2-226/87, S. 6).

303 Dok. A2-226/87 (Rigo) vom 27.11.1987, S. 10.

304 Vgl. Donnez: „... Das gehört zu einer politischen Tätigkeit, die ich als fast normal bezeichnen würde." Verhandlungen des Europäischen Parlaments vom 14.12.1987, Nr. 2-359/6.

„daß sie Nutzen aus ihrer Position als Bürgermeisterin gezogen“[305] habe. Man hätte jedoch auch in der bisherigen Praxis[306] die verschiedenen Funktionen eines Europaparlamentariers nicht getrennt. Vielmehr handele es sich um eine Einheit politischer Aktivitäten, bei der eine Funktion mit der anderen zusammenhänge[307]. Obgleich sich die Verwaltungstätigkeit der von Frau Lizin zu verantwortenden Handlungen nicht in ihrem Bezirk, sondern „in der Gegend von Tournai, also gut 100 km von Huy entfernt“, auswirkte, erklärte der Berichterstatter: „Dies macht deutlich, daß sie nicht als Bürgermeisterin handelte, [...] sondern sich von ihren politischen Grundsätzen leiten ließ, die wir wohl alle teilen können.“[308]

Das Parlament folgte dieser Begründung der Ausschußvorlage und sah davon ab, die Immunität aufzuheben.

Auch im Hinblick auf frühere lokalpolitische Tätigkeiten, die zwar die lokale Politik, aber keine administrative Tätigkeit betrafen, sieht das Parlament Zusammenhänge zu der Mandatsausübung. So erwähnte der Ausschußbericht im Zusammenhang mit einem vermeintlichen Pressedelikt des Abgeordneten Selva[309].

> „Angesichts des lokalpolitischen Charakters des Artikels muß der Grundsatz des Europäischen Parlaments gewahrt bleiben, wonach die Aufhebung der parlamentarischen Immunität eines Abgeordneten, die aufgrund eines mit seiner politischen Tätigkeit zusammenhängenden Sachverhalts in einem Gerichtsverfahren verwirklicht ist, ausgeschlossen ist.“[310]

Dementsprechend hatte das Europäische Parlament den „lokalpolitischen Charakter“ der inkriminierten Handlung auch in dem früheren Verfahren gegen die Abgeordneten Herklotz[311] und Blumenfeld[312] herausgestellt. Hinsichtlich der Vorwürfe gegen den Abgeordneten Blumenfeld stand für den Immunitätsausschuß außer Frage: „Herr Blumenfeld wird in seiner Eigenschaft als Politiker und nicht als Privatperson belangt; als Politiker war er [...] zuständig, und die Gelder kamen dem Landesverband Hamburg der CDU zugute, [...]“[313].

Die Immunität des Abgeordneten Blumenfeld wurde deshalb für das ihm seitens der Staatsanwaltschaft Hamburg zur Last gelegten Verhalten nicht aufgehoben.

---

305 Siehe zum Sachverhalt Dok. A2-274/87 (Lizin) vom 29.2.1988.

306 Donnez erwähnt hier die Nichtaufhebungsbeschlüsse hinsichtlich der Abgeordneten Valenzi und Rigo.

307 Donnez, Verhandlungen des Europäischen Parlaments vom 8.2.1988, Nr. 2-361/12.

308 Donnez, Verhandlungen des Europäischen Parlaments vom 8.2.1988, Nr. 2-361/12.

309 Der Abgeordnete Selva wurde beschuldigt, als verantwortlicher Redakteur der venezianischen Tageszeitung „Il Gazettino“ einen verleumderischen Artikel verantwortet zu haben, siehe zum näheren Sachverhalt Dok. A2-5/88 (Selva) vom 17.3.1988, S. 6.

310 Dok. A2-5/88 (Selva), S. 9.

311 Dok. 1-321/81 (Herklotz) vom 29.6.1981.

312 Der Abgeordnete soll im Einvernehmen mit deutschen Unternehmen durch den Verkauf wertloser Gutachten und die Berechnung nicht durchgeführter Beratungen von den betreffenden Firmen Zahlungen erhalten haben, die von den Unternehmen als Betriebsausgaben geltend gemacht wurden, obwohl es sich tatsächlich um Parteispenden gehandelt haben soll, vgl. zum näheren Sachverhalt Dok. 1-123/84 (Blumenfeld) vom 3.4.1984, S. 6.

313 Dok. 1-123/84 (Blumenfeld) vom 3.4.1984, S. 8; vgl. auch Dok. 1-321/81 (Herklotz) vom 24.6.1981: „... Da der Beitrag zur Entwicklung der Staatsbürgerkunde mit dem Bereich der politischen Tätigkeit zu tun hat.“

Die parlamentarische Praxis zeigt, daß sich das Kriterium des zumindest mittelbaren Zusammenhangs mit der parlamentarischen Tätigkeit als ungeeignet erweist, um Nichtaufhebungsbeschlüsse des Europäischen Parlaments plausibel zu begründen. Dies liegt zum einen an dem unscharfen Kriterium selbst, denn die Grenzen dessen, was noch als politische Tätigkeit angesehen werden kann, sind fließend. Zum anderen liegt dies darin begründet, daß das Europäische Parlament in der parlamentarischen Praxis auch nicht dazu beigetragen hat, dem Kriterium des mittelbaren Zusammenhangs zur politischen Tätigkeit ein schärferes Profil zu vermitteln. Die Begründungen dafür, wann von einem zumindest mittelbaren Zusammenhang zur politischen Tätigkeit auszugehen sei, vermitteln zudem den Eindruck, daß das Parlament bisweilen nach anderen, nicht genannten Kriterien entscheidet. Damit gefährdet das Europäische Parlament seine politische Glaubwürdigkeit und schadet seinem Ansehen.

B. Fumus persecutionis

I. Der Begriff des „Fumus persecutionis"

Ein weiteres Kriterium bei der Prüfung von Aufhebungsanträgen ist das Vorliegen eines „Fumus persecutionis". Unter Hinweis auf die ständige Praxis in Immunitätsangelegenheiten erläuterte der Berichterstatter in der Aussprache vom 16.11.1987 das Kriterium des „Fumus persecutionis" wie folgt:

> „Das zweite Kriterium, das wir stets angewendet haben, betrifft die Frage, ob nicht der Fumus persocutionis des Römischen Rechts vorliegt, d.h. die Unterstellung, daß dem Antrag die Absicht zugrunde liegt, der politischen Tätigkeit des Abgeordneten zu schaden."[314]

Ob das Europäische Parlament den Fumus persecutionis grundsätzlich oder erst mit der Feststellung indizierender Umstände unterstellt, ist in der parlamentarischen Praxis nicht deutlich geworden[315]. Ein Nichtaufhebungsbeschluß aufgrund eines „Fumus persecutionis" kann jedenfalls dann ergehen, wenn der Ausschuß im mitgeteilten Sachverhalt Umstände hat feststellen können, die den Schluß zulassen, daß dem Aufhebungsantrag die Absicht zugrunde liegt, den Abgeordneten in seiner politischen Tätigkeit zu behindern[316].

So hat der Ausschuß im Hinblick auf Vorwürfe gegenüber dem Abgeordneten Vetter, im Hinblick auf dessen Aufsichtsratstätigkeit bei der „Neuen Heimat" erklärt:

> „Da sich somit der Verdacht aufdrängt, daß gegen Herrn Vetter eine tendenziöse Verfolgungsabsicht besteht (Fumus persecutionis), kommt [...] eine Aufhebung der parlamenta-

---

314 Donnez, Verhandlungen des Europäischen Parlaments vom 16.11.1987, Nr. 2-358/9; siehe auch die inhaltlich übereinstimmende Definition des Ausschußvorsitzenden Defraigne Dok. A3-303/91 (Fantini) vom 7.9.1991, S. 8 sowie Dok. A3-88/89 (Le Pen) vom 1.12.1981.

315 Die „Beweislast" für die Redlichkeit des Antrags liegt in jedem Fall bei der antragstellenden Behörde. Im Zweifel bittet der Ausschuß um Aufklärung, vgl. die Berichte Dok. A2-176/87 (Braun-Moser) sowie Dok. A2-42/89 (Vetter) vom 30.3.1989, S. 3.

316 Das Europäische Parlament beruft sich mit diesem Kriterium auf die historische Entwicklung der Parlamente. Diese hätten sowohl in absolutistischen als auch in aufgeklärten Monarchien regelmäßig die Einwirkung von Seiten der Exekutive abwehren müssen, um ihre Arbeitsfähigkeit und ihre Unabhängigkeit von Pressionsversuchen zu gewährleisten; vgl. Dok. A2-165/85 (Zahorka) vom 29.11.1985, S. 7.

rischen Immunität nicht in Betracht. An dieser Stelle sei daran erinnert, daß der 'Fumus persecutionis' eben nicht auf einer absoluten Gewißheit beruht, sondern nur auf deutlichen und übereinstimmenden Anzeichen, die zu dieser Vermutung führen; eine solche Vermutung liegt im vorliegenden Fall auf der Hand."[317]

Im Hinblick auf die dem Abgeordneten Pannella vorgeworfene Beleidigung eines Richterkollegiums[318] äußerte der Ausschuß zur Feststellung des „Fumus persecutionis" ganz allgemein:

„Denn die Umstände, unter denen solche Handlungen begangen werden, sind manchmal derart, daß Zweifel in bezug auf die wahren Gründe für die Strafverfolgung bestehen können, und somit die Annahme gerechtfertigt ist, daß ihr die Absicht zugrunde liegt, der politischen Tätigkeit des Abgeordneten zu schaden."[319]

Dementsprechend begründete der Ausschuß auch seine Nichtaufhebungsempfehlung in dem Fall des Abgeordneten und Ausschußvorsitzenden Amadei mit der Ansicht[320], „daß die Anklage nicht ausreichend gesichert ist, um den Verdacht auszuräumen, daß diesem Strafverfahren die Absicht zugrunde liegt, dem betreffenden Abgeordneten zu schaden ('Fumus persecutionis')"[321].

Umgekehrt hebt das Europäische Parlament die parlamentarische Immunität auf, wenn die inkriminierte Handlung weder im Zusammenhang mit der politischen Tätigkeit des Abgeordneten gesehen werden kann, noch einen „Fumus persecutionis" indizierende Umstände erkennbar sind[322]. Steht die inkriminierte Handlung jedenfalls im Zusammenhang mit der politischen Tätigkeit des Mitglieds, so läßt der Ausschuß in der Regel offen, ob die festgestellten Umstände auch einen „Fumus persecutionis" indizieren[323].

II. Anhaltspunkte für das Vorliegen eines „Fumus persecutionis"

In der Praxis des Europäischen Parlaments sind verschiedene Kriterien auszumachen, bei deren Vorliegen der Ausschuß und ihm folgend das Plenum ein „Fumus persecutionis" unterstellen. Für einen Nichtaufhebungsbeschluß genügt das Vorliegen mindestens eines der genannten Kriterien.

---

317 Im Fall des Abgeordneten Vetter drängte sich dem Ausschuß angesichts der „Vielzahl von Ungereimtheiten im Vorfeld, sowohl auf Seiten des Untersuchungsausschusses, wie auch auf Seiten der Staatsanwaltschaft" auf, „daß gegen Herrn Vetter eine tendenziöse Verfolgungspolitik besteht", Dok. A2-42/89/Teil B (Vetter) vom 30.3.1989, S. 12. Vgl. auch Dok. A3-88/89 (Le Pen) vom 1.12.1989, S. 10 ff.

318 Vgl. Dok. A2-168/85 (Pannella), S. 6.

319 Dok. A2-168/85 (Pannella), S. 10.

320 Vgl. zum Sachverhalt Dok. A2-34/86 (Amadei) vom 5.5.1986; sowie zur Unabhängigkeit gegenüber dem Aufhebungsbeschluß der italienischen Abgeordnetenkammer vom 23.10.1984, S. 9.

321 Dok. A2-34/86 (Amadei) vom 5.5.1986, S. 10.

322 Vgl. z.B. Dok. A2-101/86 (Gaibisso) vom 24.9.1986; Dok. A2-70/86 (Cicciomessere) vom 27.6.1987, S. 10: „Im übrigen ist die Unterstellung, das Vorgehen des Richters sei von irgendeiner Absicht, Herrn Cicciomessere bei der Ausübung seiner politischen Tätigkeit zu schaden, beeinflußt, durch nichts gerechtfertigt."

323 Vgl. z.B. Dok. A2-14/85 (Klöckner/Härlin), S. 8: „Ob demnach tatsächlich ein 'Fumus persecutionis' festzustellen ist, kann hier offen bleiben, weil es sich bei der dem Abgeordneten vorgeworfenen Aktivität um eine politische handelt."

1. Zeitlicher Abstand zwischen der Tatzeit und der Strafverfolgung

Als Anzeichen eines „Fumus persecutionis" wird häufig der zeitliche Abstand zwischen der tatsächlich eingeleiteten Strafverfolgung und der inkriminierten Handlung gewertet. Beispielsweise stellte der Ausschuß in dem Bericht über die Aufhebung der Immunität des Abgeordneten Pannella im Hinblick auf Diskrepanzen zwischen der Tatzeit und der Strafverfolgung fest:

> „Diese Verzögerungen, zu deren Rechtfertigung eindeutige Fakten fehlen, könne die Frage nach dem 'Fumus persecutionis' aufwerfen und somit nach der wahren Absicht suchen lassen, die einer dermaßen verspätet eingeleiteten Strafverfolgung zugrunde liegen."[324]

Eine deutliche Diskrepanz zwischen der Tatzeit und der nachfolgenden Strafverfolgung erkannte der Ausschuß auch bei dem Aufhebungsantrag gegen den Abgeordneten Almirante[325]:

> „Ausschlaggebend [...] dürfte der Verdacht sein, daß hinter der Strafverfolgung steht, Herrn Almirante in seiner politischen Tätigkeit zu schaden [...]. Dieser Verdacht wird dadurch erhärtet, daß in nunmehr zwölf Jahren nicht ein einziger Prozeß stattfand, obwohl die italienische Abgeordnetenkammer mehrfach die Immunität aufgehoben hatte."[326]

Auf das Vorliegen eines „Fumus persecutionis" erkannte der Immunitätsausschuß auch in einem Fall des Abgeordneten Cicciomessere[327], bei dem mit der Strafverfolgung solange abgewartet wurde, bis der Abgeordnete in das Europäische Parlament gewählt wurde[328].

2. Offensichtliche Böswilligkeit

Einen weiteren Anhaltspunkt für das Vorliegen eines „Fumus persecutionis" liefern dem Europäischen Parlament Umstände, die den betreffenden Abgeordneten offenkundig politisch schaden sollen. Diese Sicherheit gewann der Ausschuß beispielsweise aus den Umständen, die dem Antrag auf Aufhebung der parlamentarischen Immunität des Abgeordneten Tortora zugrunde lagen[329]. Im Hinblick darauf, daß die Staatsanwaltschaft äußerte, der Abgeordnete Tortora sei mit den Stimmen der Camorra Abgeordneter geworden, entgegnete dieser: „Das ist eine Unverschämtheit!" Der Immunitätsausschuß bemerkte dazu:

> „Daß jedoch ein Vertreter der Staatsanwaltschaft einen Abgeordneten beschuldigen will, weil dieser gegen eine Beleidigung seiner Person, seiner Wähler und letztenendes des Parlaments, dessen Mitglied er ist, protestiert hat, läßt nicht nur einen 'Fumus persecutionis' vermuten.

---

324 Zweieinhalb Jahre nach dem letzten Aufhebungsbeschluß der italienischen Abgeordnetenkammer (am 15.10.1980) war noch keine Verfolgung eingeleitet worden, Dok. A2-168/85 (Pannella), S. 11.

325 Siehe zum Sachverhalt näher Dok. A2-195/85 (Almirante), S. 6.

326 Dok. A2-195/85 (Almirante), S. 12. Siehe demgegenüber den Fall des Abgeordneten Gaibisso, Dok. A2-101/86 (Gaibisso), S. 6.

327 Dok. A2-36/87, A2-37/87, A2-38/87 (Cicciomessere), S. 7.

328 Mit Erstaunen konstatierte der Berichterstatter in der Gemeinsamen Aussprache eine „rechtliche Kuriosität". Denn die italienischen Justizbehörden hätten die Aufhebung der parlamentarischen Immunität nicht bei den italienischen Abgeordnetenkammer beantragt, sondern „gewissermaßen abgewartet, bis Herr Cicciomessere Mitglied unseres Parlaments wurde [...]". Siehe dazu Donnez, Verhandlungen des Europäischen Parlaments vom 11.5.1987, Nr. 2-352/6.

329 Dok. A2-164/85 (Tortora), S. 9.

> Hier geht es um mehr als eine Vermutung, hier besteht Sicherheit, daß dem Antrag in diesem Fall die Absicht zugrunde liegt, der Person bzw. dem Politiker zu schaden."[330]

Der Verdacht einer offensichtlichen Böswilligkeit besteht nach Ansicht des Europäischen Parlaments auch dann, wenn das Verhalten des betreffenden Mitglieds Pressekampagnen auslöst, die zeitlich vor den ersten strafrechtlichen Ermittlungen liegen. So stellte der Berichterstatter des Ausschusses in der Gemeinsamen Aussprache über den Bericht der die parlamentarische Immunität der Abgeordneten Braun-Moser[331] fest:

> „Diese Pressekampagne war [...] politisch unwürdig. Wir alle wissen aber nur zu gut, daß die Politiker immer besonders dankbare Zielscheiben abgeben; deshalb muß am Begriff des 'Fumus persecutionis' mehr denn je festgehalten werden."[332]

Ebenfalls unter die Kategorie der politischen Böswilligkeit ordnet das Europäische Parlament Anklagen ein, denen anonyme Anzeigen zugrunde liegen. So äußerte der Berichterstatter im Hinblick auf Vorwürfe gegenüber dem Abgeordneten Herklotz[333],

> „daß der anonyme Charakter der Anklage, ihre im Vergleich zu dem dargestellten Sachverhalt verspätete Einreichung und der Zeitpunkt des Eingangs der Klage bei der Staatsanwaltschaft in den Wochen nach der Bekanntgabe der Ergebnisse der Wahlen zum Europäischen Parlament [...] den Gedanken nahelegt, daß es sich hierbei um eine tendenziöse Klage mit dem Ziel handelt, die Ausübung des politischen Mandats zu behindern"[334].

Daß die Staatsanwaltschaft in diesem Fall von einem hinreichenden Tatverdacht zur Einleitung eines Strafverfahrens ausging, hatte das Europäische Parlament bei seiner Entscheidungsfindung nicht weiter beeinflußt.

III. Ungleiche Behandlung von Tatbeteiligten

Ein weiteres Indiz für das Vorliegen eines „Fumus persecutionis" sieht das Europäische Parlament in der ungleichen Behandlung von Mitgliedern und Tatbeteiligten durch Verfolgungsorgane. So äußerte der Ausschuß Bedenken im Hinblick auf das Verfahren gegen den Abgeordneten und Ausschußvorsitzenden Ammadei[335]. In dem Strafverfahren wurde lediglich die Anklage gegen die beiden Minister Adreotti und Tanassi fallen gelassen, nicht aber gegen das involvierte Mitglied Ammadei. Nach Auffassung des Ausschusses hätte mit der Einstellung des Verfahrens gegen die Minister auch die Anklage gegen den Abgeordneten Ammadei keine Daseinsberechtigung mehr, zumal der Anklagegrund nach der Einstellung des Verfahrens gegen Andreotti und Tarnassi ohne sachlichen Grund geändert wurde. In der Gemeinsamen Aussprache über den Antrag

---

330 Dok. A2-164/85 (Tortora), S. 9.

331 Dok. A2-176/87 (Braun-Moser) vom 20.10.1987.

332 Donnez, Verhandlungen des Europäischen Parlaments vom 26.10.1987, Nr. 2-357/5. Das Argument der „Pressekampagne" findet sich ebenfalls in den Berichten Dok. A2-214/85 (Graefe zu Baringdorf) vom 6.2.1986 sowie Dok. A2-226/87 (Rigo) vom 18.1.1988.

333 Der Abgeordnete Herklotz wurde am 28.6.1979 in einer anonymen Anzeige beschuldigt, bei der Leitung eines Verbandes für Staatsbürgerkunde, deren Vorsitzender er war, in der Zeit von November 1974 bis Oktober 1976 Unregelmäßigkeiten begangen zu haben, Dok. 1-321/81 (Herklotz) vom 29.6.1981, S. 6.

334 Dok. 1-321/81 (Herklotz), S. 7.

335 Vgl. den Bericht Dok. A2-33/86 vom 5.5.1986.

auf Aufhebung der parlamentarischen Immunität des Abgeordneten Pannella[336] bemerkte der Berichterstatter deshalb: „Wenn mit zwei verschiedenen Maßstäben gemessen wird, dann muß man davon ausgehen, daß hier ein Fumus persecutionis gegen Herrn Pannella vorliegt [...]."[337]

Zusammenfassend läßt sich sagen, daß sich auch bei dem Kriterium des „Fumus persecutionis", wie schon oben im Hinblick auf das Kriterium des Zusammenhangs mit der politischen Tätigkeit festgestellt wurde, Unschärfen des Kriteriums zeigen. Diese bestehen darin, daß es keine klaren Grenzen dafür gibt, ob einem Antrag die Absicht zugrunde liegt, der politischen Tätigkeit des Abgeordneten zu schaden oder nicht. Immerhin sind jedoch die Begründungen des Europäischen Parlaments in den Fällen, in denen von dem Vorliegen eines „Fumus persecutionis" ausgegangen wird, nachvollziehbar, wenngleich man häufig eine tiefergehende Erläuterung vermißt. In weniger eindeutigen Fällen wird deshalb eine allzu knappe Begründung des Europäischen Parlaments, ob und inwieweit von einem „Fumus persecutionis" auszugehen ist, auf Kritik stoßen.

C. Begehungsweise der Tat

Ein weiteres Entscheidungskriterium, das in der parlamentarischen Praxis bislang eine vergleichsweise untergeordnete Rolle gespielt hat und erst zweimal zur Anwendung kam, ist das Kriterium der „besonders schändlichen Art des inkriminierten Verhaltens". Das Kriterium besagt, daß die Immunität aufzuheben sei, wenn die Tathandlung als besonders schändlich zu qualifizieren ist.

Erstmals erwähnt wurde dieses Kriterium in dem Fall des Abgeordneten Tortora[338]. Dem Parlamentarier wurde seitens der Staatsanwaltschaft in Neapel die Beteiligung an diversen Straftaten der „Nuova Camorra Organizzata" vorgeworfen, deren erklärte Ziele Eigentumsdelikte, Waffen- und Rauschgifthandel sowie die Kontrolle der Wirtschaft, in großen Teilen Italiens, finanziert durch Einkünfte aus illegalen Aktivitäten, seien[339]. Ohne die vorgeworfenen Handlungen ausdrücklich als „besonders schändlich" zu qualifizieren, brachte der Ausschuß zum Ausdruck,

> „daß die Vorwürfe in keiner Weise die politische Tätigkeit des Abgeordneten betreffen, noch das Ziel verfolgen, den politischen Aktivitäten zu schaden, denn die Strafverfolgung sei eingeleitet worden, ehe er irgendeine politische Tätigkeit auszuüben begann"[340].

Das Plenum billigte die Empfehlung seines Ausschusses, die parlamentarische Immunität aufzuheben. Zumal die politische Tätigkeit des Abgeordneten weder gefährdet noch überhaupt betroffen sei.

Auf die Begehungsweise der Tat stellte der Ausschuß auch im Hinblick auf den Antrag auf Aufhebung der parlamentarischen Immunität des Abgeordneten

---

336 Der Abgeordnete Pannella wurde seitens der Staatsanwaltschaft Caligari der Verleumdung eines Strafverfolgungsrichters in der Tageszeitung „L'unione sarda" bezichtigt, Dok. A2-90/88 vom 30.5.1988.

337 Donnez, Verhandlungen des Europäischen Parlaments vom 13.6.1988, Nr. 2-366/6.

338 Dok. A2-1105/84 (Tortora) vom 28.11.1984.

339 Vgl. Art. 416 a und 112 Nr. 1 ital. StGB. Siehe zum näheren Sachverhalt, insbesondere zu dem Vorwurf des Kokainhandels Dok. A2-1105/84, S. 6 f.

340 Dok. A2-1105/84 (Tortora) vom 28.11.1984, S. 6 f.

Almirante[341] ab. Der Antrag bezog sich auf die fortgesetzt gemeinschaftlich begangene Begünstigung eines Straftäters im besonders schweren Fall. Der Abgeordnete wurde beschuldigt, gemeinsam mit anderen Personen einem Rechtsextremisten dadurch geholfen zu haben, daß sie ihm eine Geldsumme zukommen ließen, die u.a. dazu bestimmt war, zur Verhinderung einer Identitätsfeststellung eine chirurgische Operation der Stimmbänder vornehmen zu können[342]. Hinsichtlich dieses Sachverhalts bemerkte der Ausschußbericht:

> „Der Herrn Almirante vorgeworfene Sachverhalt ist besonders schändlich. Das Blutbad in Petano war in der Tat ein Staatsverbrechen, denn es wurden Polizisten (also Vertreter des Staats) ermordet. Diesen Sachverhalt kann man keineswegs lediglich als politisches Verbrechen bezeichnen."[343]

Ohne nähere Begründung dafür, welches Kriterium es erlaube, die vorgeworfene Handlung als besonders schändlich zu qualifizieren, empfahl der Ausschuß die Aufhebung der Immunität. Eine weitere Klärung der Angelegenheit wurde deshalb für nicht notwendig befunden. Der Ausschuß war aufgrund der ihm vorgelegten Dokumente offenbar hinreichend davon überzeugt, daß die Vorwürfe zutrafen. Unterstellt, die erhobenen Vorwürfe trafen zu, so spricht das tatsächliche Geschehen dieses Falles in der Tat für sich.

Die Anwendung dieses Kriteriums birgt bei unzureichender Sachverhaltskenntnis jedoch die Gefahr, daß die Berechtigung der Tatvorwürfe um so weniger angezweifelt wird, je schwerwiegender die Vorwürfe sind. Es wäre jedoch mißlich, wenn das Parlament bei seiner Sachverhaltsprüfung nach der These verfahren würde, je schwerwiegender der Vorwurf, desto höher der Wahrheitsgehalt der erhobenen Anschuldigungen.

D. Strafbarkeit der geahndeten Handlung in den übrigen Mitgliedsstaaten

Ein weiteres Kriterium, das das Europäische Parlament bei seiner Entscheidungsfindung heranzieht, ist der Aspekt der Strafandrohung in den Mitgliedsstaaten. Diesem Kriterium liegt die Überlegung zugrunde, daß ein Nichtaufhebungsbeschluß zu treffen ist, wenn die inkriminierte Handlung nur in dem Herkunftsstaat des Mitglieds strafbedroht ist. So wurde erstmals bei den Beratungen über die parlamentarische Immunität des Abgeordneten Cicciomessere erörtert, ob es nicht zweckmäßig sei, vor einer Beschlußfassung auch dem Umstand Rechnung zu tragen,

> „daß die Gesetzesvorschriften in anderen Mitgliedsstaaten als dem Mitgliedsstaat, dem der Abgeordnete angehört, sich für dieselben inkriminierten Handlungen als weniger streng erweisen können oder daß diese gar nicht als Gesetzesverstoß angesehen werden"[344].

---

341 Dok. A2-191/85 (Almirante) vom 3.11.1986; Dok. A2-195/85 (Almirante) vom 3.1.1986.

342 Der Rechtsextremist wurde beschuldigt, 1972 in Petano als anonymer Telefonanrufer das Herbeieilen der Carabinieri ausgelöst zu haben. Am vermeintlichen Einsatzort wurde eine Bombe gezündet. Bei der Explosion wurden drei Polizisten getötet. Siehe zum näheren Sachverhalt Dok. A2-191/85 (Almirante), S. 6.

343 Dok. A2-191/85 (Almirante), S. 7.

344 Dok. A2-36/87 (Cicciomessere) vom 29.4.1987, S. 10; vgl. auch Dok. A2-34/87 (Cicciomessere) und Dok. A2-35/87 (Cicciomessere).

Der Berichterstatter sicherte eine eingehende Prüfung dieses neuen Kriteriums zu und wiederholte diese Absicht in den nachfolgenden Berichten[345]. Zur Anwendung gelangte das Kriterium dann erstmals in dem Verfahren über die Aufhebung der parlamentarischen Immunität des Abgeordneten Tripodi[346]. Der Ausschuß erörterte in jenem Verfahren zum ersten Mal fallbezogen, ob man es zulassen müsse, daß

> „die parlamentarische Immunität eines Abgeordneten aufgrund einer Tat oder Handlung aufgehoben wird, die, wäre er Angehöriger eines anderen Mitgliedsstaates, nicht einmal Gegenstand eines Antrags auf Aufhebung der Immunität gewesen wäre?"[347]

Zu bedenken sei, daß es keine Strafverfolgung gegeben hätte, wenn der Abgeordnete Tripodi irischer Staatsbürger gewesen wäre, da das irische Strafrecht keine Strafverfolgung für den Tatbestand der Verherrlichung des Faschismus und Rassismus vorsehe. Diese Ansicht belege die im Anhang des Berichts wiedergegebene rechtsvergleichende Betrachtung des jeweiligen innerstaatlichen Strafrechts. Eine solche ungleiche Behandlung sei unvereinbar mit der Notwendigkeit, die parlamentarische Immunität aller Mitglieder der Versammlung einheitlich zu handhaben. Der Bericht empfahl deshalb dem Plenum, in seiner parlamentarischen Praxis ein Kriterium zu verankern, nachdem die Immunität nur dann aufgehoben werden könne, wenn von einer Strafverfolgung in allen Mitgliedsstaaten auszugehen sei. In der Aussprache erläuterte der Ausschußvorsitzende:

> „Wir sind für unser Tun und Handeln alle in gleicher Weise verantwortlich. Wir müssen, wenn wir eventuell strafbare Handlungen begehen, dafür einstehen, gleichzeitig aber müssen wir vor einer Art europäischem Gesetz gleich sein, dessen schrittweise Entwicklung natürlich unsere Aufgabe ist, da es eine solche noch nicht gibt."[348]

Auch bei der Prüfung des Antrags auf Aufhebung der parlamentarischen Immunität des Abgeordneten Rigo wurde das Kriterium der Strafbarkeit der geahndeten Handlung in den übrigen Mitgliedsstaaten herangezogen[349]. Dem Abgeordneten Rigo wurde vorgeworfen, in seiner Eigenschaft als Bürgermeister „private Interessen bei Amtshandlungen wahrgenommen zu haben"[350]. Der Immunitätsausschuß zog rechtsvergleichend nationale Strafgesetze heran und stellte fest, obgleich dieses Kriterium noch einer eingehenderen Prüfung bedürfe, „daß weder die französischen noch die deutschen Rechtsvorschriften [...] Maßnahmen für die 'Wahrnehmung privater Interessen bei Amtshandlungen' vorsehen"[351].

Ebenso stellte der Ausschußbericht im Fall des Abgeordneten Selva[352] hinsichtlich des Vorwurfs, als verantwortlicher Direktor der venezianischen Tageszeitung „Il Gazzettino" einen verleumderischen Artikel verantwortet zu haben, nach rechtsvergleichender Betrachtung fest:

---

345 Vgl. Dok. A2-99/87 (Malaud) vom 24.6.1987, S. 9; Dok. A2-176/87 (Braun-Moser) vom 20.10.1987, S. 9.

346 Siehe zum Sachverhalt Dok. A2-188/87 (Tripodi).

347 Dok. A2-188/87 (Tripodi) vom 30.10.1987, S. 9.

348 Donnez, Verhandlungen des Europäischen Parlaments vom 16.11.1987, Nr. 2-358/10.

349 Dok. A2-226/87 (Rigo) vom 27.11.1987.

350 Siehe zum Sachverhalt näher Dok. A2-226/87 (Rigo), S. 6.

351 Dok. A2-226/87 (Rigo), S. 9. Siehe hierzu auch die Wortmeldung des Berichterstatters Donnez in der Gemeinsamen Aussprache, in: Verhandlungen des Europäischen Parlaments vom 14.12.1987, Nr. 2-359/6.

352 Dok. A2-5/88 (Selva) vom 17.3.1988.

„Im vorliegenden Fall muß beachtet werden, daß die Gesetzgebung der übrigen Mitgliedsstaaten in bezug auf Pressevergehen stark von der italienischen abweicht. In Art. 18 Abs. 2 der belgischen Verfassung ist zum Beispiel folgendes festgelegt: 'Ist der Verfasser bekannt und in Belgien wohnhaft, können weder der Verleger noch der Drucker, noch der Verteiler belangt werden.' Besäße dieser Artikel in Italien Geltung, würde damit jede strafrechtliche Verfolgung von Herrn Selva hinfällig."[353]

Da eine solche Ungleichbehandlung unvereinbar sei mit der Notwendigkeit, die parlamentarische Immunität aller Mitglieder der Versammlung einheitlich zu handhaben sowie aufgrund des politischen Charakters der vorgeworfenen Handlung, empfahl der Ausschuß, die parlamentarische Immunität nicht aufzuheben. Das Plenum folgte auch in diesem Fall der Empfehlung seines Ausschusses und hob die Immunität nicht auf.

Die Problematik dieses Kriteriums wird deutlich, wenn man sich vor Augen hält, daß Mitgliedsstaaten Strafgesetze zur Bekämpfung partikulär auftretender Kriminalität erlassen haben, für deren Erlaß in anderen Mitgliedsstaaten kein Bedürfnis besteht. Die konsequente Anwendung dieses Kriteriums hätte z.B. den Nichtaufhebungsbeschluß des Europäischen Parlaments hinsichtlich der Immunität eines der Beteiligung an Straftaten der „Nuova Camorra Organizata" beschuldigten Mitglieds zu Folge[354]. Das Beispiel mag verdeutlichen, daß dieses Kriterium, wenn überhaupt, keinesfalls losgelöst von den anderen Entscheidungskriterien angewendet werden kann[355]. Generell ist es zwar i.S. einer höheren Plausibilität zu begrüßen, wenn weitere Kriterien herangezogen werden, um einen Nichtaufhebungsbeschluß zu begründen. Nicht zu verkennen ist jedoch, daß der materiellrechtliche Umfang der parlamentarischen Immunität gegenüber Art. 10 Abs. 1 lit. a des Protokolls insoweit ausgedehnt wird, als es nicht auf die Rechtslage im Herkunftsstaat des betreffenden Mitglieds ankommt, sondern auf das Vorhandensein einer Strafandrohung in allen Mitgliedsstaaten. Die Voraussetzungen, unter denen das Europäische Parlament die parlamentarische Immunität eines Mitglieds aufhebt, sind somit weitaus enger als die jeweiligen nationalen Kriterien. Obgleich das Argument der Strafbedrohung in allen Mitgliedsstaaten nachvollziehbar ist, fragt sich insoweit, ob das Parlament befugt ist, den materiellrechtlichen Gehalt der europäischen parlamentarischen Immunität abweichend von Art. 10 des Protokolls zu definieren.

---

353 Dok. A2-5/88 (Selva), S. 7.

354 Vgl. etwa die Vorwürfe gegen den früheren Abgeordneten Tortora, oben unter C.

355 Dementsprechend bedarf dieses Kriterium auch noch sorgfältiger Prüfung. So heißt es in einer jüngeren Entscheidung ausdrücklich: „This new criterion will be require careful consideration." Dok. A3-39/92 (Kostoupolos) vom 24.1.1992, S. 8.

Dritter Teil

Bindungswirkung und Justitiabilität parlamentarischen Handelns

Das Europäische Parlament überschreitet den ihm in Immunitätsangelegenheiten mit Art. 10 des Protokolls über die Vorrechte und Befreiungen gesetzten normativen Rahmen, da es z.B. entgegen der zwingend vorgeschriebenen Verweisung auf das innerstaatliche Recht von einer autonomen europäischen parlamentarischen Immunität ausgeht, die unabhängig ist von den jeweiligen innerstaatlichen Vorschriften. Auch wenn insoweit ein Widerspruch zwischen der rechtstatsächlichen Ausgestaltung der europäischen parlamentarischen Immunität und dem geschriebenen Recht besteht, so braucht die parlamentarische Praxis deshalb noch nicht als „rechts-" bzw. „vertragswidrig" bezeichnet zu werden[1]. Denkbar ist, daß die parlamentarische Praxis in einem Prozeß rechtsfortbildender Auslegung einen Verfassungszustand hervorgebracht hat, der sich ungeachtet des fließenden Übergangs zwischen gesetzesimmanenter und gesetzesfortbildender Auslegung zwar „extra legem" vollzogen hat, sich jedoch noch nicht als „extra ius", d.h. als mit der Gemeinschaftsrechtsordnung insgesamt unvereinbar darstellt[2]. Eine rechtswirksame materiell-rechtliche Änderung des Protokolls setzt jedoch voraus, daß das Parlament im Rahmen des institutionellen Gefüges der Gemeinschaft entweder befugt ist, Verfassungsrecht zu ändern (§ 1) oder anderenfalls gleichwohl von einer Bindungswirkung auch unbefugten Handelns auszugehen ist (§ 2). In jedem Fall stellt sich die Frage nach der Justitiabilität parlamentarischen Handelns in Immunitätsangelegenheiten. Ihr soll abschließend nachgegangen werden (§ 3).

§ 1 Befugnis zur materiell-rechtlichen Änderung des Protokolls

A. Demokratische Legitimation des Europäischen Parlaments

Nach innerstaatlichem Verständnis steht das Gesetzgebungsmonopol den Parlamenten bzw. den von ihnen ermächtigten Exekutivorganen zu. Die in der Verfassungswirklichkeit auszumachende „Funktionsschwäche des Gesetzgebers"[3] hat zwar die überkommene Vorstellung vom Parlament als idealem Gesetzgeber relativiert und zu einem - im doppelten Sinne - begrenzten Funktionenzuwachs der Judikative geführt. In den Mitgliedsstaaten besteht jedoch ein allgemeiner politischer

---

[1] So jedoch *Sieglerschmidt*, in: EuGRZ 1986, S. 447 f., unter Hinweis auf Fälle, in denen das Europäische Parlament bei Doppelmitgliedschaften entgegen den jeweiligen Beschlüssen der innerstaatlichen Parlamente entschied.

[2] Rechtsfortbildung und Auslegung bilden keinen Gegensatz. Vielmehr unterscheiden sie sich dort, wo es über die Auslegung der einzelnen Gesetze hinaus, um die „Auslegung der Rechtsquellen im ganzen" geht; siehe dazu *Kriele*, § 16.

[3] *Meyer-Cording*, § 17.

Konsens darüber, daß ein aus Wahlen hervorgegangenes und demokratisch legitimiertes Parlament am besten geeignet ist, als Sprachrohr der „volonté général" zu dienen[4]. Insoweit verleiht der aufgrund von Wahlen artikulierte Gemeinwille dem Parlament die demokratische Legitimation, als Repräsentant des Volkes für dieses Gesetze zu beschließen und über politische Fragen zu entscheiden.

Auch das aus Direktwahlen hervorgegangene Europäische Parlament wird ungeachtet seiner unzureichenden legislatorischen Befugnisse als Repräsentant des europäischen Volkes angesehen[5]. Seine Bezeichnung als „Parlament", seine Organisationsstruktur, sein Geschäftsgang sowie die ihm übertragenen Kontrollbefugnisse machen das Europäische Parlament mit den innerstaatlichen Parlamenten durchaus vergleichbar. Die Annahme, daß es bereits aufgrund seiner durch die Direktwahl erlangten demokratischen Legitimation[6] zur Änderung und Fortbildung des Art. 10 des Protokolls befugt sein könnte, ist deshalb nicht fernliegend. Indes steht dieser dem innerstaatlichen Rechtsdenken entspringenden These entgegen, daß gemäß Art. 4 Abs. 1 EWGV jedes Gemeinschaftsorgan „nach Maßgabe der ihm in diesem Vertrag zugewiesenen Befugnisse" handelt[7]. Das Parlament verfügt mit anderen Worten nur über diejenigen Kompetenzen, die ihm die Verträge zuweisen. Zudem geht die Ausübung dieser Befugnis nur so weit, als sie den anderen Gemeinschaftsorganen kein Recht nehmen kann, das ihnen nach den Verträgen selbst zusteht[8]. Die aus den Direktwahlen gewonnene demokratische Legitimation kann dem Europäischen Parlament deshalb keine weiterreichenden Kompetenzen verleihen, als die in den Verträgen zugewiesenen Befugnisse des Parlaments gehen. Zwar bestehen Rechtsbereiche, „in denen eine ... Gesetzgebungskompetenz des Parlaments aus dem Demokratieprinzip beschlossen werden kann"[9]. Diese werden jedoch durch die dem Parlament in den Verträgen zugewiesenen Befugnisse begrenzt. So stehen dem Europäischen Parlament trotz seiner demokratischen Legitimation weder die Feststellung des Haushaltsplans[10] noch sonstige legislative Befugnisse außerhalb seines Selbstorganisationsrechts zu. Über die Beteiligung der in Art. 235 f. EWGV zwingend vorgeschriebenen Verfahren hinaus bestehen verfassungsändernde oder -ergänzende Befugnisse des Europäischen Parlaments kraft seiner demokratischen Legitimation weder im allgemeinen noch im Hinblick auf eine Änderung des Art. 10 des Protokolls. Mit anderen Worten reprä-

---

4 Siehe zur Stellung des Parlaments im innerstaatlichen Gefüge: *Achterberg*, § 5 m.w.N.; zur demokratischen Legitimation: *Hesse*, § 5 II 2, 3; zum Demokratieprinzip in der Gemeinschaft *Bieber*, Verfahrensrecht, S. 109 f. m.w.N.; ders., in: G/T/E, Art. 137 EWGV Rn. 1-4 m.w.N.; *Hilf*, in: EuR 1984, S. 9 ff.; *Ress*, in: FS Geck, S. 640 sowie *Frowein*, in: EuR 1983, S. 301 ff.

5 Vgl. *Thöne-Wille*, Die von der „Repräsentationskörperschaft der civitas europae" spricht, S. 6, sehr str.

6 Siehe zur Legitimationswirkung der Direktwahl hier nur *Zuleeg*, in: Liber Amicorum B.C.H., S. 361 ff.

7 Siehe zur Kategorie des „institutionellen Gleichgewichts" *Bieber*, Verfahrensrecht, S. 101 ff. m.w.N. sowie sogleich unter B. II. 1.

8 EuGH Rs. 149/85 (Wybot/Faure), Slg. 1986, S. 2409 Ziff. 23.

9 *Bleckmann*, Europarecht, Rn. 90.

10 Das Europäische Parlament kann zwar dem Rat Änderungen des Haushaltsplanentwurfs vorschlagen (Art. 203 Abs. 3 S. 3 EWGV, 177 Abs. 3 EAGV) oder den Haushaltsentwurf insgesamt ablehnen und damit eine neue Beratung erzwingen. Die Feststellung des Haushaltsplans obliegt jedoch dem Rat.

sentiert das Europäische Parlament zwar die Völker der in der Europäischen Gemeinschaft zusammengeschlossenen Staaten, seine demokratische Legitimation allein verleiht ihm jedoch keine zur materiell-rechtlichen Änderung des Art. 10 des Protokolls ausreichenden Befugnisse.

B. Interne Organisationsgewalt des Europäischen Parlaments

I. Der Grundsatz der internen Organisationsgewalt

Denkbar ist, daß das Europäische Parlament aufgrund seines in Art. 142 EWGV verankerten Selbstorganisationsrechts zu einer materiell-rechtlichen Änderung des Art. 10 des Protokolls befugt ist. Die interne Organisationsgewalt, die dem Europäischen Parlament in den Art. 25 Abs. 1 EGKSV, 142 Abs. 1 EWGV und 112 Abs. 1 EAGV zuerkannt wird[11], verleiht dem Parlament das Recht, autonom die Art und Weise der Erfüllung der ihm übertragenen Aufgaben zu regeln[12]. Die Organisationsgewalt beinhaltet nicht nur die Befugnis, sich autonom eine Geschäftsordnung zu geben und Regeln für den Ablauf der Sitzungen zu erlassen, sondern bildet vielmehr eine allgemeine Kompetenznorm zum Erlaß aller für das Funktionieren des Europäischen Parlaments erforderlichen Maßnahmen[13]. Insoweit unterfällt nicht nur die mit Art. 5 GOEP wahrgenommene Befugnis des Europäischen Parlaments zur Ausgestaltung des Verfahrens zur Aufhebung der europäischen parlamentarischen Immunität der internenen Organisationsgewalt, sondern auch dessen Änderung bzw. dessen gemäß Art. 131 Abs. 5 GOEP verbindlich angenommenen Auslegung. Interne Organisationsmaßnahmen müssen sich somit nicht nur auf die Rechtsverhältnisse der dem Parlament angehörenden Mitglieder und Verwaltungsbeamten beschränken, sondern können sich unter Umständen auch auf Dritte und deren Rechte erstrecken[14]. So führte der Gerichtshof in der Rs. 208/80 (Lord Bruce of Donington/Aspden) im Hinblick auf die Befugnisse der Mitgliedsstaaten gegenüber parlamentsinternen Regelungen aus, „daß die Erstattung der den Mitgliedern des Parlaments in Ausübung ihres Mandants entstandenen Reise- und Aufenthaltskosten eine interne Organisationsmaßnahme ist, die die Funktionsfähigkeit des Organs sicherstellen soll“[15].

Die Mitgliedsstaaten seien gegenüber diesen Erstattungsmaßnahmen grundsätzlich gehalten, die pauschale Kostenerstattung zu respektieren und in diesem Bereich Kontrollen der nationalen Steuerbehörden zu unterlassen[16].

In weiteren auf dieses Urteil folgenden Rechtssachen hat der Gerichtshof Inhalt und Reichweite der internenen Organisationsgewalt des Europäischen Par-

---

[11] EuGH Rs. 149/85 (Wybot/Faure), Slg. 1986, S. 2408 Ziff. 16 sowie GA Darmon, Schlußantrag in der Sitzung vom 3.12.1986, Slg. 1986, S. 2399.

[12] Siehe zur historischen Entwicklung der Geschäftsordnungsautonomie im innerstaatlichen Bereich *Pietzcker*, in: Schneider/Zeh, S. 333, 343.

[13] *Bieber*, in: Beutler/Bieber/Pipkorn/Streil, S. 115; ders., in: G/T/E, Art. 142 Rn. 1; so auch *Läufer*, in: Grabitz, Art. 142 EWGV Rn. 1.

[14] Siehe *Bieber*, Verfahrensregeln, S. 31 m.w.Bsp. aus der Praxis sowie ders., Verfahrensrecht, S. 166 ff.

[15] Slg. 1981, S. 2205, 2219.

[16] Slg. 1981, S. 2220, Ziff. 19. Diese Unterlassungspflicht ergibt sich auch aus Art. 5 EWGV.

laments näher bestimmt[17]. Grundlegend sind seine Ausführungen in dem ersten Urteil zur Frage der Zuständigkeit des Parlaments im Hinblick auf die Festlegung des Sitzungs- und Arbeitsortes des Parlaments[18]. Der EuGH anerkannte in dieser Rechtssache die grundsätzliche Befugnis des Parlaments, „aufgrund der ihm [...] zugebilligten internen Organisationsgewalt geeignete Maßnahmen zu ergreifen, um sein ordnungsgemäßes Funktionieren und die Durchführung seiner Verfahren sicherzustellen"[19].

In der Rs. 149/85 (Wybot/Faure)[20] äußerte sich der Gerichtshof auch zu den Befugnissen des Parlaments im Hinblick auf die Regelung von Immunitätsangelegenheiten. Zwar beschränkte er sich in seinen Urteilsgründen auf die Befugnis des Parlaments, die Dauer der Sitzungsperiode und damit die zeitliche Geltung der europäischen parlamentarischen Immunität gemäß Art. 10 Abs. 1 des Protokolls zu regeln. Er stellte diese Befugnis jedoch unter Berufung auf sein Urteil in der Rs. 230/81 (Luxemburg/Parlament)[21] als Teil einer umfassenden internenen Organisationsgewalt dar, der zufolge es dem Parlament erlaubt sei, die für sein ordnungsgemäßes Funktionieren und die Durchführung seiner Verfahren geeigneten Maßnahmen zu ergreifen. Wörtlich führte er aus:

> „Aufgrund dieser internen Organisationsgewalt ist das Europäische Parlament nach dem Urteil vom 10. Februar 1983 in der Rechtssache 230/81 (Luxemburg/Parlament, Slg. 1983, S. 255) berechtigt, 'geeignete Maßnahmen zu ergreifen, um sein ordnungsgemäßes Funktionieren und die Durchführung seiner Verfahren sicherzustellen'."[22]

Sein methodisches Vorgehen in dieser Rechtssache zeigt, daß das Parlament zur Regelung der ihm übertragenen Aufgaben offenbar auch dort Geschäftsordnungsrecht setzen darf, wo die Verträge Lücken lassen, bzw. der Fortbildung bedürfen. Erst nach einer Prüfung, ob die Verträge unmittelbare oder mittelbare Hinweise zur Dauer der parlamentarischen Sitzungsperiode enthalten, stellte der EuGH fest: „Mangels einschlägiger Vertragsbestimmungen fällt deshalb die Festsetzung der Dauer der Sitzungsperioden unter die interne Organisationsgewalt ...."[23]

Dieses Vorgehen legt nahe, daß der EuGH die Befugnis des Parlaments, vertragliche Lücken mit Hilfe von Geschäftsordnungsregeln auszufüllen, grundsätzlich anerkennt[24]. Die Ausübung dieser Befugnis und die Ausgestaltung des parlamentarischen Verfahrens in Immunitätsangelegenheiten steht jedoch keineswegs im uneingeschränkten Belieben des Europäischen Parlaments. Vielmehr ist die Reichweite der internen Organisationsgewalt begrenzt.

---

17 EuGH Rs. 230/81 (Luxemburg/Parlament), Slg. 1983, S. 255, 287; EuGH Rs. 108/83 (Luxemburg/Parlament), Slg. 1984, S. 1945; EuGH Rs. 294/83 (Les Verts/Parlament), Slg. 1986, S. 1339, 1370; EuGH Rs. 149/85 (Wybot/Faure), Slg. 1986, S. 2391, 2408; EuGH verb. Rs. 358/85 und 51/86 (Frankreich/Parlament), Slg. 1988, S. 4821, 4855; EuGH Rs. C-213/88 und C-39/89 (Luxemburg/Parlament), Urt. v. 28.11.1991, noch nicht in der Amtl. Slg.; sowie aus der Literatur: *Zuleeg*, Le parlement, S. 177; *Bieber*, Verfahrensregeln, S. 25; *Jacqué/Bieber/Constantinesco/Nikkel*, S. 83; *Jacqué*, La pratique, S. 381 ff.

18 EuGH Rs. 230/81 (Luxemburg/Parlament), Slg. 1983, S. 255 ff.

19 EuGH Rs. 230/81 (Luxemburg/Parlament), Slg. 1983, S. 255, Ziff. 38.

20 Slg. 1986, S. 2391 ff.

21 Slg. 1983, S. 255.

22 EuGH Rs. 149/85 (Wybot/Faure), Slg. 1986, S. 2408, Ziff. 16.

23 Slg. 1986, S. 2408, Ziff. 16; siehe in dieser Sache auch GA Darmon, Slg. 1986, S. 2399.

24 Vgl. *Bieber*, Verfahrensregeln, S. 40.

II. Die Reichweite der internen Organisationsgewalt

Die interne Organisationsgewalt des Europäischen Parlaments hat aufgrund ihrer Verankerung im primären Gemeinschaftsrecht zwar ihrerseits Verfassungsrang, das kraft dieser Organisationsgewalt erlassene autonome Geschäftsordnungsrecht steht jedoch als sekundäres Recht im Rang unterhalb der Verträge[25]. Insoweit wird die Reichweite der internen Organisationsgewalt zum einen gemäß Art. 4 Abs. 1 EWGV durch entgegenstehende Befugnisse anderer Gemeinschaftsorgane begrenzt (1.), zum anderen durch das in Art. 5 EWGV enthaltene Loyalitätsgebot, das den Mitgliedsstaaten und den Gemeinschaftsorganen gegenseitige Pflichten zur loyalen Zusammenarbeit auferlegt (2.).

1. Institutionelles Gewaltengleichgewicht

Gemäß Art. 4 Abs. 1 EWGV, demzufolge „jedes Organ nach Maßgabe der ihm in diesem Vertrage zugewiesenen Befugnisse handelt", haben die Gemeinschaftsorgane untereinander ihre jeweiligen Zuständigkeitsbereiche zu respektieren. Die Achtung entgegenstehender Kompetenzen bei der Ausübung eigener Befugnisse folgt zudem aus dem Schema des Vertragswerkes selbst. Dieses besteht darin, Umfang, Voraussetzungen und Modalitäten der Ausübung verschiedener Gemeinschaftskompetenzen zu spezifizieren, wobei keinem Organ eine allgemeine Rechtsetzungsbefugnis zusteht. Eine Rechtsetzungsbefugnis ist vielmehr stets nur in den enumerativ aufgeführten Fällen kraft vertraglicher Einzelermächtigung verfügbar.

Dementsprechend prüft der Gerichtshof in der Rs. 149/85 (Wybot/Faure),

> „ob die Praxis des Europäischen Parlaments die Art. 22 Abs. 3 EGKS-Vertrag, 139 Abs. 2 EWG-Vertrag und 109 Abs. 2 EAGV-Vertrag, nach denen nicht nur die Mehrheit der Parlamentsmitglieder, sondern auch andere Gemeinschaftsorgane, nämlich der Rat und die Kommisson, die Einberufung zu einer außerordentlichen Sitzungsperiode beantragen können, nicht leerlaufen ließe"[26].

Zur Begründung dieses Vorgehens erläuterte er:

> „Im Rahmen des in den Verträgen vorgesehenen Gewaltengleichgewichts zwischen den Organen kann nämlich die Praxis des Europäischen Parlaments den anderen Organen nicht ein Recht nehmen, das ihnen nach den Verträgen selbst zusteht."[27]

Die Ausübung der internen Organisationsgewalt des Europäischen Parlaments kann mit anderen Worten nur so weit gehen, als dadurch den anderen Gemeinschaftsorganen keine Kompetenzen genommen werden. Das Parlament hat deshalb alle Maßnahmen zu unterlassen, die andere Gemeinschaftsorgane bei der Wahrnehmung ihrer Aufgaben hindern würden[28]. Dementsprechend hat der EuGH in der Rs. 149/85 (Wybot/Faure) die interne Organisationsgewalt im Hinblick auf die Festlegung der Dauer der parlamentarischen Immunität auf die

---

[25] *Bieber*, Verfahrensregeln, S. 40, sowie ders., Verfahrensrecht, S. 256; *Grabitz*, in: ders., Art. 4 EWGV Rn. 3, 7.

[26] Rs. 149/85 (Wybot/Faure), Slg. 1986, S. 2409, Ziff. 23; vgl. zu weiteren Spezialvorschriften, die die interne Organisationsgewalt beschränken können: *Rutschke*, S. 6 f.

[27] Rs. 149/85 (Wybot/Faure), Slg. 1986, S. 2409, Ziff. 23; problematisch ist die von *Bleckmann* vertretene Ansicht: „Das Prinzip der begrenzten Einzelermächtigung gilt also für das Europäischen Parlament grundsätzlich nicht." (Europarecht, Rn. 93).

[28] *Bieber*, in: G/T/E, Art. 142 EWGV Rn. 1.

Befugnis reduziert, nach Maßgabe der Art. 139 EWGV, 27 FusV und 10 Abs. 3 der Direktwahlakte über den Schluß der jährlichen Sitzungsperiode zu entscheiden.

Eine Befugnis des Europäischen Parlaments zur Änderung des Protokolls kraft interner Organisationsgewalt ist deshalb ausgeschlossen, soweit diese in die Zuständigkeit eines anderen Gemeinschaftsorgans fällt.

2. *Loyalitätsgebot gegenüber den Mitgliedsstaaten*

Das Parlament hat nicht nur Kompetenzen anderer Gemeinschaftsorgane zu beachten. Vielmehr ist es aufgrund der in Art. 5 EWGV verankerten allgemeinen Regel, daß Mitgliedsstaaten und Gemeinschaftsorgane gegenseitige Pflichten zur loyalen Zusammenarbeit und Unterstützung unterliegen[29], auch verpflichtet, auf die berechtigten Interessen der Mitgliedsstaaten Rücksicht zu nehmen. Dementsprechend hat der Gerichtshof mit Beschluß vom 13.7.1990 in der Rs. C-2/88 (Zwartveld)[30] die den Gemeinschaftsorganen aus Art. 5 EWGV obliegende Verpflichtung zur loyalen Zusammenarbeit gegenüber den Mitgliedstaaten herausgestellt, gleichzeitig aber auch deren Verpflichtung zur Amts- und Rechtshilfe betont. Das Protokoll über die Vorrechte und Befreiungen könne den Gemeinschaftsorganen keinesfalls gestatten, die Verpflichtung zur loyalen Zusammenarbeit mit den nationalen Behörden, insbesondere mit den Gerichten zu mißachten, auf die Art. 19 des Protokolls im übrigen selbst verweise[31]. Insoweit ergeben sich aus Art. 5 EWGV für die Gemeinschaftsorgane nicht nur Handlungs-, sondern auch Unterlassungspflichten. Dementsprechend begrenzte der Gerichtshof auch mit dem Argument entgegenstehender staatlicher Zuständigkeit die Befugnis des Europäischen Parlaments, in Ausübung seiner internen Organisationsgewalt den Sitz seines Arbeitsortes festzulegen. Aufgrund der namentlich in Art. 5 EWGV verankerten Pflichten zur loyalen Zusammenarbeit hätte das Europäische Parlament die Zuständigkeit der Regierungen der Mitgliedsstaaten für die Festlegung des Sitzes der Organe und die zwischenzeitlich getroffenen vorläufigen Entscheidungen zu beachten[32].

Folgerichtig entschied der EuGH auch in seinem zweiten Urteil zum Arbeitsort des Europäischen Parlaments:

> „Erläßt das Parlament im Rahmen der Ausübung seiner Zuständigkeit auf dem Gebiet der internen Organisation Maßnahmen [...], so hat es die durch den Beschluß der Mitgliedsstaaten vom 8. April 1965 gesetzten Grenzen zu beachten."[33]

Diese Grenzen würden namentlich durch Art. 4 des Beschlusses, demnach das Generalsekretariat des Europäischen Parlaments und seine Dienststellen in Luxemburg bleiben[34] sowie durch das vorerwähnte Urteil in der Rs. 230/81 (Luxemburg/Parlament) gezogen.

---

29 Vgl. *Zuleeg*, in: G/T/E, Art. 5 EWGV Rn. 12 m.w.N.

30 Slg. 1990, S. I-3365; und *Prieß*, in: EuR 1991, S. 342 ff.

31 Slg. 1990, S. I-3373, Ziff. 21.

32 EuGH Rs. 230/81 (Luxemburg/Parlament), Slg. 1983, S. 255, 287, Ziff. 38; siehe dazu *Louis*, in: Cah.dr.eur. 1983, S. 533, 540 ff.; *Masclet*, in: RMC 1983, S. 518, 526 ff.; *Beutler*, in: EuR 1983, S. 284, 289; sowie EuGH Rs. 44/84 (Hurt/Jones), Slg. 1986, S. 47, 81; und *Prieß*, in: EuR 1991, S. 347.

33 EuGH Rs. 108/83 (Luxemburg/Parlament), Slg. 1984, S. 1945, 2. Leits.; siehe dazu *Masclet*, in: RTDE 1984, S. 538 ff.; *Beutler*, in: EuR 1984, S. 143, 150 f.

34 ABl. 1967 Nr. 152/18.

Auch im Bereich der Regelung eines Finanzierungssystems der Wahlen zum Europäischen Parlament hat der Gerichtshof die interne Organisationsgewalt des Parlaments mit der Existenz entgegenstehender Kompetenzen der Mitgliedsstaaten begrenzt. Ein vom Europäischen Parlament kraft interner Organisationsgewalt geschaffenes Finanzierungssystem, das sich nicht von einem System der pauschalen Wahlkampfkostenerstattung unterscheide, sei

> „wegen Verletzung von Art. 7 Abs. 2 des Aktes zur Einführung allgemeiner unmittelbarer Wahlen der Abgeordneten der Versammlung rechtswidrig, da es einen Eingriff in die aufgrund dieser Vorschrift noch bei den Mitgliedsstaaten liegenden Zuständigkeiten"

darstelle[35].

Die angeführte Rechtsprechung zeigt, daß das Parlament bei der Ausübung seiner internen Organisationsgewalt über die Beachtung entgegenstehender Kompetenzen der anderen Gemeinschaftsorgane hinaus, auch mitgliedsstaatliche Befugnisse zu beachten hat. Für den Regelungsbereich des Protokolls über die Vorrechte und Befreiungen ergibt sich diese Verpflichtung aus Art. 19 des Protokolls, der als spezielle Ausprägung des auf Art. 5 EWGV beruhenden Grundsatzes der loyalen Zusammenarbeit[36] statuiert: „Bei der Anwendung dieses Protokolls handeln die Organe der Gemeinschaften und die verantwortlichen Behörden der beteiligten Mitgliedsstaaten im gegenseitigen Einvernehmen." Art. 19 des Protokolls konkretisiert damit nicht nur die den Mitgliedsstaaten und den Organen der Gemeinschaften in Art. 5 EWGV auferlegte gegenseitige Verpflichtung zur loyalen Zusammenarbeit, sondern zwingt sie darüber hinaus, bei der Anwendung des Protokolls Einvernehmen zu erzielen.

III. Folgerungen für die Befugnis des Europäischen Parlaments zur Änderung des Protokolls

Das Europäische Parlament ist zwar im Rahmen seiner internen Organisationsgewalt grundsätzlich befugt, die für sein ordnungsgemäßes Funktionieren notwendigen Maßnahmen und Regelungen autonom zu treffen, jedoch nur so weit, als entgegenstehende Zuständigkeiten der anderen Gemeinschaftsorgane bzw. der Mitgliedsstaaten dadurch nicht berührt werden. Vor diesem Hintergrund ist das Europäische Parlament nicht befugt, Art. 10 des Protokolls in Ausübung seiner internen Organisationsgewalt zu ändern.

Einer entsprechenden Befugnis steht bereits Art. 19 des Protokolls entgegen, der zwar keine kompetenzrechtliche Vorschrift darstellt, andererseits jedoch einseitige Maßnahmen ausschließt. Ein Handeln des Europäischen Parlaments „im Einvernehmen" mit den verantwortlichen Behörden der beteiligten Mitgliedsstaaten ist aber in der Praxis nicht ersichtlich. Weder ist ein „Einvernehmen" von Seiten der Mitgliedsstaaten ausdrücklich erklärt worden, noch ist die überwiegende Befolgung der Entschließungen des Europäischen Parlaments als konkludente Einwilligung in dessen Praxis zu verstehen[37]. Auch darf Art. 13

---

[35] EuGH Rs. 294/83 (Les Verts/Parlament), Slg. 1986, S. 1340, 5. Leits.; dazu *Kovar*, in: Cah.dr.eur. 1987, S. 314, 325; *Bieber*, Achievements, in: CMLRev. 1984, S. 283, 302 f.

[36] *Prieß*, in: EuR 1984, S. 348.

[37] So wird man kaum von dem Einvernehmen eines Mitgliedsstaats i.S.d. Art. 19 des Protokolls sprechen können, wenn sich, wie im Fall der Abgeordneten Simons und Walter, in-

der Direktwahlakte nicht übersehen werden. Die Direktwahlakte enthält zwar im Hinblick auf die europäische parlamentarische Immunität mit Art. 4 Abs. 2 lediglich eine deklaratorische Bestimmung. Die Änderung des sachlichen Gehalts der europäischen parlamentarischen Immunität berührt jedoch auch den Status der Mitglieder des Europäischen Parlaments und damit Art. 13 der Direktwahlakte, demnach Maßnahmen zur Änderung der Direktwahlakte einen einstimmigen Ratsbeschluß erfordern[38]. Dementsprechend wird in der Literatur vertreten: „Toute question non régie jusqu'ici par le Protocole peut etre réglée par le Conseil, sur initiative du Parlement, par le biais de l'article 4 paragraphe 1 et de l'article 13 de l'Acte du 20 septembre 1976 sur l'élection directe."[39]

Art. 13 DWA erlaubt es dem Europäischen Parlament demnach nicht, z.B. den in Art. 10 Abs. 1 lit. a) des Protokolls enthaltenen Begriff der „zuerkannten Unverletzlichkeit" gemeinschaftsautonom im rechtsvergleichenden Rückgriff auf das mitgliedsstaatliche Recht zu definieren. Auch die Tatsache, daß die Anwendung von Art. 4 Abs. 2 DWA zu einer erheblichen Ungleichbehandlung der Mitglieder führt, erlaubt es nicht, im Sinne einer gemeinschaftskonformen, an den Zielen der Integration ausgerichteten Auslegung[40], die europäische parlamentarische Immunität entgegen dem eindeutigen Wortlaut des Art. 10 Abs. 1 lit. a) des Protokolls im Sinne einer Unabhängigkeit von der nationalen parlamentarischen Immunität zu definieren. Insoweit verbietet die Autorität des geschriebenen Rechts und der erkennbare Wille des Gesetzgebers eine entsprechende Auslegung. Vor allem darf jedoch nicht übersehen werden, daß das Protokoll über die Vorrechte und Befreiungen als ein mit dem Fusionsvertrag unmittelbar verbundener Text ein Vertrag der Mitgliedsstaaten ist und daher auch nur durch einen Vertrag zwischen den Mitgliedsstaaten abgeändert werden kann[41]. Das Verfahren zur Revision des Protokolls richtet sich deshalb nach Art. 236 EWGV, demnach das Parlament zwar Textvorschläge ausarbeiten und diese der Kommission zur Einleitung eines Vertragsänderungsverfahrens unterbreiten kann, einseitige rechtsändernde Maßnahmen des Parlaments sind jedoch insoweit ausgeschlossen.

Nicht zu beanstanden sind mithin die Bemühungen des Europäischen Parlaments auf dem Wege des Art. 236 EWGV, eine Revision des Protokolls über die Vorrechte und Befreiungen zu erreichen. So überreichte das Europäische Parlament der

---

nerstaatliche Verfolgungsbehörden und Gerichte über die Rechtsauffassungen des Europäischen Parlaments (Dok. A2-35/86 Simons/Walter) hinwegsetzen und entgegen dem Aussetzungsverlangen des Parlaments wegen einer Ordnungswidrigkeit verfolgen. Siehe OLG Köln, Beschl. v. 26.5.1987, Ss 310/86, NStZ 1987, 564 f.

38 Art. 13 des Protokolls lautet: „Sollte es sich als erforderlich erweisen, Maßnahmen zur Durchführung dieses Akts zu treffen, so trifft der Rat diese Maßnahmen einstimmig auf Vorschlag der Versammlung und nach Anhörung der Kommission, nachdem er sich in einem Konzertierungsausschuß, dem der Rat sowie Abgeordnete der Versammlung angehören, um ein Einvernehmen mit der Versammlung bemüht hat." — Siehe auch die im Anhang III der Direktwahlakte aufgenommene „Erklärung zu Art. 13".

39 *Jacqué/Bieber/Constantinesco/Nickel*, S. 82.

40 Siehe zur sog. funktionalen Gewährung all derjenigen Vorrechte und Befreiungen, die zur Erfüllung der Gemeinschaftsaufgaben erforderlich sind, Art. 28 Abs. 1 FusV; *Oppermann* Rn. 146.

41 Vgl. *Jacqué/Bieber/Constantinesco/Nickel*, S. 82: „En raison de sa nature juridique, puisqu'il fait partie intégrante du traité de fusion conclu entre les Etats membres, le Protocole ne peut être modifié que par les parties contractantes agissant de commun accord." — Vgl. auch *Bernhardt*, in: Kommisson der EG (Hrsg.), S. 77, 82 ff.

Kommission mit Datum vom 15.11.1983 den Entwurf über Anpassungen des Protokolls mit der Bitte, ein Vertragsänderungsverfahren einzuleiten. Die Kommission legte daraufhin dem Rat am 30.11.1984 einen den Empfehlungen des Europäischen Parlaments entsprechenden Vorschlag vor[42]. Indes ist festzustellen, daß die zur Protokolländerung Berufenen bislang untätig geblieben sind. Zwar konsultierte der Präsident des Rates mit Schreiben vom 8.5.1985 das Europäische Parlament zu dem Protokollsentwurf gemäß Art. 236 EWGV[43]. Den ihm übermittelten Parlamentsentwurf[44] hat der Rat jedoch bislang unbeachtet gelassen. Eine Entscheidung des Rates über den Vorschlag steht noch immer aus[45]. Damit stellt sich die Frage, ob sich die Reichweite der internen Organisationsgewalt bei Untätigkeit des zur Gesetzesänderung berufenen Organs erweitert.

C. Reichweite der internen Organisationsgewalt bei Untätigkeit des Rates

Geht man davon aus, daß Art. 10 des Protokolls zur Vermeidung weiterer Ungleichheiten zwischen den Abgeordneten einer Revision bedarf, eine Protokolländerung jedoch der Zuständigkeit des Europäischen Parlaments entzogen ist, so fragt sich, ob und inwieweit das Parlament anstelle des untätig bleibenden Rates organisationssichernde Maßnahmen zur Sicherung der eigenen Funktionsfähigkeit (I.) bzw. zur Sicherung der Funktionsfähigkeit der Gemeinschaft (II.) treffen kann.

I. Sicherung der Funktionsfähigkeit des Europäischen Parlaments

Die fragmentarische Natur des Gemeinschaftsrechts, das sich erst im Integrationsprozeß der europäischen Einigung vollständig herausbildet sowie die Entscheidungsschwäche des Rates haben es in der Vergangenheit schon mehrfach erfordert, daß zur Sicherung der Funktionsfähigkeit der Gemeinschaft andere anstelle des eigentlich berufenen Organs gehandelt haben. Dieses Prinzip der Funktionsfähigkeit, das als ein das Gemeinschaftsrecht ausrichtender und qualifizierender Leitsatz die Existenz der Gemeinschaft als solcher und ihre Wirksamkeit sichert, ergibt sich ungeschrieben aus dem Wesen der Integration und findet materiell seinen positiven Niederschlag in den Zielbestimmungen der Verträge[46]. Es stellt insoweit nicht nur eine bloße Auslegungsregel, sondern einen allgemeinen Rechtsgrundsatz dar[47].

Bieber vertritt in diesem Zusammenhang unter Hinweis auf die Rechtsprechung des EuGH zur Frage des Sitzungsortes folgende Auffassung:

> „Soweit die Staaten von Zuständigkeiten, die ihnen exklusiv zugewiesen sind (z.B. Art. 216 EWGV), keinen Gebrauch machen, erwachsen den EG-Organen zwar keine entsprechenden Zuständigkeiten, doch dürfen sie ihre Organisationsbefugnisse zum Erlaß

---

42 KOM (84) 666 endg.

43 Dok. C2-31/85.

44 ABl. 1987 Nr. C99/44 vom 13.4.1987.

45 Siehe zu den Reformbestrebungen näher: *Bieber*, in: G/T/E, Art. 138 EWGV Anhang 29.

46 *Ipsen*, 8/30, 10/36, 10/40-50; *Nicolaysen*, in: EuR 1972, S. 378 ff.; siehe auch Art. 3 h, 38 Abs. 4, 93 Abs. 1, 100, 108 Abs. 1, 115 Abs. 3, 224, 226 Abs. 3 EWGV.

47 Vgl. *Pechstein*, S. 118 m.N. aus der Rspr.; *Bieber*, Verfahrensrecht, S. 104.

von Maßnahmen soweit in Anspruch nehmen, als dies für ein ordnungsgemäßes Funktionieren unerläßlich ist."[48]

Folgt man dieser Ansicht Biebers, wäre das Europäische Parlament in Ausübung seiner internen Organisationsgewalt generell befugt, Vertragslücken auf dem Wege der Geschäftsordnungsgebung selbst dann auszufüllen, wenn die zu regelnde Materie in einen fremden Zuständigkeitsbereich fällt. Demgegenüber läßt der EuGH einer in Ausübung der internen Organisationsbefugnis getroffenen Maßnahme, die der Mitgliedsstaatlichen Zuständigkeit zwar exklusiv zugewiesen, jedoch unterblieben ist, nur unter engen Voraussetzungen zu. In der dritten Entscheidung des EuGH, den Arbeitsort des Europäischen Parlaments betreffend, entschied er, es sei nicht ausgeschlossen,

„daß das Parlament in Ausübung seiner Zuständigkeit für die Regelung seiner internen Organisation die Abhaltung einer Plenartagung außerhalb Straßburgs beschließt, wenn eine solche Entscheidung Ausnahmecharakter behält [...] und wenn die Entscheidung aus objektiven, mit dem ordnungsgemäßen Funktionieren des Parlaments zusammenhängenden Gründen gerechtfertigt ist"[49].

Demnach soll es dem Europäischen Parlament zwar erlaubt sein, zur Sicherung seiner Funktionsfähigkeit kraft seiner internen Organisationsgewalt funktionssichernde Maßnahmen zu erlassen, jedoch gerade nur soweit, wie dadurch die vertraglich festgelegten Kompetenzen anderer Gemeinschaftsorgane bzw. mitgliedsstaatliche Befugnisse nicht verletzt werden. Die Entscheidung zeigt zudem auch, daß es nicht darauf ankommt, ob das Parlament die Regelung für sein ordnungsgemäßes Funktionieren subjektiv für erforderlich hält[50]. Die beabsichtigte Regelung und die damit verbundene Verletzung fremder Kompetenzen muß vielmehr aus objektiven Gründen gerechtfertigt sein.

Auch die vorerst letzte Entscheidung des Gerichtshofs zum Arbeitsort des Europäischen Parlaments macht deutlich, daß das Parlament bei der Ausübung seiner internen Organisationsgewalt mitgliedsstaatliche Zuständigkeiten zu wahren hat. Im Hinblick auf eine Entschließung des Parlaments über seinen Hauptarbeitsort vom 18.1.1989[51] entschied der EuGH mit Urteil vom 28.11.1991:

„Es steht fest, daß die Regierungen der Mitgliedsstaaten ihrer Verpflichtung zur endgültigen Festlegung des Sitzes der Organe gemäß den Bestimmungen der Verträge noch nicht nachgekommen sind. Dieser Umstand bringt jedoch keinesfalls eine Erweiterung des Beurteilungsspielraums des Parlaments bei der Ausübung seiner internen Organisationsgewalt mit sich; das Parlament ist demgemäß verpflichtet, die Zuständigkeit der Regierungen der Mitgliedsstaaten für die Festlegung des Sitzes der Organe und die zwischenzeitlich getroffenen vorläufigen Entscheidungen zu beachten."[52]

Die oben zitierte Ansicht Biebers kann deshalb nur in den Fällen Geltung beanspruchen, in denen der Ausnahmecharakter der getroffenen Regelung deutlich wird. Keinesfalls kann das Europäische Parlament in Ausübung seiner internen Organisationsgewalt fremde Zuständigkeiten endgültig an sich ziehen und von

48 *Bieber*, Verfahrensregeln, S. 39; relativierend, Verfahrensrecht, S. 257.

49 EuGH verb. Rs. 358/85 und 51/86 (Frankreich/Parlament), Slg. 1988, S. 4821, 4856 Ziff. 36.

50 So offenbar *Bieber*, Verfahrensregeln, S. 45.

51 ABl. 1989 Nr. C-47/88.

52 EuGH verb. Rs. C-213/88 und C-39/89 (Luxemburg/Parlament) noch nicht in der Amtl. Slg.

dem vertraglich festgelegten Nebeneinander der Kompetenzen von Mitgliedsstaaten und Gemeinschaft einseitig und dauerhaft zu seinen Gunsten abweichen.

II. Sicherung der Funktionsfähigkeit der Europäischen Gemeinschaft

In seiner positiv-rechtlichen Ausgestaltung als Rechtsprechungsmaxime bedeutet das Prinzip der Funktionsfähigkeit „primär den Auftrag an den Gerichtshof zu entsprechender Interpretation des Gemeinschaftsrechts", demnach im Zweifel beispielsweise „das Funktionieren der Gemeinschaften dem Souveränitätsanspruch der Mitgliedsstaaten vorzuziehen ist"[53]. Anerkannt ist, daß zur Sicherung der Funktionsfähigkeit der Gemeinschaft sowohl der Gerichtshof als auch die Kommission in bestimmten Fällen ersatzorganschaftlich tätig werden können. Hervorzuheben ist in diesem Zusammenhang die rechtsfortbildende Tätigkeit des EuGH (1.) sowie seine Rechtsprechung zu den ersatzorganschaftlichen Befugnissen der Kommission im Bereich der Fischereipolitik (2.).

1. Die Befugnis des EuGH zur Rechtsfortbildung

Entsprechend seinem in Art. 164 EWGV verankerten Rechtsprechungsauftrag hat der Gerichtshof dort, wo das geschriebene Gemeinschaftsrecht die für die Entscheidung des konkreten Rechtsstreits benötigten rechtlichen Regeln nicht enthielt, diese im Rückgriff auf das innerstaatliche und das Völkerrecht mit Hilfe der wertenden Rechtsvergleichung unter Berücksichtigung der Struktur und Ziele der Gemeinschaft „quasi normierend" fortgebildet[54]. Dem EuGH kommt insoweit insbesondere der Verdienst zu, neben dem Nachweis von Existenz und Tragweite der gemeinschaftsrechtlichen Grundrechte, das europäische Verwaltungsrecht ausgestaltet zu haben[55]. Diese rechtsfortbildenden Konkretisierungsleistungen des Gerichtshofs bleiben zwar nur ein Entwurf[56], die vom EuGH aufgestellten Regeln sollen jedoch bei gesetzgeberischer Entschlußlosigkeit solange Geltung beanspruchen, bis er sie selbst aufgibt oder abschwächt[57]. Dem liegt zugrunde, daß ausgehend von einem umfassenden, das Recht als Inbegriff der Gerechtigkeitsidee begreifenden Verständnis[58] die Funktionsfähigkeit der Gemeinschaft als Rechtsgemeinschaft bedroht ist, wenn dem Rechtsuchenden das Recht verweigert würde[59]. Keinesfalls darf der Gerichtshof jedoch zur Sicherung der Funktionsfähigkeit der Gemeinschaft über vertraglich verankerte Befugnisse hinweggehen. „Nur die Entfaltung des Regelwerks zur größtmögli-

---

53 *Nicolaysen*, in: EuR 1972, S. 379.

54 *Schwarze*, Befugnis, S. 182 ff.; siehe zur „Methode der wertenden Rechtsvergleichung" auch oben 1. Teil § 2 A. III.

55 *Schwarze*, VerwR, S. 61.

56 Der Rat behält die Möglichkeit, sich durch spätere Gesetzgebung jederzeit über die richterliche Wertung hinwegzusetzen.

57 *Schwarze*, VerwR, S. 66.

58 Zur Geltung dieser Idee im Gemeinschaftsrecht *Pernice*, in: Grabitz, Art. 164 EWGV Rn. 34 ff.

59 Siehe EuGH Rs. 7/56 und 3-7/57 (Agera/Versammlung), Slg. 1957, S. 83, 118; *Bleckmann*, in: GS Constantinesco, S. 61, 70; *Pescatore*, in: GS Constantinesco, S. 559; *Everling*, in: Magiera, S. 195 ff.

chen Effizienz ist seine Sache, nicht die Korrektur."[60] Der Gerichtshof hat mit anderen Worten die Funktionsfähigkeit der Europäischen Gemeinschaft unter Beachtung seiner funktionsrechtlichen Grenzen zu wahren.

2. *Ersatzorganschaftliche Befugnisse der Kommission*

Im Hinblick auf die Rechtsprechung des EuGH zur Fischereipolitik wurde in der Literatur vertreten, daß der Kommission zur Überwindung gemeinschaftsrechtlicher Regelungsdefizite vertraglich nicht vorgesehene Regelungsbefugnisse als Notstandsgesetzgebungsbefugnisse oder ungeschriebene Geschäftsführungsbefugnisse zuwachsen könnten. Dementsprechend seien die Mitgliedsstaaten bis zum Zustandekommen einer gemeinschaftsrechtlichen Regelung an die von der Kommission getroffenen Verordnungen rechtlich gebunden[61].

Dem ist zutreffend entgegengehalten worden, daß sich die starke Rolle, die der Kommission in dieser Rechtsprechung zukommt, aus den besonderen Verhältnissen der Fischerei erklärt[62]. Der Kommission werden durch die Rechtsprechung zur Fischereipolitik keine neuen Kompetenzen eingeräumt oder bestehende ergänzt bzw. wesentlich erweitert. Die Rechtsprechung ist insoweit nicht verallgemeinerungsfähig. Wollte man der Kommission gestützt auf die ihr im Bereich der Fischereipolitik eingeräumte Überwachungskompetenz eine allgemeine Gesetzgebungsbefugnis für den Fall der Untätigkeit des Rates zuerkennen, so würde dies gegen das in Art. 4 EWGV verankerte Prinzip der begrenzten Einzelermächtigung verstoßen[63].

Andererseits darf die Rechtsprechung zur Fischereipolitik auch nicht so eng verstanden werden, daß Notstandskompetenzen der Kommission ausgeschlossen wären[64]. Die Inanspruchnahme allgemeiner Notstandskompetenzen ist aber an das Vorliegen enger tatbestandlicher Voraussetzungen gebunden. Notstandskompetenzen können nicht schon dann eingreifen, wenn sich der Rat trotz einer dringend gebotenen Entscheidung als handlungsunfähig erweist. Anderenfalls würden das institutionelle Gleichgewicht der Gemeinschaft und damit letztendlich deren organisationssichernde Grundlagen zerstört. Schwarze ist daher zuzustimmen, wenn er feststellt, daß die Verfassungsstruktur der Gemeinschaft und das Prinzip ausdrücklicher Kompetenzzuweisung es den Gemeinschaftsorganen grundsätzlich nicht gestatten, von den vorgesehenen Regeln der Willensbildung der Gemeinschaft abzuweichen, „gestützt auf einen Satz wie 'Not kennt kein Gebot'"[65].

---

60 *Nicolaysen*, in: EuR 1972, S. 179; *Pernice*, in: Grabitz, Art. 164 EWGV Rn. 34 ff.

61 *Akehurst*, in: BYIL 1982, S. 334; Editorial Comments, in: CMLR 1981, S. 267; siehe auch *Ehlermann*, in: EuR 1981, S. 335, 360 ff., jeweils m. Nachw. zur Rspr.

62 Vgl. *Gilsdorf/Sack*, in: Grabitz, nach Art. 47 EWGV Anh. A Rn. 11.

63 *Schwarze*, in: EuR 1982, S. 134, 147; *Gilsdorf/Sack*, in: Grabitz, Art. 43 EWGV Rn. 68 sowie Art. 47 Anh. A Rn. 11 ff.

64 Vgl. *Gilsdorf/Sack*, in: Grabitz, Art. 43 EWGV Rn. 68.

65 *Schwarze*, in: EuR 1982, S. 149 m.w.N.

III. Folgerungen für die Befugnis des Europäischen Parlaments zur Änderung des Protokolls

Eine Befugnis des Europäischen Parlaments zur Änderung des Art. 10 des Protokolls gestützt auf das Prinzip der Funktionsfähigkeit ist abzulehnen. Zwar beinhaltet die interne Organisationsgewalt auch die Befugnis, bei einem Fehlen oder dem unklaren Gehalt einer Bestimmung durch entsprechende Präzisierungen bzw. Ergänzungen ersatzorganschaftlich tätig zu werden. Indes geht diese Befugnis nur so weit, wie die beabsichtigte Regelung Ausnahmecharakter behält und der Zweck der Regelung einen objektiven Grund darstellt, der für das ordnungsgemäße Funktionieren des Parlaments unabdingbar ist[66]. Bei der in der parlamentarischen Praxis festgestellten rechtsfortbildenden Auslegung des Protokolls handelt es sich jedoch um kein ausnahmsweises Abweichen von den geschriebenen Rechtsquellen, sondern um die dauernde Abkehr von dem in Art. 10 Abs. 1 lit. a des Protokols festgelegten sachlichen Geltungsbereichs der europäischen parlamentarischen Immunität. Insoweit besitzt das Kriterium der Unabhängigkeit der europäischen parlamentarischen Immunität von der nationalen parlamentarischen Immunität keinen Ausnahmecharakter, sondern ist als Verfahrensgrundsatz Bestandteil einer andauernden parlamentarischen Praxis.

Im Gegensatz zum Gerichtshof besteht für das Europäische Parlament auch kein Zwang, tätig zu werden. Während der Gerichtshof den Rechtsuchenden nicht abweisen kann, da anderenfalls die Funktionsfähigkeit der Gemeinschaft als Rechtsgemeinschaft gefährdet wäre, ist das Parlament bei einer Auslegung des Art. 10 Abs. 1 des Protokolls im Sinne einer unmittelbaren Anwendung innerstaatlichen Rechts zwar dem Vorwurf der Ungleichbehandlung der Abgeordneten ausgesetzt. Diese Ungleichbehandlung stellt jedoch noch nicht die Funktionsfähigkeit der Gemeinschaft als Rechtsgemeinschaft in Frage. Zum einen trifft die Ungleichbehandlung einen überschaubaren Kreis von Abgeordneten. Zum anderen dient die europäische parlamentarische Immunität in erster Linie dem Schutz des Parlaments und nicht der Errichtung von einem einheitlichen Abgeordnetenstatus. Der Schutz des Parlaments bleibt aber trotz einer Ungleichbehandlung seiner Mitglieder gewahrt. Obgleich nicht zu übersehen ist, daß zur Vermeidung weiterer Ungleichheiten ein dringender Handlungsbedarf besteht, ist die Ungleichbehandlung der Abgeordneten aus Gründen der Achtung des geschriebenen Verfassungsrechts und der Rechtssicherheit hinnehmbar. Insoweit erweist sich das Abweichen vom institutionellen Kompetenzgefüge der Gemeinschaft als größere Gefahr für die Funktionsfähigkeit der Gemeinschaft als die Ungleichbehandlung eines überschaubaren Kreises von Parlamentsabgeordneten.

Das Europäische Parlament kann aber auch aus der Rechtsprechung des EuGH zur gemeinsamen Fischereipolitik keine ersatzorganschaftlichen Notstandsbefugnisse ableiten. Insoweit fehlt es bereits an dem Vorliegen der engen, eine notstandsähnliche Lage rechtfertigenden Tatbestandsvoraussetzungen.

Im Ergebnis ist deshalb festzuhalten, daß das Parlament zur materiell-rechtlichen Änderung des Protokolls nicht befugt ist.

---

66 *Bieber*, Verfahrensrecht, S. 257.

§ 2 Bindungswirkung unbefugten parlamentarischen Handelns

A. Bindungswirkung im Lichte der Lehre von der „später befolgten Praxis“

Wie der Staatenpraxis im Völkerrecht so wird auch der Praxis der Staatenorgane im innerstaatlichen Recht eine - wenn auch beschränkte - Bindungswirkung zuerkannt[67]. Beansprucht der im Völkerrecht anerkannte Auslegungsgrundsatz der Maßgeblichkeit einer „später befolgten Praxis“ im Gemeinschaftsrecht Geltung[68], könnte auch von regelwidrigen Entschließungen des Europäischen Parlaments in Immunitätsangelegenheiten eine Bindungswirkung ausgehen. Nach den in Art. 31 Abs. 3 lit. b der Wiener Vertragsrechtskonvention (WVRK) verankerten Regeln ist bei der Auslegung eines völkerrechtlichen Vertrags auch „jede bei Anwendung des Vertrages später befolgte Praxis, die das Einvernehmen der Parteien hinsichtlich der Auslegung des Vertrages beweist“, zu berücksichtigen[69]. Unter der späteren Praxis ist dabei die Summe der Akte, Entscheidungen und Äußerungen zu einem völkerrechtlichen Vertrag zu verstehen, die auch von innerstaatlichen Organen verabschiedet, getroffen oder getätigt werden können[70].

Die Bedeutung der Lehre von der „später befolgten Praxis“ und ihre Anwendbarkeit im Gemeinschaftsrecht ist umstritten[71]. Diejenigen Autoren, die ihre Anwendung im Gemeinschaftsrecht befürworten, finden an mehreren Stellen Belege dafür, daß der EuGH die spätere Praxis der Gemeinschaftsorgane als bindenden Auslegungsfaktor herangezogen bzw. nachträglich gebilligt hat[72]. So bezieht sich der Gerichtshof beispielsweise in einem Verfahren, das Luxemburg 1981 gegen das Europäische Parlament angestrengt hatte, auf die „Praxis des Parlaments“, seit 1967 die Hälfte der Plenartagungen in Luxemburg abzuhalten und dessen Möglichkeit „eine Praxis aufzugeben, die es aus eigener Initiative eingeführt hat“[73]. Keine Bindungswirkung mißt der Gerichtshof hingegen einer den Rahmen der internen Organisationsbefugnis erweiternden Praxis bei. Dies zeigt sich besonders deutlich in dem schon mehrfach erwähnten Verfahren in der Rs. 149/85 (Wybot/Faure)[74]. Zwar sei es, so der EuGH, Sache des Europäischen Parlaments, über den Zeitpunkt der Schließung der jährlichen Sitzungsperiode und damit über die Dauer der parlamentarischen Immunität nach Art. 10 des Protokolls zu beschließen. Entsprechende Beschlüsse seien jedoch auf ihre Vereinbarkeit mit den Verträgen zu überprüfen, da die Praxis des Europäischen Parlaments den anderen Organen nicht ein Recht nehmen könne, das ihnen nach den Verträgen selbst zusteht[75].

---

67 *Bleckmann*, in: Bieber/Ress, S. 161 ff., 171; *Karl*, S. 212 ff.

68 Vgl. *Bieber*, Verfahrensrecht, S. 46, 72.

69 Vgl. *Karl*, S. 184 ff., 353 ff.

70 *Ress*, S. 56.

71 Siehe zum Meinungsstand die umfassend dokumentierte Diskussion bei *Bieber/Ress*, S. 21 ff. Gegen eine Anwendbarkeit sprechen sich besonders Slynn, in: Bieber/Ress, S. 137 ff. und *Groux*, in: Bieber/Ress, S. 147 ff. aus.

72 Vgl. die Beiträge von *Stein* und *Elles*, in: Bieber/Ress, S. 113 ff., 407 ff.

73 EuGH Rs. 230/81 (Luxemburg/Parlament), Slg. 1983, S. 257, Ziff. 6.

74 Slg. 1986, siehe 2391.

75 EuGH Rs. 149/85 (Wybot/Faure), Slg. 1986, S. 2409, Ziff. 23; siehe bereits oben unter B. II. 1.

Mit dieser restriktiven Rechtsprechung stimmen die Befürworter einer Maßgeblichkeit der Organpraxis bei der Auslegung der Verträge überein[76]. Bei einer Abweichung von ausdrücklich vorgesehenen Änderungsverfahren bzw. Befugnissen messen sie der späteren Praxis keine Bindungswirkung bei[77].

Nach einer von Jacqué vertretenen Ansicht kann die Praxis nur dann eine Rechtswirkung entfalten, wenn sie im Rahmen der Verträge liegt und ein entsprechender Wille der Vertragsparteien nachweisbar ist. Maßnahmen, die entgegen dem Wortlaut der Verträge getroffen werden, könnten demgegenüber überhaupt keine Rechtswirkung entfalten[78]. Eine Bindungswirkung der späteren Organpraxis sei demnach ausgeschlossen, wenn sie dem Wortlaut des Vertrags entgegensteht oder ein Dissens zwischen den Mitgliedsstaaten festgestellt wird. Auch Klein will eine Bindungswirkung der Organpraxis nur dann gelten lassen, wenn das betreffende Organ zur verbindlichen Auslegung ausdrücklich ermächtigt und kein entgegenstehender Wille der Mitgliedsstaaten nachweisbar ist[79]. Dies gelte namentlich für die dem EuGH zugestandene Befugnis, im Rahmen seines in Art. 164 EWGV verankerten Rechtsprechungsauftrages auch richterrechtlich tätig zu werden.

Unterstellt man deshalb in Übereinstimmung mit der Rechtsprechung und einem Teil der Lehre zwar eine grundsätzliche Maßgeblichkeit der späteren Organpraxis im Gemeinschaftsrecht, so steht der Bindungswirkung einer seine Befugnisse überschreitenden Organpraxis jedoch nicht nur die Autorität der Gemeinschaftsverfassung entgegen. Hinzu kommt, daß eine Verfassungsänderung außerhalb der vorgesehenen verfassungsändernden Verfahren ein erhebliches Maß an Rechtsunsicherheit darüber entstehen läßt, wo und inwieweit sich aufgrund einer vermuteten Organpraxis eine materielle Verfassungsänderung vollzogen hat. Im Ergebnis kann die materielle Rechtsänderung des Art. 10 des Protokolls somit keine Bindungswirkung entfalten, da sie sich außerhalb der vertraglich vorgesehenen Verfahren und Befugnisse vollzogen hat[80].

B. Bindungswirkung im Lichte der Lehre vom „derogativen Gewohnheitsrecht"

Die weitgehende Tolerierung regelwidriger Entschließungen des Europäischen Parlaments in Immunitätsangelegenheiten durch die betroffenen Rechtskreise wirft die Frage auf, ob sich die rechtstatsächliche Ausgestaltung der europäischen parlamentarischen Immunität bereits zur Qualität derogativen Gewohnheitsrechts verdichtet und das geschriebene Immunitätsrecht insoweit aufgehoben hat.

---

76 *Klein*, in: Bieber/Ress, S. 113 ff.; *Jacqué*, in: Bieber/Ress, S. 377 ff.; *Elles*, in: Bieber/Ress, S. 407 ff.

77 Sie befinden sich damit auch in Übereinstimmung mit der Rechtsprechung des IGH, vgl. *Stein*, in: Bieber/Ress, S. 113 ff.

78 „Cependant, ce développement reste limité par la lettre du traité [...] Laissant subsister formellement les regles relatives au processus décisionel, elles infléchissent celui-ci." *Jacqué*, in: Bieber/Ress, S. 379.

79 *Klein*, in: Bieber/Ress, S. 110.

80 Eine Stellungnahme zur Anwendbarkeit der Lehre von der späteren Organpraxis erübrigt sich deshalb an dieser Stelle.

I. Die Lehre vom „derogativen Gewohnheitsrecht"

Aus der Methodenlehre des innerstaatlichen Rechts ist bekannt, daß sich dort, wo die Verfassung Lücken und Auslegungsspielräume läßt, eine Rechtsfortbildung vollziehen kann, die sich „mit der normativen Kraft des Faktischen"[81] zu Verfassungsgewohnheitsrecht verdichtet, sei es mit Rücksicht auf ein „unabweisbares Bedürfnis" des Rechtsverkehrs oder ein in seiner Bedeutung erst später erkanntes Rechts- oder Verfassungsprinzip[82]. Nach allgemeiner Ansicht ist deshalb auch in den Nicht-common-law-Ländern ungeschriebenes Verfassungsgewohnheitsrecht als Rechtsquelle im innerstaatlichen Recht grundsätzlich anerkannt[83].

Die Voraussetzungen für die Annahme von Gewohnheitsrecht stimmen in den Rechtsordnungen der Mitgliedsstaaten weitestgehend überein[84]. Die Existenz von Verfassungsgewohnheitsrecht wird angenommen bei einer langandauernden regelmäßigen Übung (longua consuetudo) in der Überzeugung, daß sie von der Rechtsordnung gefordert bzw. rechtmäßig ist (opinio necessitatis o. iuris)[85]. Die bloße Rechtsüberzeugung vermag demgegenüber eine selbständige positive Rechtsregel ebensowenig hervorzubringen, wie die zutreffende und objektiv betätigte Überzeugung - eine positive Regel sei rechtens - einen zweiten, inhaltlich gleichen, positiven Rechtssatz des Gewohnheitsrechts entstehen läßt[86]. So erzeugt weder die opinio iuris allein Gewohnheitsrecht, noch vermag eine longua consuetudo spontan zu entstehen[87]. Vielmehr müssen sowohl das subjektive als auch das objektive Element kumulativ vorliegen, wenngleich unter den Mitgliedsstaaten „zum Teil auch nennenswerte Unterschiede insbesondere hinsichtlich der notwendigen Dauer der Übung bestehen"[88].

Im innerstaatlichen Recht anerkannt ist insoweit auch die Existenz von parlamentarischem Gewohnheitsrecht, das teils Verfassungsrang hat, teils autonomes Recht im Rang von Geschäftsordnungsrecht ist[89]. Parlamentarisches Gewohnheitsrecht ist jedoch vom Verfassungsgewohnheitsrecht deutlich zu unterscheiden[90]. Während sich das Verfassungsgewohnheitsrecht als Teil des Verfassungsrechts auf Rechtsänderungen innerhalb der Verfassung bezieht, kann parlamentarisches Ge-

---

81 *Grimmer*, § 4.

82 So jedenfalls die h.M., vgl. *Maunz*, § 6 IV 2; *Larenz*, S. 397 ff.; sowie *Schulze-Fielitz*, in: Schneider/Zeh, § 11 Rn. 5 m.w.N.

83 Im Verhältnis zum positiven Recht unterscheidet sich die Entstehung von Gewohnheitsrecht insbesondere dadurch, daß ein bewußter Willensakt der Inkraftsetzung fehlt. Die beteiligten Rechtssubjekte wollen die von ihnen „als Recht" erachteten Normen keineswegs neu einführen, sondern sie halten die Regel für existent. Während bei einem Gesetzgebungsakt der positive Einführungswille der zuständigen Rechtsautorität erforderlich ist, liegt beim Gewohnheitsrecht die Meinung vor, eine bestimmte Regel gelte bereits.

84 Vgl. die rechtsvergleichenden Betrachtungen von *Schwarze*, VerwR, S. 54 ff.

85 *Ossenbühl*, in: Erichsen/Martens, § 7.

86 *Bydlinski*, S. 261 ff.

87 Siehe jedoch zur Theorie der „spontanen" Rechtserzeugung nach der das Völkergewohnheitsrecht allein aus der Rechtsüberzeugung fließt und die Übung nur deren Betätigung darstellt: *Kimminich*, S. 240 m.w.N.; *Mössner*, S. 34; *Ipsen* K., § 16 Rn. 7.

88 *Schwarze*, VerwR, S. 55.

89 *Maunz*, § 38 II 1 b; *Meyn*, in: JZ 1977, S. 167 ff. m.w.N.; *Schulze-Fielitz*, in: Schneider/Zeh, § 11.

90 *Achterberg*, S. 45; *Schulze-Fielitz*, in: Schneider/Zeh, § 11 Rn. 6.

wohnheitsrecht rechtssystematisch lediglich Parlaments- bzw. Geschäftsordnungsrecht ergänzen und fortbilden. Letzteres ist dem Verfassungsrecht jedoch nachrangig[91]. Parlamentarisches Gewohnheitsrecht sichert insoweit die Handlungs- und Funktionsfähigkeit des Parlaments[92], indem es die Selbstorganisation des Parlaments optimiert und letztendlich dessen verfassungsrechtlicher Stellung und Aufgabenerfüllung dient. Gleichwohl ist nicht zu verkennen, daß sich parlamentarisches Gewohnheitsrecht in seltenen Fällen auch zu Verfassungsgewohnheitsrecht verdichtet und die Positivität des Verfassungsrechts schwächt[93].

Eine über den erkennbaren Sinn des Gesetzes hinausgehende Rechtsfortbildung wird in der Literatur zum Teil für wirksam gehalten[94]. Gewohnheitsrecht habe nicht nur im Verhältnis zum geschriebenen Recht ergänzende und lückenfüllende Funktionen, sondern könne sich ausnahmweise auch gegen Gesetze (contra legem) entwickeln und im Bewußtsein durchsetzen, daß vom geltenden Recht abgewichen wird (consuetudo abrogatia)[95]. So behauptet z.B. Zippelius: „Garantierte Normen sind, wenn sie sich erst einmal durchgesetzt haben, recht gleichgültig gegen die nachfolgende juristische 'Rüge' einer illegitimen Herkunft“[96].

II. Anerkennung derogativen Gewohnheitsrechts als Rechtsquelle im Gemeinschaftsrecht

Während Gewohnheitsrecht als Rechtsquelle im Gemeinschaftsrecht vor 1972 noch nicht endgültig anerkannt war[97], wird sein Geltungsanspruch heute nicht mehr bestritten[98]. Wie in jeder Rechtsordnung, so dient auch im Gemeinschaftsrecht Gewohnheitsrecht als ungeschriebenes Recht der Ergänzung und Änderung des geschriebenen Rechts[99]. Zum Nachweis seiner Existenz weist das gemeinschaftsrechtliche Schrifttum auf die Einrichtung und Aktivität des in den Verträgen nicht vorgesehenen Ausschusses der ständigen Vertreter der Mitgliedsstaaten[100] und die Praxis der Mitgliedsstaaten, Staatssekretäre - unabhängig von de-

---

91 *Achterberg*, S. 236; *Schulze-Fielitz*, § 11 Rn. 16 ff.

92 *Meyn*, S. 167.

93 Vgl. z.B. die Beschränkung der Redezeit im Bundestag, die der verfassungsrechtlichen Garantie des Art. 43 GG zuwiderläuft. Umstritten ist, ob es eine gewohnheitsrechtlich anerkannte Verfassungsbildung auch dort geben kann, wo sich die Auslegung über den möglichen Auslegungsspielraum der Norm hinwegsetzt, bzw. sich „nicht mehr allein an der ratio legis, der immanenten Teleologie des Gesetzes selbst, sondern an einem darüber hinaus greifenden Rechtsgedanken“ orientiert, *Larenz*, S. 398.

94 Str., vgl. die Nachw. bei *Ossenbühl*, in: Erichsen/Martens, § 7.

95 *Zippelius*, § 13 IV unter Hinweis auf die Auslegung, die der Begriff der „öffentlichen Sicherheit und Ordnung“ in Art. 48 Abs. 2 S. 1 WRV erfahren hat.

96 *Zippelius*, S. 77.

97 Vgl. *Ipsen*: „Es mag noch am tempus und usus als Entstehungsvoraussetzungen fehlen.“, 5/25; siehe jedoch auch 5/27.

98 *Bieber*, Verfahrensrecht, S. 46, 72.

99 *Schweizer/Hummer*, § 2 B V.

100 So bereits *Ipsen*, 5/25; *Schweizer/Hummer*, § 2 B V. Bis zu seiner Positivierung in Art. 4 FusV galt der Ausschuß als eine sich gewohnheitsrechtlich entwickelnde, organisatorische Neubildung neben dem vertraglich festgeschriebneen Organisationsrecht; a.A. *Bieber*, Verfahrensrecht, S. 73.

ren tatsächlicher innerstaatlichen Rechtsstellung - als Regierungsmitglieder i.S.d. Art. 2 FusV anzusehen[101].

Die Qualifizierung als Gewohnheitsrecht setzt keinen hoheitlichen Normierungsakt oder die Anerkennung durch den EuGH „in ständiger Rechtsprechung" voraus[102]. Wie im staatlichen Recht, so gilt auch im Gemeinschaftsrecht, daß Gewohnheitsrecht durch eine langandauernde und allgemeine Übung entsteht, die getragen wird von der Rechtsüberzeugung der beteiligten Rechtssubjekte, die Übung sei rechtmäßig[103]. Noch nicht abschließend geklärt ist die Frage, wie lange oder wie oft eine Übung wiederholt werden muß, um als Gewohnheitsrecht qualifiziert werden zu können. Die Entstehungsvoraussetzungen sollen zwar einerseits enger zu fassen sein als nach völkerrechtlichen Theorien[104], andererseits aber auch nicht übersteigert werden und entsprechend den Integrationsfortschritten bemessen werden[105]. Offen ist bislang auch die Frage, inwieweit Gewohnheitsrecht verfassungsrechtliche Normen verdrängen kann[106]. Hierauf braucht jedoch nicht näher eingegangen zu werden, da sich nachfolgend zeigen wird, daß es vorliegend jedenfalls an dem Erfordernis einer longua consuetudo der betroffenen Rechtssubjekte fehlt[107].

III. Folgerungen für die Bindungswirkung unbefugten parlamentarischen Handelns in Immunitätsangelegenheiten

Eine Bindungswirkung des in der parlamentarischen Praxis in Immunitätsangelegenheiten hervorgebrachten Verfassungszustands im Sinne derogativen Gewohnheitsrechts scheitert unabhängig von der Frage einer Anerkennung derogativen Gewohnheitsrechts in Gemeinschaftsrecht an dem Erfordernis einer longua consuetudo der betreffenden Rechtssubjekte. Es scheint zwar, als ob sowohl die Regierungen der Mitgliedsstaaten, wie auch der Rat, die Praxis des Europäischen Parlaments in Immunitätsangelegenheiten tolerieren. Hingegen ist offen, ob auch von der Anerkennung einer Bindungswirkung dieser Praxis im Sinne einer Rechtspflicht gesprochen werden kann. Das erscheint insbesondere für diejenigen Mitgliedsstaaten fraglich, in denen die Abgeordneten nach innerstaatlichem Recht keinen Schutz vor Strafverfolgung besitzen wie in den Niederlanden und in Großbritannien.

Festzustellen ist auch, daß in der Bundesrepublik Deutschland deutsche Europa-Abgeordnete nach dem OWiG verfolgt werden, obgleich das Europäische Parlament bekundet hat, seine Mitglieder seien gegenüber der Ahndung von Ordnungswidrigkeiten immun[108]. Zumindest in der Bundesrepublik Deutschland kann

---

101 Art. 2 FusV bestimmt, daß der Rat aus Vertretern der Mitgliedsstaaten besteht und jede Regierung eines ihrer Mitglieder (!) entsende; *Schweizer/Hummer*, S. 44; a.A. *Bieber*, Verfahrensrecht, S. 73.

102 Vgl. zum Anteil, den die Rechtsprechung an der Bildung von Gewohnheitsrecht hat, bereits *Ipsen*, 5/27.

103 *Schweizer/Hummer*, § 2 B V.

104 *Bleckmann*, Gemeinschaftsrecht, § 4 III.

105 *Ipsen*, 5/25.

106 Ablehnend *Bieber*, Verfahrensrecht, S. 74.

107 Siehe hierzu sogleich unter III.

108 Siehe die Berichte Dok. A2-214/85 (Grafe zu Baringdorf) und Dok. A2-35/86 (Simons/Walter) sowie die oben im 1. Teil § 2 A. II. angeführten Belege zur innerstaatlichen Praxis.

deshalb bei der Anerkennung der Praxis des Europäischen Parlaments in Immunitätsangelegenheiten von einer regelmäßigen Übung genauso wenig die Rede sein wie von einer opinio necessitatis oder opinio iuris der beteiligten Rechtskreise. Mithin fehlt es an einem essentiellen Erfordernis für die Anerkennung der rechtstatsächlichen Ausgestaltung der europäischen parlamentarischen Immunität als derogatives Gewohnheitsrecht bzw. als Rechtsquelle. Eine Anerkennung würde zudem das in Art. 236 EWGV verankerte Prinzip der Einstimmigkeit eines Vertragsänderungsverfahrens unterlaufen. So hat auch der EuGH in der Rs. 230/81 (Luxemburg/Parlament) im Hinblick auf das Verhältnis von mitgliedstaatlichen Rechten zu einer gegenläufigen parlamentarischen Praxis entschieden: „Die später vom Parlament aus eigener Initiative und ohne ausdrückliche Billigung der Mitgliedstaaten entwickelte Praxis, [...] hat keine Gewohnheit entstehen lassen, die die einschlägigen Beschlüsse der Mitgliedstaaten ergänzt [...]."[109]

Im Ergebnis geht somit von der Praxis des Europäischen Parlaments in Immunitätsangelegenheiten keine Bindungswirkung aus. Die parlamentarische Praxis hat kein derogatives Gewohnheitsrecht erzeugen können[110].

C. Bindungswirkung im Lichte des Art. 5 EWGV und Art. 19 des Protokolls

Aus dem in Art. 5 EWGV verankerten Grundsatz zur loyalen Zusammenarbeit hat der EuGH nicht nur die Verpflichtung des Parlaments abgeleitet, bei der Ausübung seiner parlamentarischen Befugnisse die Zuständigkeiten der Regierungen der Mitgliedsstaaten zu beachten. Er hat zugleich auch die Verpflichtung der Mitgliedsstaaten anerkannt, die Befugnisse des Parlaments zu beachten und sicherzustellen, daß das ordnungsgemäße Funktionieren des Parlaments nicht beeinträchtigt wird[111]. Diese Pflichten treffen die Staaten unmittelbar in allen Teilen ihrer Hoheitsgewalt. Sie binden auch die Judikative und die Organe der Strafrechtspflege[112].

Zweifelhaft ist jedoch, ob die Mitgliedsstaaten auch zur Loyalität gegenüber regelwidrigem bzw. unbefugtem parlamentarischem Handeln verpflichtet sind. Nach dem Wortlaut des Art. 5 EWGV sind sie verpflichtet, der Gemeinschaft die Erfüllung ihrer Aufgaben zu erleichtern (Art. 5 Abs. 1 S. 2 EWGV) sowie Maßnahmen zu unterlassen, welche die Verwirklichung der Vertragsziele gefährden könnten (Art. 5 Abs. 2 EWGV). Diese Unterlassungspflicht hat der Gerichtshof dahingehend konkretisiert, daß die Mitgliedsstaaten

> „alle Maßnahmen zu unterlassen haben, welche die Verwirklichung der Ziele des Vertrages gefährden könnten. Zu dieser Verpflichtung gehört auch die Aufgabe, keine Maßnahme zu erlassen, die den internen Funktionsablauf der Gemeinschaftsorgane behindern könnten"[113].

---

[109] Slg. 1983, S. 257.

[110] So im Ergebnis auch *Bieber*, Verfahrensrecht, S. 74, und *Jacqué*, La pratique, S. 404 f.

[111] EuGH Rs. 230/81 (Luxemburg/Parlament), Slg. 1983, S. 255, 269, Ziff. 37; EuGH verb. Rs. 358/85 und 51/86 (Frankreich/Parlament), Slg. 1988, S. 4821, 4856, Ziff. 35; *Zuleeg*, in: G/T/E, Art. 5 EWGV Rn. 3.

[112] *Nicolaysen*, Europarecht I, S. 70.

[113] EuGH Rs. 208/80 (Donington/Aspden), Slg. 1981, S. 2205, 2219, Ziff. 14; siehe auch EuGH Rs. C-333/88 (Tither/Commissioners), Slg. 1990, S. I-1133, 1158 f., Ziff. 16 m.w.N. sowie *Söllner*, S. 44; *Zuleeg*, in: G/T/E, Art. 5 EWGV Rn. 11 m.w.N.

Die Mitgliedsstaaten sind somit nach Art. 5 Abs. 2 EWGV zwar grundsätzlich gehalten, zur Sicherung der Funktionsfähigkeit der Gemeinschaft alle Maßnahmen zu unterlassen, die den internen Funktionsablauf der Gemeinschaftsorgane behindern könnten. Es wäre jedoch mit der ratio des Art. 5 EWGV nicht zu vereinbaren, aus der Unterlassungsverpflichtung des Art. 5 Abs. 2 EWGV eine Duldungsverpflichtung der Mitgliedsstaaten gegenüber jedweder Maßnahme bzw. regelwidrigen Entschließung des Europäischen Parlaments ableiten zu wollen. Es entspricht weder dem Sinn und Zweck des Art. 5 EWGV, die Mitgliedsstaaten zur Duldung von Gemeinschaftsmaßnahmen zu verpflichten, die nicht in der Zuständigkeit der Gemeinschaft liegen, noch folgt aus dem Einvernehmensgebot des Art. 19 des Protokolls eine Duldungsverpflichtung. Vielmehr erfordert gerade Art. 19 des Protokolls die Herbeiführung eines Konsenses, der eine bloße Duldung von ungewollten Gemeinschaftsmaßnahmen aus Rechtsgründen ausschließt.

Dementsprechend hat es der Gerichtshof in der Rs. 208/80 (Donington/Aspden) auch abgelehnt, eine steuertechnische Duldungsverpflichtung der Mitgliedsstaaten gegenüber einem die angemessenen Grenzen einer Erstattung von Reise- und Aufenthaltskosten überschreitenden Entgelts anzuerkennen, „da das Entgelt der Mitglieder des Europäischen Parlaments beim jetzigen Stand des Gemeinschaftsrechts nicht Sache der Gemeinschaftsorgane, sondern des staatlichen Rechts ist“[114].

Die Grenzen der Duldungspflicht der Mitgliedsstaaten sind aber nicht nur dann erreicht, wenn es der Gemeinschaft an einer Regelungsbefugnis fehlt. Die Mitgliedsstaaten brauchen auch dann keine Gemeinschaftsmaßnahmen zu dulden, wenn diese ihren jeweiligen verfassungspolitischen Wertentscheidungen objektiv zuwiderlaufen. Die Gemeinschaftsorgane sind insoweit verpflichtet, keine innerstaatlichen Verfassungsgrundsätze zu verletzen[115]. Nicht nur die Außerachtlassung ihrer formellen Zuständigkeiten, sondern besonders auch die Mißachtung verfassungs- und rechtspolitischer Grundsätze sind Kriterien, die es den Mitgliedsstaaten unzumutbar machen, Maßnahmen der Gemeinschaftsorgane zu dulden[116]. Außerhalb des Bereichs der internen Organisationsgewalt kann die Loyalität deshalb nur so weit gehen, wie die jeweiligen Zuständigkeiten der Gemeinschaftsorgane reichen und nationale Interessen nicht verletzt werden. Vor diesem Hintergrund scheidet eine Duldungsverpflichtung der Mitgliedsstaaten gegenüber der parlamentarischen Praxis in Immunitätsangelegenheiten aus. Nach dem oben Gesagten ist das Europäische Parlament beim derzeitigen Stand des Gemeinschaftsrechts zu einer Änderung des Protokolls nicht befugt, da es ihm hierfür an der erforderlichen Befugnis fehlt[117].

Bedeutsamer als die bloße Verletzung der formalen Zuständigkeitsverteilung erscheint jedoch die materiell-rechtliche Entscheidung des Europäischen Parlaments gegen verfassungspolitische Wertentscheidungen der Mitgliedsstaaten. So hat der rechtsvergleichende Teil der Untersuchung ergeben, daß sich Großbritannien oder die Niederlande im Grundsatz gegen das Rechtsinstitut der parlamentarischen Immunität entschieden haben. Hinter dieser Entscheidung steht

---

114 Slg. 1981, S. 2221, Ziff. 21.

115 Vgl. *Grabitz*, in: ders., Art. 5 EWGV Rn. 17 sowie allg. zu den Pflichten der Gemeinschaft gegenüber den Mitgliedstaaten *Zuleeg*, in: G/T/E, Art. 5 EWGV Rn. 12.

116 *Grabitz*, in: ders., Art. 5 EWGV Rn. 17.

117 Siehe § 1 A., B. III., C. III.

aber der innerstaatliche Grundkonsens, daß Abgeordnete keiner parlamentarischen Immunität und Privilegierung gegenüber Nicht-Abgeordneten bedürfen. Eine Duldungsverpflichtung der Mitgliedsstaaten gegenüber der in der parlamentarischen Praxis entstandenen Ausgestaltung der parlamentarischen Immunität würde somit in Großbritannien und den Niederlanden deren verfassungspolitischen Wertentscheidungen entgegenstehen.

Im Ergebnis ist deshalb von einer aus Art. 5 EWGV folgenden Duldungspflicht der Mitgliedsstaaten gegenüber der parlamentarischen Praxis in Immunitätsangelegenheiten nicht auszugehen. Eine Bindungswirkung unbefugten parlamentarischen Handelns besteht nicht.

§ 3 Justitiabilität parlamentarischen Handelns

In dem Bereich des parlamentarischen Handelns in Immunitätsangelegenheiten geht es einerseits um interne Angelegenheiten des Parlaments, andererseits um Handlungen, die auch außerhalb der Parlamentssphäre Wirkung entfalten können. Nachfolgend soll deshalb im Lichte der Rechtsprechung des EuGH zur Justitiabilität parlamentarischen Handelns[118] erörtert werden, ob und inwieweit parlamentarisches Handeln in Immunitätsangelegenheiten einer materiell-rechtlichen Kontrolle durch den Gerichtshof[119] unterliegt[120]. Das Hauptaugenmerk der Betrachtung liegt dabei auf der Frage nach der Justitiabilität von Beschlüssen über Anträge nach Art. 5 GOEP. Für deren gerichtliche Überprüfung kommen im Rechtsschutzsystem der Verträge die Nichtigkeitsklage (A.), das Vorlageverfahren (B.) sowie die Untätigkeitsklage (C.) in Betracht.

A. Nichtigkeitsklage (Art. 173 EWGV)

Die Nichtigkeitsklage i.S.d. Art. 173 EWGV[121] ist als Gestaltungsklage auf die Beseitigung bestimmter Rechtsakte eines Gemeinschaftsorgans durch den Gerichtshof gerichtet. Ihre Statthaftigkeit ist an das Vorliegen bestimmter, nachfolgend unter I.-IV. erörterter Voraussetzungen gebunden. Zum besseren Verständnis wird dabei zunächst auf die Parteifähigkeit des Europäischen Parlaments im Rahmen der Nichtigkeitsklage eingegangen.

---

118 Siehe hierzu *Schoo*, EuGRZ 1990, S. 525 ff.; *Zuleeg*, in: Louis/Waelbroeck, S. 177; *Bieber*, in: Schwarze, S. 173 ff.; *Beutler*, in: EuR 1984, S. 143 ff.; *Masclet*, in: RMC 1983, S. 518.

119 Das Gericht erster Instanz der Europäischen Gemeinschaft (EuG) ist nur für die in Art. 3 des Ratsbeschlusses vom 24.10.1988 präzisierten Streitsachen zuständig (ABl. 1988, Nr. L 319; ABl. 1989, Nr. L 215).

120 Soweit es um die gerichtliche Überprüfung von Maßnahmen innerstaatlicher Behörden geht, ist die Gewährung des Rechtsschutzes Sache der innerstaatlichen Gerichte. Letztere sind befugt, sich ggfls. nach Einholung einer Vorabentscheidung gemäß Art. 177 EWGV zu allen in bezug auf das Gemeinschaftsrecht erhobenen Rügen zu äußern; vgl. *Krück*, in: G/T/E, Art. 173 Rn. 6.

121 Art. 33 EGKSV; Art. 146 EAGV.

I. Parteifähigkeit des Europäischen Parlaments

1. Auslegung des Art. 173 EWGV in der Rechtsprechung

Nach dem Wortlaut des Art. 173 Abs. 1 EWGV ist die Nichtigkeitsklage nur gegen den Rat und die Kommission statthaft[122]. Der Gerichtshof hat jedoch seit seiner Entscheidung in der Rs. 294/83 (Les Verts/Parlament) die Nichtigkeitsklage entgegen dem Wortlaut des Art. 173 EWGV auch gegen solche Handlungen des Parlaments zugelassen, die „präzisen und konkreten Entscheidungscharakter" haben und „rechtliche Wirkung" gegenüber Dritten entfalten[123]. Diese Rechtsfortbildung rechtfertigte er mit den Erfordernissen eines umfassenden Rechtsschutzsystems. So führte der Gerichtshof in dieser Rechtssache aus, die Europäischen Gemeinschaft sei eine Rechtsgemeinschaft der Art, daß weder die Mitgliedsstaaten noch die Gemeinschaftsorgane der Kontrolle darüber entzogen seien, ob ihre Handlungen im Einklang mit den Verträgen stehen[124]. Eine Auslegung von Art. 173 EWGV, demzufolge die Handlungen des Europäischen Parlaments aus dem Kreis der anfechtbaren Handlungen ausgeschlossen seien, würde aber zu einem Ergebnis führen, das sowohl dem Geist des Vertrages, wie er in Art. 164 EWGV Ausdruck gefunden habe, als auch seinem System zuwiderlaufe[125]. Das Fehlen des europäischen Parlaments im Kreise der nach Art. 173 EWGV Passivlegitimierten, so der EuGH weiter, sei lediglich darauf zurückzuführen, daß der EWG-Vertrag in seiner ursprünglichen Fassung dem europäischen Parlament nur beratende Befugnisse und nur solche der politischen Kontrolle übertrug, nicht jedoch die Befugnis zur Vornahme von Handlungen, die dazu bestimmt waren, Rechtswirkungen gegenüber Dritten zu entfalten[126].

Die Justitiabilität parlamentarischer Entschließungen setzt somit voraus, daß sie nicht nur den justizfreien Bereich der internen Organisation des Parlaments[127] betreffen, sondern „ihrem Wesen nach Handlungen sind, die Rechtswirkungen gegenüber Dritten entfalten sollen"[128].

Klage gegen solche Handlungen des Parlaments, die nicht dazu bestimmt sind, „Rechtswirkung gegenüber Dritten zu entfalten", weist der Gerichtshof ohne weitere Prüfung als unzulässig zurück[129]. Demnach ist im Hinblick auf die Statthaftig-

---

[122] So noch EuGH Rs. 72/82, zit. bei *Schoo*, S. 529; siehe demgegenüber Art. 38 EGKSV; EuGH Rs. 230/81 (Luxemburg/Parlament), Slg. 1983, S. 255, 281 f.; EuGH Rs. 108/83 (Luxemburg/Parlament), Slg. 1984, S. 1945.

[123] Slg. 1986, S. 1339 f., 1366 Ziff. 25; siehe auch EuGH Rs. 34/86 (Rat/Parlament), Slg. 1986, S. 2155; siehe zur historischen Entwicklung *Schoo*, S. 528 ff.; sowie zur Bedeutung *Bieber*, Verfahrensrecht, S. 296 f.; *Bradley*, in: CMLRev 1987, S. 41 ff. und *Jacqué*, La Legitimation, in: RTDE 1986, S. 500 f.

[124] EuGH Rs. 294/83 (Les Verts/Parlament), Slg. 1986, S. 1365 Ziff. 23.

[125] Slg. 1986, S. 1366 Ziff. 25.

[126] Slg. 1986, S. 1365 Ziff. 24; so bereits *Pescatore*, in: RTDE 1978, S. 581.

[127] Vgl. zu Injustitiabilität dieses Bereichs EuGH Rs. 358/85 und 51/86 (Frankreich/Parlament), NJW 1990, S. 1411, 1412 Ziff. 17; EuGH Rs. C-68/90 (Blot/Parlament), Slg. 1990, S. I-2101.

[128] EuGH Rs. 294/83 (Les Verts/Parlament), Slg. 1986, S. 1364, 1366 f.

[129] Vgl. z.B. EuGH Rs. 78/85 (Europäische Rechte/Parlament), Slg. 1986, S. 1753, 1757 Ziff. 11 - Einsetzungsbeschluß für einen Untersuchungs-Ausschuß; EuGH Rs. 190/84 (Les Verts/Parlament), Slg. 1988, S. 1017, 1035 - Bindung von Finanzmitteln; EuGH Rs. C-68/90 (Blot/Parlament), Slg. 1990, S. I-2101 - Bildung interparlamentarischer Delegationen; hingegen bejaht bei EuGH Rs. 294/83 (Les Verts/Parlament), Slg. 1986, S. 1364 - Verteilung der Haus-

keit der Nichtigkeitsklage gegenüber parlamentarischer Handlungen zu differenzieren. Betrifft die streitbefangene Handlung lediglich die interne Organisation des Parlaments, bleibt sie justizfrei. Entfaltet sie zumindest auch Wirkung gegenüber Dritten, ist sie grundsätzlich justitiabel. Die angefochtene Handlung muß sich insoweit als ein „Handeln" des Parlaments darstellen, das ohne Unterschied seiner Rechtsnatur oder Form sowohl dazu bestimmt ist, eine Rechts- als auch eine Drittwirkung zu entfalten. Daß ein drittwirkendes Handeln nicht zwangsläufig auch Rechtsqualität besitzt, zeigt das Beispiel Biebers von der „allgemeinen Dienstanweisung" des Gerichtshofs, die zwar Beziehungen zu Dritten regelt, gleichwohl keine Rechtsnorm ist[130]. Maßgebend für die Einordnung als Rechtsakt ist, ob das Parlament sich durch die angegriffene Handlung eindeutig für sein künftiges Verhalten durch einen definitiven Willensakt, der von einer gewissen Förmlichkeit, Nachdrücklichkeit oder Endgültigkeit gekennzeichnet ist, bindet bzw. einen Bindungswillen zum Ausdruck bringt, eine bestimmte Art gleichförmigen Verhaltens zu begründen[131].

Die Rechtsprechung zeigt, daß sich eine Entscheidung darüber, ob eine Maßnahme als Rechtsakt nur interne oder aber auch Drittwirkung hat, nach ihrem konkreten Inhalt richtet, nicht jedoch danach, ob sie in Gestalt einer Geschäftsordnung bzw. unter Nutzung einer Ermächtigung zum Erlaß einer Geschäftsordnung ergangen ist. Der Gerichtshof stellt in erster Linie auf die tatsächlich zu erwartende oder festgestellte Außenwirkung ab und nicht auf die gewählte Handlungsform, beispielsweise die der „Entschließung"[132]. Insoweit genügt es, daß im Hinblick auf die Zulässigkeit der Nichtigkeitsklage das Vorliegen eines Rechtsaktes mit Drittwirkung schlüssig dargelegt wird, d.h. daß ein solcher auch tatsächlich vorliegen würde, wenn das klägerische Vorbringen ganz oder teilweise zutreffend wäre. Erfordert eine Entscheidung über die Zulässigkeit der Klage hingegen eine Prüfung des Inhalts und der Tragweite der angegriffenen Handlung, so prüft der Gerichtshof auch die Begründetheit der Klage[133].

Es ist demnach davon auszugehen, daß die Nichtigkeitsklage aus Gründen einer umfassenden Rechtsschutzgewährleistung entgegen dem Wortlaut des Art. 173 Abs. 1 EWGV gegen solche Handlungen des Europäischen Parlaments statthaft ist, die Rechtswirkungen gegenüber Dritten entfalten. Diese verbindliche Auslegung des Art. 173 EWGV durch den Gerichtshof berührt ein heikles Thema[134] und bedarf deshalb einer eingehenderen Würdigung.

---

haltsmittel; EuGH Rs. 108/83 (Luxemburg/Parlament), Slg. 1984, S. 1958 Ziff. 23 - Sitz des Parlaments; EuGH Rs. 34/86 (Rat/Parlament), Slg. 1986, S. 2269, 2975 Ziff. 19.

130 *Bieber*, Verfahrensregeln, S. 46 f.; siehe zur Anfechtbarkeit interner Dienstanweisungen nach Art. 173 EWGV auch EuGH Rs. C-366/88 (Frankreich/Kommission), Slg. 1990, S. I-3571.

131 Vgl. *Krück*, in: G/T/E, Art. 173 EWGV Rn. 8-11 m.Nachw. zur Rspr.; sowie *Bieber*, Verfahrensregeln, S. 46 f.

132 Vgl. insoweit jeweils EuGH Rs. 108/83 (Luxemburg/Parlament), Slg. 1984, S. 1958 Ziff. 21; sowie den Wortlaut des Art. 173 Abs. 1 EWGV: „soweit es sich nicht um Empfehlungen oder Stellungnahmen handelt".

133 Vgl. EuGH Rs. 51/86 und 358/85 (Frankreich/Parlament), NJW 1990, S. 1411, 1412.

134 Vgl. GA Mancini, Schlußantrag in der Rs. 294/83 (Les Verts/Parlament), Slg. 1986, S. 1348.

2. *Würdigung der Rechtsprechung*

Das Verständnis der Europäischen Gemeinschaft als Rechtsgemeinschaft mit einem lückenlosen Rechtsschutzsystem konkretisiert einen allgemeinen Rechtsgrundsatz, der den gemeinsamen Verfassungstraditionen der Mitgliedsstaaten zugrundeliegt und auch in den Art. 6 und 13 der EMRK verankert ist[135]. Die Europäische Gemeinschaft bekennt sich jedoch nicht nur zu einem umfassenden Rechtsschutzsystem, sondern auch zu dem Demokratieprinzip[136]. Während der EuGH als höchste gerichtliche Instanz der Gemeinschaft die „Wahrung des Rechts bei der Auslegung und Anwendung" der Verträge zu sichern hat[137], obliegt es dem Europäischen Parlament, das Demokratieprinzip auszufüllen[138]. Daß sich der Gerichtshof in dem Zielkonflikt zwischen der verfassungsrechtlich verankerten Garantie parlamentarischer Autonomie, Funktionsfähigkeit und interner Organisationsgewalt einerseits und der Wahrung eines umfassenden Rechtsschutzsystems andererseits zu Lasten des Parlaments entschieden hat, erscheint nicht unproblematisch. So meint z.B. Zuleeg in diesem Zusammenhang: „De toute manière, la Cour, pour ses décisions, n'est pas responsable davant le peuple souverain. On pourrait supposer que cela signifie la soumission du principe démocratique au principe du droit de Parlement à la cour."[139]

Problematisch ist insbesondere, daß durch die rechtsfortbildende Auslegung des Art. 173 EWGV weitere Eingriffsmöglichkeiten in parlamentarisches Handeln eröffnet werden[140]. Zuleeg warnt deshalb: „A force de se perdre dans des querelles juridiques, le Parlement pourrait risquer de négliger son mandat politique."[141]

Die Unterwerfung parlamentarischen Handels unter die Kontrolle des Gerichtshofes erscheint gleichwohl vertretbar[142]. Im Gegensatz zur Regelung des Art. 38 EGKSV ist es nunmehr zwar auch natürlichen und juristischen Personen möglich, parlamentarisches Wirken anzufechten und das Parlament bei der Konkretisierung des Demokratieprinzips zu beeinträchtigen, bzw. wird das Parlament gezwungen, Maßnahmen der internen Organisationsgewalt als justizfrei zu verteidigen und die Unzulässigkeit der Klage geltend zu machen[143]. Auch erscheint die Unterwerfung parlamentarischen Handelns unter die Rechtsprechungsgewalt besonders dort in-

---

135 Vgl. EuGH Rs. 222/84 (Johnston/Chief Constabler), Urt. v. 15.5.1986, Slg. 1986, S. 1682 Ziff. 17 f.

136 *Oppermann*, Rn. 207 ff. m.w.N.; *Grabitz*, in: ders., Art. 235 EWGV Rn. 24 m.w.N.

137 Vgl. Art. 164 EWGV sowie *Schoo*, S. 533.

138 *Zuleeg*, Le Parlement, S. 178.

139 *Zuleeg*, Le Parlement, S. 179; vgl. auch *Beutler*, S. 145; *Schoo*, S. 533; siehe zu den Parlamentsprivilegien und der gerichtlichen Zuständigkeit in Großbritannien auch *Löwenstein*, S. 283 ff.; sowie zum Verfassungsproblem der Justitiabilität von Beschlüssen parlamentarische Untersuchungsausschüsse des Deutschen Bundestages, *Kästner*, in: NJW 1990, S. 2649 ff.

140 Siehe GA Mancini: „Gibt es etwas Gefährlicheres, als die Lösung von Verfassungskonflikten den Gerichten anzuvertrauen und auf diese Weise deren bereits allzu große Macht noch zu erweitern?" Rs. 34/86 (Rat/Parlament), Slg. 1986, S. 2158.

141 *Zuleeg*, Le Parlement, S. 179.

142 Vgl. *Beutler*, S. 144 f.; *Masclet*, S. 529; *Schoo*, S. 533.

143 Vgl. zur Rolle des Europäischen Parlaments als beklagte Institution die Zahlenangaben bei *Schoo*, S. 528.

akzeptabel, wo es - wie im Bereich der Immunitätsangelegenheiten - um die Wahrnehmung genuin parlamentarischer Funktionen geht[144].

Bedenken gegen eine Unterwerfung des Parlaments unter die Rechtsprechung treten jedoch nur dann auf, wenn man dem hier in Rede stehenden Konflikt ein dem staatlichen Denken entsprechendes Gewaltenteilungsmodell im Sinne der Zuordnung verschiedener im Kern unantastbarer Kompetenzsphären zugrundelegt und eine Unterwerfung parlamentarischer Handlungen unter eine Gerichtshoheit mit dem Selbstverständnis eines souveränen, nur dem Volke verantwortlichen Parlaments für unvereinbar hält. Dieses von staatlichen Begriffen und Denkweisen geprägte starre Gewaltenteilungsmodell wird jedoch der Supranationalität der Europäischen Gemeinschaft nicht gerecht. Der Gerichtshof hat, der Maxime einer umfassenden Rechtsschutzgewährleistung folgend, dafür Sorge zu tragen, daß das Rechtsschutzsystem der Verträge dort, wo es Lücken aufweist, rechtsfortbildend ergänzt wird[145]. Greift der Gerichtshof dabei in parlamentarisches Wirken ein, so kann es nicht darauf ankommen, ob er gewaltenübergreifend tätig wird. Entscheidend ist vielmehr, ob das Interesse an einer umfassenden Rechtsschutzgewährleistung einerseits und das Interesse an einem zur Konkretisierung des Demokratieprinzips erforderlichen ungestörten parlamentarischen Wirken andererseits zu einem tragbaren Ausgleich gebracht werden kann. Insofern kommt es weniger auf das Ob als auf das Wie gewaltenübergreifender Rechtsprechung an.

Vor diesem Hintergrund ist zu berücksichtigen, daß der Gerichtshof mit Urteil vom 22.5.1990 auch die Aktivlegitimation des Parlaments für die Nichtigkeitsklage nach Art. 173 EWGV anerkannt hat[146]. Damit hat er nicht nur der Auffassung des Parlaments Rechnung getragen, daß eine extensive Auslegung des Art. 173 EWGV im Hinblick auf die Anerkennung einer passiven Parteifähigkeit des Europäischen Parlaments auch zu dessen aktiver Parteifähigkeit führen müsse[147], sondern ist vor allem der Herstellung eines Gleichgewichts zwischen den Gemeinschaftsorganen im Sinne eines „mehr Macht durch Recht" nähergekommen[148]. Die mit der Anerkennung der aktiven und passiven Parteifähigkeit verbundene Einbindung des Europäischen Parlaments in die justizielle Rechtsordnung der Gemeinschaft schafft insofern weitere Chancen für das Parlament, seine Befugnisse auch auf dem Rechtswege zur Geltung zu bringen. Die Problematik der Justitiabilität parlamentarischen Handelns in Immunitätsangelegenheiten beschränkt sich somit auf das Problem der Abgrenzung justitiabler

---

144 Gemäß Art. 10 Abs. 3 des Protokolls hat allein das Parlament darüber zu entscheiden, ob sein Interesse an ungehinderter parlamentarischer Arbeit der Mitglieder oder das Interesse der Strafrechtspflege an deren Strafverfolgung überwiegt; siehe 1. Teil § 2. A. VI.

145 Siehe zu den Grenzen des Rechtsprechungsauftrages allgemein *Pernice*, in: Grabitz, Art. 164 EWGV Rn. 34 ff.; *Krück*, in: G/T/E, Art. 164 EWGV Rn. 58 ff., jeweils m.w.N.; sowie im vorliegenden Zusammenhang *Schoo*, S. 533: „Der EuGH dürfte mit dieser Rechtsprechung ... die Grenzen der richterlichen Rechtsfortbildung erreicht haben."

146 Vgl. EuGH Rs. C-70/88 (Parlament/Rat), Slg. 1990, S. I-2067 ff.; Rs. C-284/90 (Parlament/Rat), Urt. v. 31.3.1992 noch unveröffentlicht; Rs. C-295/90 (Parlament/Rat), Urt. v. 7.7.1992 noch unveröffentlicht; siehe zur Rolle des Europäischen Parlaments als Kläger *Schoo*, S. 530 ff.; sowie *Hilf*, in: EuR 1990, S. 273 ff.

147 Vgl. bereits die Entschließung des Parlaments vom 9.10.1986, ABl. 1986, Nr. C 283/86, S. 85 sowie die Argumentation in der Rs. 194/83 (Les Verts/Parlament), Slg. 1986, S. 1364 Ziff. 22.

148 Vgl. *Beutler*, S. 143; *Schoo*, S. 525, 533; *Dauses*, in: EuRW 1990, S. 220 (editorial).

Parlamentsakte von gerichtsfreien Parlamentsentscheidungen, die als bloße Maßnahmen der internen Organisation keine Drittwirkung entfalten.

Im übrigen ist dem vom Parlament noch zu Beginn der Rs. 294/83 (Les Verts/Parlament) vertretenen Wortlaut-Argument, mit dem es sich gegen eine Erweiterung des Kreises der nach Art. 173 EWGV Passivlegitimierten aussprach[149], zu Recht entgegengehalten worden, daß bei einer fehlenden passiven Parteifähigkeit rechtsbeeinträchtigende Handlungen des Europäischen Parlaments jeglicher richterlicher Kontrolle entzogen seien. Es würde einer mit Art. 164 EWGV nicht zu vereinbarenden Rechtsverweigerung des EuGH gleichkommen, wenn Handlungen des Parlaments, die gegenüber Dritten belastende Rechtswirkungen entfalten, von den Betroffenen nicht auf dem Rechtsweg überprüft werden könnten[150].

3. Ergebnis

Festzuhalten ist, daß der EuGH entgegen dem Wortlaut des Art. 173 Abs. 1 EWGV die Nichtigkeitsklage gegen solche Parlamentsakte zuläßt, die Rechtswirkungen gegenüber Dritten entfalten. Dieser Eingriffsmöglichkeit der Judikative in parlamentarische Rechte ist vor dem Hintergrund der Gewährleistung eines umfassenden Rechtsschutzsystems und der gleichzeitigen Gewährung auch der Aktivlegitimation des Parlaments vertretbar.

Die rechtsfortbildende Auslegung des Art. 173 EWGV steht im Einklang mit einer in der Literatur befürworteten Parteifähigkeit des Europäischen Parlaments[151] sowie mit früheren Entscheidungen, in denen der Gerichtshof aufgrund der in den Art. 177 EWGV[152] und Art. 38 EGKSV[153] vorgeschriebenen Verfahren über die Rechtmäßigkeit von Beschlüssen des Europäischen Parlaments zu entscheiden hatte. Sie entspricht zudem der im innerstaatlichen Recht verbreiteten Auffassung, daß entsprechend einer Differenzierung zwischen parlamentarischen „Innen- und Außenrecht" parlamentarisches Wirken insoweit anfechtbar ist, als es außerhalb des Parlaments Rechtswirkung entfaltet[154].

II. Klageberechtigte und Klagegegenstand

Zur Erhebung der Nichtigkeitsklage sind gemäß Art. 173 Abs. 1 EWGV die Mitgliedsstaaten, der Rat und die Kommission[155] sowie nach Art. 173 Abs. 2 EWGV „jede natürliche oder juristische Person" berechtigt. Während die nach Abs. 1 Klagebefugten gegen jede verbindliche Rechtshandlung mit Drittwirkung klagen kön-

---

149 Slg. 1986, S. 1339 ff., 1348; dazu *Schoo*, S. 529 Fn. 61; siehe auch EuGH Rs. 230/81 (Luxemburg/Parlament), Slg. 1983, S. 255 ff.

150 So zusammenfassend GA Mancini, in Rs. 294/83 (Les Verts/Parlament), Slg. 1986, S. 1349 f.

151 Vgl. Nachw. bei *Glaesner*, in: EuR 1987, S. 158.

152 EuGH Rs. 208/80 (Lord Bruce/Parlament), Slg. 1981, S. 2205 ff.

153 EuGH Rs. 230/81 (Luxemburg/Parlament), Slg. 1983, S. 255 ff.; EuGH Rs. 108/83 (Luxemburg/Parlament), Slg. 1984, S. 1945; sowie jetzt auch EuGH Rs. 358/85 und 51/86 (Frankreich/Parlament), Slg. 1988, S. 4281.

154 Vgl. *Achterberg*, S. 776; *Di Fabio*, S. 85 m.w.N.; *Bartmann*, S. 47; vgl. zur Anerkennung im Gemeinschaftsrecht *Bieber*, Verfahrensregeln, S. 45; sowie die Entschließung des Europäischen Parlaments vom 9.10.1986, ABl. 1986, Nr. C283/85.

155 Siehe zur Aktivlegitimation des Europäischen Parlaments EuGH Rs. C-70/88 (Parlament/Rat), Slg. 1990, S. I-2041.

nen, ist die Klageberechtigung natürlicher oder juristischer Personen hinsichtlich des Klagegegenstandes beschränkt auf diejenigen „Entscheidungen“, die sie unmittelbar und individuell betreffen[156]. Entsprechend dem in der parlamentarischen Praxis in Immunitätsangelegenheiten denkbaren Handeln läßt sich unterscheiden zwischen der Klageberechtigung gegenüber einer Verfolgungsgenehmigung oder der Ablehnung eines Antrags nach Art. 5 Abs. 3 GOEP (1.), einer Verfolgungsversagung oder einem Beschluß auf Aussetzung oder Freilassung (2.) sowie gegenüber sonstigem parlamentarischen Handeln in Immunitätsangelegenheiten (3.).

1. Klageberechtigung gegenüber einer Verfolgungsgenehmigung oder der Ablehnung eines Antrags nach Art. 5 Abs. 3 GOEP

Wird einem Antrag nach Art. 5 Abs. 1 GOEP stattgegeben bzw. ein Antrag nach Art. 5 Abs. 3 GOEP abgelehnt, ist eine gerichtliche Kontrolle des entsprechenden Parlamentsbeschlusses auf Veranlassung des angeschuldigten Mitglieds selbst (a)), seiner Fraktion (b)) sowie seiner Partei (c)) denkbar. Auch der Antragsteller nach Art. 5 Abs. 3 GOEP könnte klageberechtigt sein (d)).

a) Angeschuldigtes Mitglied des Europäischen Parlaments

Das betreffende Mitglied muß darlegen, Dritter im Sinne des Urteils des Gerichtshofs in der Rs. 294/83 (Les Verts/Parlament)[157] sowie als natürliche Person „unmittelbar und individuell“ i.S.d. Art. 173 Abs. 2 EWGV betroffen zu sein[158].

aa) Rechts- und Drittwirkung des Beschlusses

Keiner näheren Erörterung bedarf, daß Beschlüsse des Europäischen Parlaments über Anträge auf Aufhebung der parlamentarischen Immunität eines Mitglieds bzw. auf dessen Freilassung Rechtswirkung entfalten. Der Plenarbeschluß stellt eine Entscheidung über den zu regelnden Sachverhalt dar, der als definitiver Willensakt das Parlament in dessen künftigen Verhalten bindet[159]. Er ist kein Normativakt, sondern Entscheidung i.S.d. Art. 189 EWGV[160].

Zweifelhaft ist jedoch, ob Mitglieder des Parlaments Dritte im Sinne des Urteils des Gerichtshofs in der Rs. 294/83 (Les Verts/Parlament) sein können[161]. Problematisch ist zudem, daß die betreffenden Abgeordneten durch Beschlüsse nach Art. 5 GOEP im Verhältnis zwischen Parlament und Antragsteller lediglich mittelbar betroffen, jedoch nicht Adressaten der Parlamentsentscheidungen sind.

Soweit ersichtlich, hat sich der EuGH zu dieser Rechtsfrage noch nicht äußern müssen[162]. Abzustellen ist auf den Sinn und Zweck des Drittwirkungserfordernisses. Dieses dient nicht der Vorbeugung von Popularklagen, die durch

---

156 *Wenig*, in: Grabitz, Art. 173 EWGV Rn. 52 f. sowie zuvor unter A. I. 2.

157 Slg. 1986, S. 1339.

158 *Oppermann*, S. 648.

159 Anders bloße Pressemitteilungen oder die förmlichen Beschlußempfehlungen des Immunitätsausschusses, siehe dazu sogleich unter 3.

160 Siehe zu dieser Unterscheidung *Oppermann*, Rn. 646, sowie *Bieber*, Verfahrensregeln, S. 48.

161 Vgl. die Rechtsposition des Parlaments in der Rs. 221/86 R (Fraktion der Europäischen Rechten/Parlament); vom EuGH offengelassen, Slg. 1986, S. 2969, 2975.

162 Siehe jedoch die derzeit anhängigen Verfahren der Abgeordneten Emil Schlee und Johanna Christina Grund; ABl. 1991, Nr. C 336/6.

die weiteren Zulässigkeitsvoraussetzungen der unmittelbaren und individuellen Betroffenheit verhindert werden können[163], sondern allein der Abgrenzung justizfreier von justitiablen Parlamentsakten. Es soll gewährleisten, daß Maßnahmen der internen Organisation unangreifbar bleiben. Drittwirkung haben deswegen nur solche Maßnahmen, die auch Wirkung außerhalb des Parlaments entfalten. Beschlüsse nach Art. 5 GOEP haben aber unabhängig von dem Kreis der Betroffenen schon dadurch Drittwirkung, daß sie die Verfolgungsorgane der Mitgliedsstaaten binden. Sei es, daß einem Antrag nach Art. 5 Abs. 1 GOEP stattgegeben wird, sei es, daß ein Antrag nach Art. 5 Abs. 3 GOEP abgelehnt wird. Insoweit wäre es unbillig, wenn Maßnahmen, die zwar eine externe, zugleich aber auch für den betroffenen Abgeordneten eine Wirkung entfalten, von diesem nicht angefochten werden könnten. Eine Unanfechtbarkeit wäre zudem mit dem das Urteil in der Rs. 294/83 (Les Verts/Parlament) tragenden Entscheidungsgrund der Gewährleistung eines umfassenden Rechtsschutzsystems[164] unvereinbar. Der EuGH hat stets, wenn auch in anderen Zusammenhängen, zum Ausdruck gebracht, daß die Grundsätze, auf die sich die klagende Partei berufen kann, „eine weite Auslegung der Bestimmungen über die Anrufung des Gerichtshofes [verlangen], damit der Rechtsschutz des einzelnen gewährleistet ist"[165].

Insoweit ist auch den Ausführungen Biebers zuzustimmen, wenn er meint, daß für die Frage der Klagebefugnis von Organteilen darauf abzustellen sei, ob diese Träger eigener Rechte seien[166]. Es widerspricht auch dem Rechtsgefühl, wollte man den durch Beschlüssen über Anträge nach Art. 5 GEOP in ihrem Anspruch auf ein ermessensfehlerfreies und faires Verfahren betroffenen Abgeordneten die Möglichkeit gerichtlicher Überprüfung des Parlamentsentscheids nehmen. Obgleich die europäische parlamentarische Immunität ein Recht des Parlaments darstellt[167] und seinen Mitgliedern keine subjektiven Rechte verleiht, muß m.E. aus dem Gedanken eines umfassenden Rechtsschutzsystems gewährleistet sein, daß Abgeordnete, die sich in fundamentalen Verfahrensgrundsätzen, wie z.B. dem Anspruch auf willkürfreie Ermessensausübung oder dem in Art. 5 Abs. 2 GEOP verankerten Anhörungsrecht verletzt sehen, unter Darlegung eines unmittelbaren und individuellen Betroffenseins den Gerichtshof anrufen können.

bb) Unmittelbares Betroffensein

„Unmittelbares Betroffensein" bedeutet, daß die angefochtene Maßnahme den Kläger benachteiligen muß, es aber nicht genügt, daß sie ihn lediglich benachteiligen kann, falls weitere Umstände hinzutreten[168]. Ob der Kläger durch eine Maßnahme unmittelbar betroffen ist, hängt stets von derem Charakter und der von ihr ausgehenden Rechtswirkung ab[169]. Bei mehrphasigen Verfahren ist für die Unmit-

---

163 *Nicolaysen*, Europarecht I, S. 183 f.

164 Slg. 1986, S. 1339, 1365 Ziff. 23.

165 EuGH Rs. 66/76 (CFDT/Rat), Slg. 1977, S. 305, 310 Ziff. 8; siehe zu weiteren Nachw. GA Mancini, Slg. 1986, S. 1349 f.

166 *Bieber*, Verfahrensregeln, S. 49; siehe zur Aktivilegitimation von Mitgliedern des Parlaments *Bieber*, Verfahrensrecht, S. 321.

167 2. Teil § 2 B.

168 *Krück*, in: G/T/E, Art. 173 EWGV Rn. 48.

169 EuGH Rs. 307/81 (Alu Swiss/Kommission), Slg. 1982, S. 3463, 3473; *Krück*, in: G/T/E, Art. 173 EWGV Rn. 48.

telbarkeit der angefochtenen Maßnahme maßgebend, ob sie sich ohne Dazwischentreten von weiteren Akten, wie z.B. Durchführungsmaßnahmen innerstaatlicher Behörden, auf die Rechts- und Interessenlage des Klägers auswirken[170]. Läßt die angegriffene Handlung der Behörde noch irgendeinen Ermessensspielraum, so können Dritte von ihr nicht unmittelbar betroffen sein[171]. Ein Indiz für eine unmittelbare Betroffenheit durch einen Beschluß über einen Antrag nach Art. 5 GEOP könnte sein, daß z.B. die Aufhebung der Verfolgungsgenehmigung durch das vom Kläger ertrebte Gerichtsurteil diesem ohne weiteres den angestrebten Erfolg, nämlich die Erhaltung seiner Immunität und damit seiner Nichtverfolgbarkeit für die Dauer seines parlamentarischen Mandats, bringen würde[172].

Das Mitglied ist jedoch weder Adressat des Beschlusses, noch ist es allein durch die Aufhebung seiner parlamentarischen Immunität bzw. die Ablehnung des Antrags nach Art. 5 Abs. 3 GEOP „unmittelbar" betroffen. Die bloße Möglichkeit, einem strafrechtlichen Ermittlungsverfahren ausgesetzt zu sein, greift noch nicht zwingend in geschützte Rechtspositionen des betreffenden Mitglieds ein. Insoweit verleiht die parlamentarische Immunität dem Mitglied weder ein subjektives Recht, das durch den Aufhebungsbeschluß berührt sein könnte, noch ist die Art und Weise der Ermittlungstätigkeit vor Erlaß der Verfolgungsgenehmigung derart klar ersichtlich, daß von einem bloßen Vollzug der Gemeinschaftshandlung gesprochen werden könnte. Im Gegensatz zu den Fällen, in denen innerstaatliche Behörden bereits vor Erlaß der Gemeinschaftsmaßnahme zu erkennen geben, wie sie nach Erhalt einer entsprechenden Ermächtigung verfahren werden[173], besteht im Bereich strafrechtlicher Ermittlungsverfahren zu jedem Zeitpunkt die Möglichkeit einer Verfahrenseinstellung[174], wenn der Zweck des Ermittlungsverfahrens, die Klärung eines Verdachts[175], erreicht ist. Ob und inwieweit die nationalen Strafverfolgungsbehörden von der Verfolgungsgenehmigung Gebrauch machen, bzw. ob sie gegebenenfalls entlastende Umstände und Einstellungsmöglichkeiten böswillig übersehen oder zu Unrecht grundrechtsbeschränkende Zwangsmaßnahmen betreiben, ist aber nicht „unmittelbar" dem Handeln des Europäischen Parlaments zuzurechnen[176].

Hingegen kann sich eine unmittelbare Betroffenheit aus dem Parlamentsbeschluß selbst ergeben, wenn dieser bei der Interessenabwägung zwischen den Parlamentsbelangen und den Belangen der Strafverfolgungsorgane auf einer willkürlichen Ermessensausübung[177] beruht oder sonstige fundamentale Verfahrensrechte des Mitglieds, wie z.B. den „fair trial"-Grundsatz, verletzt[178]. Inso-

---

170 Vgl. *Wenig*, in: Grabitz, Art. 173 Rn. 13.

171 So der EuGH in st. Rspr.; vgl. Nachw. bei *Krück*, in: G/T/E, Art. 173 EWGV Rn. 56.

172 Vgl. *Nicolaysen*, Europarecht I, S. 184 m.w.N. zur Rspr.

173 In diesen Fällen soll die Gemeinschaftsmaßnahme unmittelbar Wirkung besitzen; *Wenig*, in: Grabitz, Art. 173 Rn. 58 m. Nachw. zur Rspr.

174 Vgl. *Roxin*, § 37.

175 *Rieß*, in: LR, Vor § 158 StPO Rn. 6.

176 Rechtswidriges Verhalten innerstaatlicher Verfolgungsorgane kann daher auch nur vor den nationalen Gerichten, ggfls. unter Beachtung des Art. 177 EWGV überprüft werden.

177 Siehe zum Willkürbegriff *Schwarze*, VerwR, S. 537 f.

178 Siehe zur Existenz und Bedeutung eines allgemeinen Rechtsgrundsatzes, demnach die Verteidigungsrechte des Betroffenen, insbesondere das Recht auf Anhörung zu wahren sind, *Schwarze*, VerwR, S. 1275 ff.

weit ist zu beachten, daß Art. 5 Abs. 2 GEOP ein Anhörungsrecht des betreffenden Mitglieds ausdrücklich vorsieht, „wenn dieses es wünscht". Ein unter Mißachtung dieser verfahrensrechtlichen Stellung zustande gekommener Parlamentsbeschluß verletzt das betreffende Mitglied unmittelbar in seinen Rechten[179].

cc) Individuelles Betroffensein

Derjenige, der nicht Adressat einer Maßnahme ist, ist von dieser nur dann individuell betroffen, wenn sie ihn wegen bestimmter persönlicher Eigenschaften oder besonderer, ihn aus dem Kreis aller übrigen Personen heraushebender Umstände berührt und ihn daher in ähnlicher Weise individualisiert, wie den Adressaten einer Entscheidung[180]. Insoweit wird ein individuelles Betroffensein in der Rechtsprechung angenommen, wenn der Kläger in dem Rechtsakt oder seinen Anlagen namentlich aufgeführt ist[181]. Auf die individuelle Betroffenheit eines in einem Beschluß über einen Antrag nach Art. 5 GEOP namentlich genannten Mitglieds näher einzugehen, erübrigt sich daher.

Im Ergebnis ist somit festzuhalten, daß die von einer Verfolgungsgenehmigung bzw. der Ablehnung eines Antrags nach Art. 5 Abs. 3 GEOP betroffenen Mitglieder des Europäischen Parlaments aus dem Gedanken einer umfassenden Rechtsschutzgewährleistung als Dritte im Sinne des Urteils in der Rs. 294/83 (Les Verts/Parlament) anzusehen sind und durch einen entsprechenden Beschluß unmittelbar und individuell in ihrem Anspruch auf ein ermessensfehlerfreies und faires Verfahren betroffen sein könnten. Die angeschuldigten Mitglieder des Parlaments wären insoweit nach Art. 173 Abs. 2 EWGV klageberechtigt.

b) Fraktion des Mitglieds

Die Fraktion, der das betreffende Mitglied angehört, könnte ein eigenes Interesse an einer Klageberechtigung haben, das mit der Bedeutung des Fraktionsmitglieds für die Fraktion wächst. Ob eine Fraktion i.S.d. Art. 173 Abs. 2 EWGV klagebefugt, bzw. ob sie als Dritte im Sinne der Rechtsprechung des EuGH in der Rs. 294/83 (Les Verts/Parlament) durch einen Beschluß über einen Antrag nach Art. 5 GEOP unmittelbar und individuell betroffen ist, bedarf näherer Betrachtung.

Der Begriff der „juristischen Person" in Art. 173 Abs. 2 EWGV ist ein eigenständiger Terminus des Gemeinschaftsrechts, der nicht notwendigerweise mit den Begriffen übereinstimmt, die in den verschiedenen Rechtsordnungen der Mitgliedsstaaten verwendet werden. Er umfaßt jedoch alle Körperschaften, denen die Rechtsordnung, der sie unterstehen, den Status einer Rechtspersönlichkeit verliehen hat, seien es Mitgliedsstaatliche oder supranationale Rechtsordnungen[182]. Demnach ist eine Fraktion des Europäischen Parlaments zumindest i.S.d. Art. 173 Abs. 2 EWGV begrifflich eine „juristische Person". Daß eine unmittelbare und individuelle Drittbe-

---

179 Vgl. EuGH Rs. 169/84 (COFAZ/Kommission), Slg. 1986, S. 391, 414 f. Ziff. 22 ff.; siehe zur Klagebefugnis von Verfahrensbeteiligten *Nicolaysen*, Europarecht I, S. 187 f.

180 *Wenig*, in: Grabitz, Art. 173 EWGV Rn. 54; *Krück*, in: G/T/E, Art. 173 EWGV Rn. 57, jeweils m. Nachw. aus der Rspr.

181 Vgl. EuGH Rs. 239 und 275/82 (Allied Corporation/Kommission), Slg. 1984, S. 1005, 1030; *Wenig*, in: Grabitz, Art. 173 EWGV Rn. 55; *Nicolaysen*, Europarecht I, S. 186 Fn. 34 m. Nachw. zur Rspr.

182 *Krück*, in: G/T/E, Art. 173 EWGV Rn. 41.

troffenheit der Fraktion des betreffenden Mitglieds nicht von vornherein ausgeschlossen ist, zeigt das methodische Vorgehen des EuGH in der Rs. 78/85 (Fraktion der Europäischen Rechten/Parlament)[183], in der sich die Klägerin gegen einen Beschluß des Präsidiums des Europäischen Parlaments wandte, mit dem die Bildung eines Untersuchungsausschusses gemäß Art. 95 GEOP für zulässig erklärt wurde[184]. Der EuGH stellt in dieser Entscheidung zunächst fest, daß natürlichen und juristischen Personen die Nichtigkeitsklage nach Art. 173 EWGV gegen Handlungen des Europäischen Parlaments, die Rechtswirkung gegenüber Dritten entfalten sollen, grundsätzlich zur Verfügung steht. Sodann entschied er jedoch, auf die Wirkung der angegriffenen Einsetzung des Untersuchungsausschusses abstellend: „die Handlungen im Zusammenhang mit ihrer Einsetzung betreffen folglich nur die interne Organisation der Arbeit des Europäischen Parlaments“[185]. Ebenfalls verneinte der EuGH in der Rs. 211/86R (Europäische Rechte/Parlament) die Klageberechtigung der Fraktion der Europäischen Rechten[186] nicht von vornherein, sondern begnügte sich mit der Feststellung, daß die Klage nicht nur von der Fraktion der Europäischen Rechten, sondern auch von der Partei „Front National“ erhoben worden sei.

Man wird deshalb für die Frage der Klageberechtigung der Fraktion auf den Inhalt und die Tragweite des angegriffenen Parlamentsbeschlusses abzustellen haben. Demnach wäre von einer Klageberechtigung i.S.d. Art. 173 Abs. 2 EWGV auszugehen, wenn die Fraktion darlegen könnte, durch Inhalt und Tragweite der Verfolgungsgenehmigung bzw. der Ablehnung des Antrags nach Art. 5 Abs. 3 GEOP in eigenen Rechten unmittelbar und individuell verletzt worden zu sein[187]. Insoweit kommt in Betracht, daß der Fraktion eigene Rechte auf Bestand und auf Gleichbehandlung sowie auf ungestörte Mitwirkung bei der parlamentarischen Willensbildung zustehen[188]. Ein Verstoß gegen diese Rechte ist durchaus möglich, wenn man bedenkt, daß die Immunität eines Mitglieds von der Parlamentsmehrheit in der Absicht aufgehoben werden könnte, ihn als kompetenten Spezialisten der Fraktion und damit auch seine Fraktion zumindest zeitweise arbeitsunfähig zu machen. Denkbar ist auch, daß die Aufhebung zu dem Zweck geschieht, eine mißliebige Fraktion daran zu hindern, den ihr zugeteilten Ausschußsitz, gegebenenfalls sogar den Ausschußvorsitz, einzunehmen[189]. Derart willkürliche Immunitätsentscheidungen des Parlaments, die zumindest theoretisch nicht auszuschließen sind, könnten die betreffende Fraktion in ihrem Recht auf ungestörte Mitwirkung an der parlamentarischen Arbeit unmittelbar und individuell betreffen. Die Fraktion wäre insoweit gemäß Art. 173 Abs. 2 EWGV berechtigt, die Verfolgungsgenehmigung mit der Nichtigkeitsklage gerichtlich überprüfen zu lassen.

---

183 Slg. 1986, S. 1753.

184 ABl. 1981, Nr. C 90-49.

185 EuGH Rs. 78/85 (Fraktion der Europäischen Rechten/Parlament), Slg. 1986, S. 1757 Ziff. 11; vgl. auch EuGH Rs. C-68/90 (Blot/Parlament), Slg. 1990, S. I-2101, 2105 Ziff. 12; siehe zur zentralen Bedeutung der Fraktion auch *Bieber*, in: G/T/E, Art. 140 Rn. 13 ff.

186 Slg. 1986, S. 2969, 2975 Ziff. 19.

187 Vgl. zu diesem Vorgehen EuGH Rs. 358/85 und 51/86 (Frankreich/Parlament), Slg. 1988, S. 4821, 4851 Ziff. 15.

188 Siehe zur Mitwirkung der Fraktion bei der parlamentarischen Willensbildung eingehend *Rutschke*, S. 31 ff.; vgl. auch EuGH Rs. 78/85 (Europäische Rechte/Parlament), Slg. 1986, S. 1753, 1757.

189 Vgl. *Bartmann*, S. 153.

c) Partei des Mitglieds

Es liegt nahe, daß die Partei, der das betreffende Mitglied angehört, durch eine Verfolgungsgenehmigung bzw. eine Ablehnung des Antrags nach Art. 5 Abs. 3 GOEP in ihren politischen Interessen betroffen ist. Auch können Parteien Drittbetroffene im Sinne des Urteils des Gerichtshofs in der Rs. 294/83 (Les Verts/Parlament) sein[190]. Hingegen ist nicht ersichtlich, inwieweit die Partei als Rechtssubjekt von einer Verfolgungsgenehmigung in eigenen Rechten unmittelbar und individuell betroffen sein könnte. Die Partei ist weder Adressat des angefochtenen Beschlusses, noch als eine mit eigenen Rechten und Pflichten ausgestattete juristische Person an dem Verfahren nach Art. 5 GOEP beteiligt. Kann die Partei aber nicht darlegen, daß sie durch den angefochtenen Beschluß individuell und unmittelbar betroffen ist, muß der Gerichtshof ihre Klageberechtigung i.S.d. Art. 173 Abs. 2 EWGV verneinen[191]. Die Partei, der das angeschuldete Mitglied angehört, kann deshalb einen Beschluß nach Art. 5 GOEP nicht selbst anfechten. Mittelbar steht ihr diese Möglichkeit jedoch über das betreffende Mitglied und ggf. über die Fraktion offen[192].

d) Antragsteller i.S.d. Art. 5 Abs. 3 GOEP

Soweit das Parlament einen Antrag auf Aussetzung der Strafverfolgung oder Freilassung eines Mitglieds durch Beschluß ablehnt, könnte hiergegen auch das i.S.d. Art. 5 Abs. 3 GOEP antragstellende Mitglied als natürliche Person gemäß Art. 173 Abs. 2 EWGV klageberechtigt sein. Eine entsprechende Klageberechtigung setzt jedoch auch in diesem Szenario voraus, daß das antragstellende Mitglied als Dritter im Sinne des Urteils in der Rs. 294/83 (Les Verts/Parlament) von einem entsprechenden Beschluß unmittelbar und individuell betroffen ist. Eine unmittelbare und individuelle Drittbetroffenheit könnte mit dem Argument dargelegt werden, daß Inhalt und Tragweite des angefochtenen Beschlusses den Antragsteller jedenfalls in seinen in Art. 5 Abs. 3 enthaltenen Antragsrechten verletzt.

Könnte der Antragsteller demnach eine Verletzung seiner in Art. 5 Abs. 3 GOEP garantierten Rechte schlüssig darlegen, so wäre er i.S.d. Art. 173 Abs. 2 EWGV klagebefugt.

2. Klageberechtigung gegenüber einer Verfolgungsversagung oder einem Beschluß auf Aussetzung oder Freilassung

Sieht das Europäische Parlament davon ab, die Immunität eines Mitglieds aufzuheben oder verlangt es die Aussetzung einer bereits eingeleiteten Strafverfolgung, versagt es mit anderen Worten den innerstaatlichen Behörden die Strafverfolgung, so ist eine gerichtliche Kontrolle der entsprechenden Beschlüsse auf Veranlassung eines Mitgliedsstaats (a)), des Opfers (b)) sowie des Rats oder der Kommission (c)) denkbar. Nicht statthaft wäre es jedoch, das Europäische Parlament - etwa aus dem Gesichtspunkt einer Verpflichtung der Gemeinschaftsorgane zur Amts- und Rechtshilfe[193] - auf Erlaß einer Verfolgungsgenehmigung zu verklagen[194].

---

190 Vgl. Slg. 1986, S. 1339; EuGH Rs. C-68/90 (Blot/EP), Slg. 1990, S. I-2101; EuGH Rs. 190/84 (Les Verts/Parlament), Slg. 1988, S. 1017.

191 Vgl. EuGH Rs. 295 und 296/83 (Les Verts/Parlament), Slg. 1984, S. 3331, 3335.

192 Vgl. *Bartmann*, S. 159.

193 Siehe zu dieser Verpflichtung EuGH Rs. C-2/88 m. Anm. *Prieß*, EuR 1991, S. 342 ff.

a) Mitgliedsstaat

Die Mitgliedsstaaten gehören zu den nach Art. 173 Abs. 1 EWGV ausdrücklich erwähnten Klageberechtigten. Sie sind gegenüber den in Abs. 2 genannten natürlichen und juristischen Personen insofern privilegiert, als sie weder die Art der Handlung noch ihre unmittelbare und individuelle Betroffenheit darzulegen haben. Zu ihren Gunsten wird vermutet, daß sie durch die angeblich rechtswidrige Handlung eines Gemeinschaftsorgans in ihren Interessen an einem rechtmäßigen Funktionieren der Gemeinschaft betroffen sind[195].

Eine Klagebefugnis des betreffenden Mitgliedsstaats könnte sich demnach bereits aus dessen Eigenschaft als „Hüter des Vertrages" ergeben, demnach er generell und, ohne aktuell oder potentiell durch einen Rechtsakt beeinträchtigt zu sein, die Rechtmäßigkeit des Handelns der Gemeinschaft durch den Gerichtshof überprüfen lassen könnte und sei es, um dabei gerade auch eigene Interessen durchzusetzen[196]. Einschränkend wird man jedoch zu fordern haben, daß die angefochtene Handlung zumindest Rechts- und Drittwirkung haben muß[197].

Dem Beschluß des Europäischen Parlaments, die Immunität eines Mitglieds nicht aufzuheben bzw. die Aussetzung der Strafverfolgung zu verlangen, kommt insoweit Rechts- und Drittwirkung zu, als sie die zuständigen innerstaatlichen Behörden i.S.d. Art. 5 Abs. 1 und Abs. 5 GEOP binden und damit den materiellen Strafanspruch des Staates berühren. Entsprechende Beschlüsse stellen insoweit keine bloße Maßnahme der internen Organisation dar. Darüber hinaus berühren sie zugleich auch die in Art. 236 EWGV verankerten Befugnisse der Mitgliedsstaaten zur Änderung des Protokolls, demnach Änderungen der Verträge nur in Kraft treten, „nachdem sie von allen Mitgliedstaaten gemäß ihren verfassungsrechtlichen Vorschriften ratifiziert worden sind"[198]. Das Parlament fällt seine Beschlüsse jedoch, wie oben dargelegt wurde, aufgrund einer eigenmächtigen Änderung des materiellen Gehalts des Art. 10 des Protokolls.

Mitgliedsstaaten, deren zuständige Behörden ein Mitglied des Europäischen Parlaments strafrechtlich verfolgen wollen, könnten somit gegen entgegenstehende Beschlüsse des Europäischen Parlaments gemäß Art. 173 Abs. 1 EWGV die Nichtigkeitsklage erheben. Ob sie diesen juristischen Weg beschreiten oder wie z.B. in den Verfahren gegen die deutschen Abgeordneten Simons und Walter Beschlüsse des Parlaments schlichtweg ignorieren[199], mag auch von politischen Erwägungen abhängen. Immerhin ist zu beobachten, daß die Unzufriedenheit der Mitgliedsstaaten mit der parlamentarischen Praxis des Europäischen Parlaments wächst[200].

---

194 Das Recht, über die parlamentarische Immunität seiner Mitglieder zu befinden, steht insoweit ausschließlich im pflichtgemäßen Ermessen des Europäischen Parlaments. Ein Anspruch auf Erlaß einer bestimmten Ermessensentscheidung besteht nicht.

195 *Wenig*, in: Grabitz, Art. 173 EWGV Rn. 2; *Oppermann*, Rn. 637.

196 Vgl. *Nicolaysen*, Europarecht I, S. 183.

197 Siehe dazu oben zu I. 2. sowie EuGH Rs. 358/85 und 51/86 (Fraktion/Parlament), Slg. 1988, S. 4821, 4851.

198 Art. 236 Abs. 3 EWGV.

199 Siehe den Beschluß des Parlaments, die Aufhebung der Strafverfolgung zu verlangen, Dok. A2-35/86 einesteils und das Urteil des OLG Köln in NStZ 1987, S. 564 f. anderenteils.

200 Siehe z.B. den Schriftwechsel zwischen der Regierung Griechenlands und dem Präsidium des Europäischen Parlaments im Anhang zum Verfahren A3-269/91 (Tsimas/Roumeliotis).

b) Tatopfer

Das von einem Mitglied des Europäischen Parlaments verletzte Opfer könnte gegenüber einer Verfolgungsversagung als natürliche Person gemäß Art. 173 Abs. 2 EWGV die Nichtigkeitsklage erheben, wenn es darlegen würde, durch die Nichtaufhebung der Immunität in seinen Rechten unmittelbar und individuell verletzt worden zu sein[201]. Da das Opfer kein subjektives Recht auf Aufhebung der Immunität hat, wie umgekehrt dem betreffenden Mitglied des Europäischen Parlaments kein subjektives Recht auf Aufrechterhaltung der Immunität zusteht, könnte allein die Verletzung des Rechts auf eine willkürfreie Ermessensentscheidung geltend gemacht werden. Das Recht auf eine willkürfreie Ermessensentscheidung setzt jedoch voraus, daß dem verletzten Opfer überhaupt ein Leistungsanspruch zusteht. Der hier einzig in Betracht kommende materielle Strafanspruch[202] steht jedoch, wie sich im deutschen Recht aus dem in § 152 Abs. 1 StPO verankerten Offizialprinzip ergibt, allein dem Staat zu[203]. Steht aber dem durch die Straftat eines Mitglieds des Europäischen Parlaments Verletzten kein eigener Strafanspruch zu, so kann er durch eine willkürliche Versagung der Verfolgungsgenehmigung auch nicht in eigenen Rechten verletzt werden. Verletzt werden auch weder die sich aus den §§ 374 ff. StPO ergebenden verfahrensrechtlichen Positionen des Privatklägers, der den staatlichen und nicht seinen persönlichen Strafanspruch geltend macht, noch die sich aus den §§ 171 ff. StPO ergebenden subjektiven Rechte im Verhältnis zur Staatsanwaltschaft[204].

Das Opfer wäre somit durch eine Verfolgungsversagung nicht in eigenen Rechten betroffen und insofern auch i.S.d. Art. 173 Abs. 2 EWGV nicht klageberechtigt[205].

c) Rat/Kommission

Der Rat und die Kommission gehören wie die Mitgliedsstaaten zu dem nach Art. 173 Abs. 1 EWGV privilegierten Kreis von Klageberechtigten, ohne daß die Ausübung dieses Rechts davon abhinge, daß ein Rechtsschutzinteresse dargetan wird[206]. Wollten der Rat oder die Kommission eine Verfolgungsversagung oder einen Aussetzungsbeschluß des Europäischen Parlaments anfechten, müßten sie in ihrer Eigenschaft als „Hüter des Vertrags" deshalb lediglich darlegen, daß der entsprechende Beschluß Rechts- und Drittwirkung aufweise[207].

Beschlüsse, mit denen das Europäische Parlament die Strafverfolgung eines Mitglieds untersagt bzw. die Aussetzung einer bereits eingeleiteten Strafverfolgung verlangt, berührt die in Art. 236 EWGV verankerten Befugnisse des Rats und der Kommission, da sie, wie bereits dargelegt wurde, auf einer eigenmäch-

---

201 Vgl. *Bieber*, Verfahrensrecht, S. 318 f.; siehe zur Justitiabilität von Rechtsakten parlamentarischer Untersuchungsausschüsse auch allgemein *Di Fabio*, S. 82 ff.

202 Der Verletzte ist in keiner Weise an dem in Art. 5 GEOP geregelten Verfahren beteiligt.

203 Vgl. *Schäfer*, in: LR, Einl. Kap. 6 Rn. 2.

204 Vgl. *Bartmann*, S. 171 ff. mit einer differenzierenden Betrachtung zwischen der Verletzung durch eine Straftat und durch ein außerstrafrechtliches Verhalten, das u.U. zivilprozessuale Rechtspositionen des Opfers betreffen kann.

205 Siehe zum Rechtsschutz des einzelnen gegen gemeinschaftsrechtswidrige Akte der staatlichen Gewalt EuGH Rs. 222/84 (Jonston/Chief Constabler), Urt. v. 15.5.1986, Slg. 1986.

206 Vgl. EuGH Rs. 45/86 (Kommission/Rat), Slg. 1987, S. 1493, 1518 Ziff. 3.

207 Vgl. *Wenig*, in: Grabitz, Art. 173 Rn. 2 sowie bereits oben zu 2. a).

tigen Änderung des materiellen Gehalts der europäischen parlamentarischen Immunität beruhen. Änderungen des Vertrags bedürfen zwingend einer Anwendung des Art. 236 EWGV. Zu dessen Einhaltung sind nicht nur die Mitgliedsstaaten selbst, sondern auch die Gemeinschaftsorgane verpflichtet[208]. Ausnahmen zu den vertraglich vorgesehenen Änderungsverfahren der Art. 95 Abs. 2, 96 EGKSV, 235 EWGV und 204 EAGV sind nur dort möglich, wo die Verträge oder das Sekundärrecht sie vorsehen[209]. Rat und Kommission könnten somit unabhängig von politischen Rücksichtnahmen eine Rechts- und Drittwirkung der hier in Rede stehenden Beschlüsse darlegen und deren Rechtmäßigkeit durch den Gerichtshof überprüfen lassen.

3. Klageberechtigung gegenüber sonstigem parlamentarischen Handeln in Immunitätsangelegenheiten

Soweit es um die gerichtliche Überprüfung parlamentarischen Handelns in Immunitätsangelegenheiten geht, das nicht in einem Beschluß über die parlamentarische Immunität eines Mitglieds gemäß dem Verfahren nach Art. 5 GEOP endet, ist für die Frage der Anfechtbarkeit zunächst maßgebend, ob dieses Verhalten Rechts- und Drittwirkung entfaltet.

Keinerlei Rechts- und Drittwirkung haben die Beschlußempfehlungen in den Berichten des Immunitätsausschusses an das Plenum. Zwar sind diese Beschlußempfehlungen Vorlagen, die das Plenum in der Regel annimmt und von denen auch eine nicht zu unterschätzende politische Außenwirkung ausgeht. Sie sollen die Plenarentscheidung jedoch lediglich vorbereiten und können ihrer Natur nach das Plenum in keiner Weise binden. Bloße Empfehlungen sind weder nach dem Wortlaut des Art. 173 Abs. 1 EWGV noch nach dessen Auslegung in der Rechtsprechung justitiabel. Anders als z.B. Entscheidungen von Untersuchungsausschüssen richten sie sich lediglich an einen parlamentsinternen Adressatenkreis und entfalten somit außerhalb des Parlaments keinerlei rechtlich relevante Wirkung.

Soweit das Parlament sich im Hinblick auf die Ausgestaltung der Verfahren nach Art. 5 GEOP gemäß Art. 131 f GEOP[210] Geschäftsordnungsregeln gibt, oder in ständiger Praxis ungeschriebene Geschäftsordnungsregeln, wie z.B. die Resolution des Immunitätsausschusses vom 20. September 1990 zur Anwendung des Art. 5 GOEP[211] beachtet, ist festzustellen, daß in diesen Verfahrensregeln ein Bindungswille zum Ausdruck kommt, der eine bestimmte Art gleichförmigen Verhaltens begründet. Insofern ist zumindest von einer „Rechtswirkung" der Geschäftsordnungsregeln auszugehen. Sie sind nicht justitiabel, soweit sie, ohne Drittwirkung zu entfalten, lediglich die interne Organisationsgewalt ausfüllen. Erstreckt sich ihre Rechtswirkung hingegen auch auf die Befugnisse der Mitgliedsstaaten bzw. der anderen Organe und damit auf das institutionelle Gleichgewicht, so ist von der Justitiabilität dieses parlamentarischen Handelns auszugehen. Eine Drittwirkung ist insbesondere in den Fällen anzunehmen, in denen das Parlament durch den Erlaß von Geschäftsordnungsregeln an vorran-

---

208 Vgl. *Vetter*, in: Grabitz, Art. 126 EWGV Rn. 22.

209 *Nicolaysen*, Europarecht I, S. 73.

210 Siehe den Beschluß über eine Änderung von Art. 5 GOEP (Dok. A2-289/87), ABl. 1988 Nr. C-122 vom 9.5.1988.

211 PE 141.446/déf.

gigem Verfassungsrecht Änderungen vornimmt. Stellt das Parlament z.B. mit den Entscheidungskriterium der „Strafbarkeit der geahndeten Handlung in den Mitgliedsstaaten“[212] eigene Kriterien auf, nach denen es über die Aufhebung der parlamentarischen Immunität entscheidet, und ändert es damit den von den Mitgliedsstaaten in Art. 10 des Protokolls bestimmten Geltungsumfang der europäischen parlamentarischen Immunität, greift es in die Zuständigkeit der Regierungen der Mitgliedsstaaten für die Änderung des Protokolls ein. Insoweit wird man z.B. der Resolution des Immunitätsausschusses zur Anwendung des Art. 5 GOEP[213] eine Drittwirkung beimessen müssen. Obgleich diese Resolution durch keine Plenarentscheidung ausdrücklich verabschiedet wurde, wird sie vom gesamten Parlament stillschweigend gebilligt, wenn das Plenum über Beschlußempfehlungen des Immunitätsausschusses gemäß Art. 5 Abs. 4 GOEP abstimmt, denen ersichtlich die in der Resolution genannten Kriterien zugrundeliegen[214].

Aber auch unterhalb der Qualität von Geschäftsordnungsrecht könnte parlamentarisches Handeln in Immunitätsangelegenheiten Drittwirkung haben. So hat der Gerichtshof einen „Vermerk“ des Präsidiums vom 15.6.1988 „über die mittelfristige Vorschau für die Tätigkeiten des Europäischen Parlaments an den drei üblichen Arbeitsorten“ im Hinblick auf dessen Vereinbarkeit mit Art. 4 des Beschlusses der Mitgliedsstaaten vom 8.4.1965 über die vorläufige Unterbringung bestimmter Organe und Dienststellen der Gemeinschaften[215] einer inhaltlichen Kontrolle unterzogen und geprüft, ob das intendierte Ziel einer ausreichenden Bereitstellung von Büros und Sitzungsälen noch im Rahmen der nicht justitiablen internen Organisationsgewalt verfolgt werden kann. Theoretisch wäre es deshalb auch denkbar, daß z.B. der Vermerk des juristischen Dienstes an den Präsidenten des Parlaments und den Ausschußvorsitzenden vom 7.2.1991[216] Gegenstand einer gerichtlichen Kontrolle durch den EuGH geworden wäre.

III. Klagegründe

Die Nichtigkeitsklage nach Art. 173 Abs. 1 und Abs. 2 EWGV ist begründet, wenn das angefochtene parlamentarische Handeln mit einem oder mehreren Mängeln behaftet ist, der oder die unter einen der vier in Art. 173 Abs. 1 EWGV genannten Klagegründe fallen: Verletzung des Vertrags oder des Sekundärrechts, Unzuständigkeit, Verletzung wesentlicher Formvorschriften und Ermessensmißbrauch[217].

1. Verletzung des Vertrags

Unter den Tatbestand der Vertragsverletzung fällt jeder Verstoß gegen geschriebenes oder ungeschriebenes, primäres oder sekundäres für die Gemeinschaftsorgane zu beachtendes Recht, der nicht einem der drei anderen Tatbe-

---

212 Siehe oben 2. Teil § 3 D.

213 PE 141.446/déf.

214 Vgl. Verfahren Dok. A3-39/92 (Kostoupolos).

215 ABl. 1967 Nr. L-152/18.

216 SJ 213/90: „The Impact of the national procedure preceding a request for waiver of parliamentary immunity on the decision of the European Parliament following such a request“; — im Anhang zum Dok. A3-269/91 (Tsimas/Roumeliotis).

217 *Krück*, in: G/T/E, Art. 173 EWGV Rn. 72; *Wenig*, in: Grabitz, Art. 173 Rn. 20-52; *Nicolaysen*, Europarecht I, S. 191.

stände des Art. 173 Abs. 1 EWGV zuzuordnen ist[218]. Für die Begründetheit der Klage ist daher unerheblich, ob der betreffende Rechtssatz auch dem Kläger ein subjektives Recht verleiht[219]. Unter den Prüfungsmaßstab der Vertragsverletzung fallen neben den EWG-Vertrag und seinen Anhängen auch alle die Rechtsakte, die den Vertrag ergänzen.

Beschlüsse über Anträge auf Aufhebung oder Wiederherstellung der europäischen parlamentarischen Immunität stellen eine Vertragsverletzung i.S.d. Art. 173 Abs. 1 EWGV dar, wenn sie entgegen der Verweisung des Art. 10 Abs. 1 des Protokolls auf das innerstaatliche Recht dem betreffenden Mitglied des Parlaments einen vom innerstaatlichen Recht materiell divergierenden Schutzumfang der parlamentarischen Immunität zubilligen. Sei es, daß das Mitglied durch den Beschluß des Parlaments ein „Mehr“ oder ein „Weniger“ an parlamentarischer Immunität genießt als in seinem Herkunftsstaat.

2. Unzuständigkeit

Der Tatbestand der Unzuständigkeit ist verwirklicht, wenn das beklagte Gemeinschaftsorgan eine Befugnis ausübt, die ihm durch das Gemeinschaftsrecht nicht verliehen wurde. Unerheblich ist, ob diese Befugnis einem anderen Gemeinschaftsorgan, den Mitgliedsstaaten oder überhaupt niemandem zusteht[220]. Die Zuständigkeit des beklagten Gemeinschaftsorgans wird vom Gerichtshof von Amts wegen geprüft.

Das Europäische Parlament ist zwar zuständig für Entscheidungen über Anträge auf Aufhebung der parlamentarischen Immunität eines Mitglieds[221]. Hingegen verstößt es gegen den Grundsatz der begrenzten Einzelzuständigkeit, wenn es rechtsfortbildend den in Art. 10 des Protokolls verankerten materiellen Gehalt der europäischen parlamentarischen Immunität verändert. Insoweit obliegt die Änderung des Art. 10 des Protokolls den Mitgliedsstaaten nach dem in Art. 236 EWGV zwingend vorgesehenen Verfahren.

3. Verletzung wesentlicher Formvorschriften

Formvorschriften sind neben den Regeln für die Vorbereitung der Willensbildung vor allem diejenigen Bestimmungen, die eine Anhörung oder Beteiligung betroffener Rechtskreise vorsehen, für das eigentliche Beschlußverfahren gelten oder die äußere Gestaltung der verbindlichen Verlautbarung festlegen[222]. Eine Formvorschrift ist „wesentlich“, wenn sie geeignet ist, auf den Inhalt der Entscheidung Einfluß zu nehmen oder wenn sie zum Schutz des Betroffenen ergangen ist[223].

---

218 *Krück*, in: G/T/E, Art. 173 EWGV Rn. 90.

219 *Nicolaysen*, Europarecht I, S. 192.

220 *Krück*, in: G/T/E, Art. 173 EWGV Rn. 73.

221 Art. 10 Abs. 3 des Protokolls.

222 Vgl. *Krück*, in: G/T/E, Art. 173 Rn. 81-86 m. Bsp.

223 *Nicolaysen*, Europarecht I, S. 192.

Demnach kommt als Klagegrund der Verletzung wesentlicher Formvorschriften neben der Nichtbeachtung des Verfahrens in Art. 5 GOEP[224] vor allem die Verletzung des in Art. 5 Abs. 2 GOEP verankerten Anhörungsrechts des betreffenden Mitglieds „wenn dieses es wünscht" in Betracht.

4. *Ermessensmißbrauch*

Der Tatbestand des Ermessensmißbrauchs ist als Figur des Gemeinschaftsrechts losgelöst vom nationalen Verwaltungsrecht zu definieren, wobei die Rechtsordnungen der Mitgliedsstaaten zur näheren Ausgestaltung und Konkretisierung des Mißbrauchsbegriffs im Wege wertender Rechtsvergleichung herangezogen werden können[225]. Der Gerichtshof hat den Begriff des Ermessensmißbrauchs auf Fälle beschränkt, in denen aufgrund objektiver, schlüssiger und übereinstimmender Indizien anzunehmen war, daß die Handlung zu anderen als den angegebenen Zwecken getroffen wurde[226]. Kann das angegriffene parlamentarische Handeln demnach auf objektive Erwägungen gestützt werden, greift die Rüge des Ermessensmißbrauchs nicht durch[227]. Als Klagegrund kommt der Ermessensmißbrauch deshalb lediglich in den Fällen in Betracht, in denen mit den Mitteln des Gemeinschaftsrechts ein subjektiv rechtswidriges Ziel oder ein anderer als der gesetzlich vorgesehene Zweck verfolgt wird[228]. Dies könnte bei parlamentarischen Beschlüssen in Immunitätsangelegenheiten neben den Fällen offensichtlicher Willkür, d.h. einem mit dem Rechtsbewußtsein schlechthin unvereinbaren Handeln[229], vor allem dann der Fall sein, wenn das Parlament sich von sachfremden Erwägungen des Immunitätsausschusses leiten ließe und die parlamentarische Immunität eines unbequemen Abgeordneten aufheben würde, um ihn oder seine Fraktion mundtot zu machen bzw. umgekehrt die Immunität nicht aufheben würde, weil man z.B. gegenüber den Mitgliedsstaaten politische Eigenständigkeit demonstrieren wollte[230]. Ermessensfehlerhaft könnte es insoweit auch sein, wenn das Parlament unter Mißachtung des Gleichheitsanspruchs unter den Mitgliedern ohne sachlich gerechtfertigte Gründe von seiner bisherigen Praxis abweicht[231].

IV. Inhalt und Wirkungen des Urteils

Ist die Nichtigkeitsklage zulässig und begründet, so erklärt der Gerichtshof die angefochtene Handlung gemäß Art. 174 Abs. 1 EWGV für nichtig[232]. Als

---

224 Vgl. zur Nichtbeachtung von Vorschriften der Geschäftsordnung eines Gemeinschaftsorgans als Verletzung wesentlicher Formvorschriften EuGH Rs. 68/86 (Vereinigtes Königreich/Rat), Slg. 1988, S. 855, 902.

225 *Nicolaysen*, Europarecht I, S. 192 f.; *Krück*, in: G/T/E, Art. 173 EWGV Rn. 92.

226 *Krück*, in: G/T/E, Art. 173 Rn. 92; siehe z.B. EuGH Rs. C-269/90 (TU München/HZA München), Urt. v. 21.11.1991.

227 Vgl. EuGH Rs. 266/82 (Turner/Kommission), Slg. 1984, S. 1, 13 Ziff. 19; EuGH Rs. 123/75 (Küster/Parlament), Slg. 1976, S. 1701, 1710.

228 Vgl. EuGH Rs. 123/75 (Küster/Parlament), Slg. 1976, S. 1701, 1710 Ziff. 15/17.

229 Vgl. *Schwarze*, VerwR, S. 537 f.

230 Vgl. z.B. die Begründungserwägungen in den Fällen A2-188/87 (Tripodi) vom 30.10.1987; Dok. A2-274/87 (Lizin) vom 29.2.1988.

231 Vgl. Dok. A3-9/91.

232 *Krück*, in: G/T/E, Art. 174 EWGV Rn. 1.

Gestaltungsurteil wirkt es grundsätzlich ex tunc, macht also den Beschluß über den Antrag auf Aufhebung der parlamentarischen Immunität de iure rückwirkend ungeschehen und bindet nicht nur die Prozeßparteien, sondern entfaltet allgemeine Bindungskraft[233].

Erklärt der EuGH somit einen Beschluß des Europäischen Parlaments über einen Antrag auf Aufhebung der parlamentarischen Immunität für nichtig, so verbleibt es bei der Unverfolgbarkeit des betreffenden Mitglieds. Versagt das Parlament den zuständigen Behörden die Strafverfolgung in rechtswidriger Weise, so führt die Nichtigkeit des entsprechenden Beschlusses jedoch nicht automatisch zur Genehmigung der Strafverfolgung, sondern es verbleibt ebenfalls bei der parlamentarischen Immunität des Mitglieds, wobei das Parlament gemäß Art. 176 EWGV verpflichtet ist, die Konsequenzen aus dem Urteil zu ziehen[234]. Bei einer erneuten Antragstellung gleichen Inhalts hätte das Parlament daher die sich aus den Urteilsgründen ergebenden Beanstandungen des Gerichtshofs zu berücksichtigen.

Ist der Beschluß über einen Antrag auf Wiederherstellung der parlamentarischen Immunität für nichtig erklärt worden, so können die Ermittlungsmaßnahmen gegen das Mitglied fortgeführt werden, bzw. kann die Haft im Rahmen der innerstaatlichen Vorschriften fortdauern. Gleiches gilt für die Urteilswirkung eines für nichtig erklärten Beschlusses, mit dem der Antrag nach Art. 5 Abs. 3 GOEP in rechtswidriger Weise abgelehnt wurde. Insoweit darf der Gerichtshof nämlich über die Feststellung der Rechtswidrigkeit des Beschlusses hinaus keine in das Ermessen des Parlaments gestellte Entscheidung treffen, wenn er sich nicht dem Vorwurf aussetzen will, die in Art. 10 Abs. 3 des Protokolls verankerten Befugnisse des Parlaments und damit das Institutionengefüge der Gemeinschaft zu verletzen[235].

V. Vorläufiger Rechtsschutz

Da nach Art. 185 EWGV Klagen bei dem Gerichtshof keine aufschiebende Wirkung haben, ändert die Tatsache der Klageerhebung nichts an dem streitigen Rechtsverhältnis zwischen den Klageberechtigten und dem Europäischen Parlament, d.h., es verbleibt bei der Gültigkeit des angefochtenen parlamentarischen Beschlusses bis zu dessen Nichtigerklärung durch den EuGH. Da der Gerichtshof jedoch, „wenn er dies für nötig hält", die entsprechenden Wirkungen der angegriffenen Handlung ganz oder teilweise aussetzen kann[236], könnte es erforderlich sein, im Verfahren des vorläufigen Rechtsschutzes eine einstweilige Anordnung zu beantragen[237].

---

233 Vgl. *Nicolaysen*, Europarecht I, S. 193; *Oppermann*, Rn. 642.

234 Siehe zu den Verpflichtungen des beklagten Organs aus einem Nichtigkeitsurteil den Überblick bei *Krück*, in: G/T/E, Art. 176 EWGV Rn. 7-11 sowie EuGH Rs. T-155/89R (Buccarello/Parlament), Slg. 1990, S. II-19, II-23 Ziff. 12.

235 Siehe zur Beschränkung des EuGH auf die Nachprüfung sachgerechter Ermessensausübung durch das Parlament sogleich unter V.1.

236 Vgl. Art. 185 S. 2 EWGV; gemäß § 186 EWGV kann der Gerichtshof alle sonstigen zur vorläufigen Regelung eines streitigen Rechtsverhältnisses erforderlichen Maßnahmen, deren Zweck mit der bloßen Vollzugsaussetzung nicht erreicht werden kann, regeln, vgl. *Krück*, in: G/T/E, Artt. 185/186 EWGV Rn. 4.

237 Siehe zum Verfahren Art. 83 § 2 der Verfahrensordnung des Gerichtshofes.

1. Kein weitergehender Rechtsschutz, als mit der Hauptsache erreicht werden kann

Gegenstand eines Antrags auf Erlaß einer einstweiligen Anordnung nach Art. 186 EWGV können jegliche Ge- oder Verbote sein, die zur vorläufigen Gestaltung oder Regelung streitiger Rechtspositionen und Verhältnisse erforderlich sind[238]. Auch können belastenden Maßnahmen eines Gemeinschaftsorgans, die geeignet sind, Rechtswirkung zu erzeugen, Gegenstand eines Antrags auf Aussetzung des Vollzugs nach Art. 185 S. 2 EWGV sein[239]. Hingegen kann mit dem Verfahren nach Art. 185 f. EWGV kein weitergehender Rechtsschutz gewährt werden, als in der Hauptsache zu erreichen wäre. Der Gerichtshof ist insoweit auf die Feststellung der Rechtswidrigkeit des angefochtenen Beschlusses beschränkt.

Selbst wenn bei summarischer Prüfung eines die Verfolgung versagenden Beschlusses oder eines Beschlusses auf Aussetzung oder Freilassung des betreffenden Abgeordneten von der Rechtswidrigkeit dieses Beschlusses auszugehen wäre, das Parlament mithin an der parlamentarischen Immunität des Mitglieds in rechtswidriger Weise festhalten wollte, so ist es dem EuGH gleichwohl versagt, die Aufhebung der parlamentarischen Immunität anzuordnen. Die Entscheidung über eine Verfolgungsgenehmigung bzw. -versagung ist allein in das pflichtgemäße Ermessen des Europäischen Parlaments gestellt. Demgegenüber ist es dem Gerichtshof nicht verwehrt, gemäß Art. 164, 173 EWGV die Nichtigkeit einer Verfolgungsversagung bzw. eines Beschlusses auf Aussetzung der Strafverfolgung oder Freilassung, z.B. wegen „Ermessensmißbrauchs" festzustellen. Das Ermessen des Gerichtshofs ist jedoch insoweit eingeschränkt, als er unter Beachtung des in den Gemeinschaftsverträgen enthaltenen institutionellen Gleichgewichts mit seiner Entscheidung nicht an die Stelle der Entscheidung anderer Organe der Gemeinschaft treten darf[240]. Insoweit darf der Gerichtshof die Beurteilungen des Europäischen Parlaments, die die Grundlage des Beschlusses darstellen, nicht durch seine eigenen ersetzen, sondern darf lediglich prüfen, ob der angefochtene Beschluß des Europäischen Parlaments rechtswidrig ist, bzw. die vorgenommenen Beurteilungen in einer dem Zweck des Art. 10 des Protokolls widersprechender Weise vorgenommen wurde[241].

Demnach wäre ein im Wege der einstweiligen Anordnung nach Art. 186 EWGV verfolgter Antrag auf Aufhebung der parlamentarischen Immunität eines Mitglieds nicht statthaft. Gleiches gilt für den Antrag, entgegen dem für rechtswidrig gehaltenen Beschluß des Europäischen Parlaments über die Aussetzung der eingeleiteten Strafverfolgung oder die Freilassung des angeschuldigten Mitglieds zu befinden. In all diesen Fällen müßte der Gerichtshof über die summarische Prüfung der Rechtswidrigkeit des in der Hauptsache angefochtenen Beschlusses hinaus eine Ermessensentscheidung treffen, die ihm nicht zusteht.

---

238 *Krück*, in: G/T/E, Artt. 185/186 EWGV Rn. 14.

239 EuGH Rs. 136/79 (National Panasonic/Kommission), Slg. 1980, S. 2033, 2058.

240 *Krück*, in: G/T/E, Art. 185/186 EWGV Rn. 39.

241 Vgl. *Oppermann*, Rn. 641 sowie EuGH Rs. 71/74R (Fruit Company/Kommission), Slg. 1974, S. 1031, 1033 f.; EuGH Rs. 209-215 und 218/78R (Landewyck/Kommission), Slg. 1978, S. 2111, 2114.

2. *Anordnung der Aussetzung des Vollzugs einer Verfolgungsgenehmigung*

Statthaft wäre es hingegen, die Aussetzung des Vollzugs einer für rechtswidrig gehaltenen Verfolgungsgenehmigung gemäß Art. 185 S. 2 EWGV zu beantragen. Insoweit hätte die Aussetzung des Vollzugs materiellrechtlich nämlich keine andere Wirkung als die Feststellung der Nichtigkeit der Verfolgungsgenehmigung. Die Wirkung würde bei Vorliegen der nachstehend genannten Voraussetzungen nur früher eintreten.

a) Zulässigkeit des Antrags nach Art. 185 EWGV

Ob der Gerichtshof die Aussetzung einer Verfolgungsgenehmigung oder eine Ablehnung eines Antrags nach Art. 5 Abs. 3 GOEP „den Umständen nach für nötig hält", richtet sich zunächst danach, ob mit hinreichender Wahrscheinlichkeit festgestellt werden kann, daß im Verfahren zur Hauptsache eine, wenn auch nur teilweise, Zuständigkeitsgrundlage gegeben ist[242]. Wird die offensichtliche Unzulässigkeit der Klage, die dem Antrag auf einstweilige Anordnung zugrundeliegt, geltend gemacht, so prüft der Gerichtshof, ob Anhaltspunkte vorliegen, die den vorläufigen Schluß zulassen, daß die Klage zulässig ist[243].

b) Begründetheit des Antrags nach Art. 185 EWGV

Eine Aussetzung des Vollzugs kommt sodann nur in Betracht, wenn die Notwendigkeit der beantragten Anordnung in tatsächlicher und rechtlicher Hinsicht glaubhaft gemacht ist. Sie muß darüber hinaus in dem Sinne dringlich sein, daß sie vor der Entscheidung in der Hauptsache erfolgen und ihre Wirkung entfalten muß, um zu verhindern, daß dem Antragsteller ein schwerer und nicht wieder gutzumachender Schaden entsteht[244].

Die Dringlichkeit der beantragten Aussetzung des Vollzugs beurteilt sich danach, ob die einstweilige Maßnahme unter Berücksichtigung der Schwierigkeiten und Nachteile, die sich aus ihr für die Gemeinschaftsorgane, die Mitgliedsstaaten oder Dritte ergeben könnten, zur Abwendung eines schweren oder nicht wieder gutzumachenden materiellen oder immateriellen Schadens auf Seiten des Antragstellers notwendig ist. Dabei sind die dem Antragsteller bei der Ablehnung des Erlasses einer einstweiligen Maßnahme drohenden Schäden gegenüber den den Antragsgegnern oder Dritten drohenden Nachteilen im Einzelfall abzuwägen[245].

Zur Beurteilung der Notwendigkeit der beantragten Aussetzung nimmt der Gerichtshof eine summarische Prüfung der Erfolgsaussichten in der Hauptsache vor[246].

Im Ergebnis ist somit festzustellen, daß die Anfechtung einer Verfolgungsgenehmigung gemäß Art. 173 EWGV mit einem Antrag auf Anordnung der Aus-

---

242 *Krück*, in: G/T/E, Artt. 185/186 EWGV Rn. 8 m.w.N.

243 EuGH Rs. 221/86R (Europäische Rechte/Parlament), Slg. 1986, S. 2969, 2975; siehe schon oben zu II. 1. b).

244 EuGH Rs. 221/86R (Europäische Rechte/Parlament), Slg. 1986, S. 2969 1. Halbs. sowie dem in der gleichen Rs. zuvor ergangenen Beschluß, Slg. 1986, S. 2579; EuGH Rs. 171/89R (Holguera/Parlament), Slg. 1989, S. 1705; EuGH Rs. T-155/89R (Buccarello/Parlament), Slg. 1990, S. II-23.

245 *Krück*, in: G/T/E, Art. 186 EWGV Rn. 21-25 m.w.N. zur Rspr.

246 EuGH Rs. 3/75R (Jahn/Kommission), Slg. 1975, S. 1, 6.

setzung des Vollzugs dieser Genehmigung i.S.d. Art. 185 S. 2 EWGV verbunden werden kann, sofern für die Zulässigkeit und Begründetheit des Antrags nach Art. 185 EWGV hinreichende Tatsachen dargelegt werden.

B. Vorlageverfahren (Art. 177 EWGV)

Eine weitere Möglichkeit, vor dem EuGH die Rechtmäßigkeit parlamentarischen Handelns in Immunitätsangelegenheiten überprüfen zu lassen, ist das Vorlageverfahren nach Art. 177 EWGV[247]. Es braucht hier nur insoweit skizziert zu werden, als sich Besonderheiten für den hier zu erörternden Bereich der Justitiabilität parlamentarischen Handelns in Immunitätsangelegenheiten ergeben[248].

I. Gegenstand des Vorlageverfahrens

Der Gerichtshof entscheidet neben der verbindlichen Auslegung des Gemeinschaftsrechts gemäß Art. 177 Abs. 1 lit. b EWGV auch „über die Gültigkeit und die Auslegung der Handlungen der Gemeinschaft“, wozu alle Handlungen zählen, die einem Gemeinschaftsorgan zuzurechnen und die geeignet sind, Rechtswirkung zu erzeugen[249]. So hat der Gerichtshof in der Rs. 149/85 (Wybot/Faure)[250] und der Rs. 101/63 (Wagner/ Fohrmann & Krier)[251] im Rahmen von Vorlageverfahren auch über die Gültigkeit parlamentarischen Handelns entschieden. Da Rechtsakte des Europäischen Parlaments, soweit sie Drittwirkung haben, zudem mit der Nichtigkeitsklage angegriffen werden können[252], dürfte kein Zweifel daran bestehen, daß grundsätzlich auch parlamentarisches Handeln in Immunitätsangelegenheiten in den Anwendungsbereich des Art. 177 EWGV fällt. Hingegen lehnt es der Gerichtshof zu Recht ab, die Gültigkeit mitgliedsstaatlichen Verhaltens oder seine Wirkungen im Verfahren nach Art. 177 EWGV zu würdigen oder zu qualifizieren[253]. Gemeinschaftsrechtswidriges Verhalten innerstaatlicher Straforgane, etwa die Mißachtung von Beschlüssen des Parlaments über die Verfolgungsversagung, bleibt daher allein den innerstaatlichen Gerichten zur Beurteilung überlassen[254]. Der Gerichtshof ist auch nicht schon deshalb zuständig, weil das inkriminierte Verhalten in den Räumlichkeiten des Europäischen Parlaments stattfand. So hat er in der Rs. C-201/89 (Le Pen/Puhl)[255] weder in Art. 1 des Protokolls noch in anderen Bestimmungen des Gemeinschaftsrechts eine hinreichende, seine Zuständigkeit begründende Rechtsgrundlage gesehen.

---

247 Artt. 150 ERGV, 41 EGKSV.

248 Siehe zu dem Verfahren der Vorabentscheidung im allgemeinen sowie zu den Vorlagevoraussetzungen im einzelnen die umfangreichen Literaturhinweise bei *Krück*, in: G/T/E, Art. 177 EWGV; speziell zur Rolle des Parlaments *Prout*, in: Louis/Waelbroeck, S. 199.

249 *Krück*, in: G/T/E, Art. 177 EWGV Rn. 21.

250 Slg. 1986, S. 2391.

251 Slg. 1964, S. 423.

252 Siehe unter A.

253 Vgl. *Nicolaysen*, Europarecht I, S. 108; *Oppermann*, Rn. 652 m.w.N.

254 Siehe jedoch das Vertragsverletzungsverfahren nach Art. 169 EWGV.

255 Slg. 1990, S. I-1181.

Hinsichtlich der Gründe, mit denen die Gültigkeit der Handlungen der Organe angegriffen werden kann, enthält Art. 177 Abs. 1 lit. b EWGV keine Einschränkung, insbesondere keine Einschränkung auf den formellen Aspekt der Rechtmäßigkeit[256]. Vielmehr können alle in Art. 173 EWGV genannten Rechtsmängel[257] herangezogen werden, um die Gültigkeit der in Rede stehenden Handlung überprüfen zu lassen.

II. Vorlageberechtigte und -verpflichtete

Vorlageberechtigt sind gemäß Art. 177 Abs. 2 EWGV alle Gerichte der Mitgliedsstaaten, die in einem rechtsstaatlich geordneten Verfahren Rechtsstreitigkeiten mit Rechtskraftwirkung zu entscheiden haben[258]. Art. 177 EWGV unterscheidet nicht danach, ob das innerstaatliche Verfahren, in dem der Vorabentscheidungsantrag gestellt worden ist, ein Strafverfahren oder ein anderes Verfahren ist, „da das Gemeinschaftsrecht nicht verschiedene Geltung haben kann, je nach dem auf welchem Gebiet des innerstaatlichen Rechts es seine Wirkung zeitigen kann“[259]. Einem Vorverfahren nach Art. 177 EWGV steht somit nicht entgegen, daß ein innerstaatliches Strafgericht den EuGH um Vorabentscheidung ersucht. Nichtvorlageberechtigt sind hingegen die Parteien des Ausgangsverfahrens[260], die Organe der Gemeinschaft oder die innerstaatlichen Verwaltungsbehörden der Mitgliedsstaaten, etwa wenn sie im Widerspruchsverfahren über Rechtsbehelfe entscheiden[261].

Während bei unterinstanzlichen Gerichten die Entscheidung über eine Vorlage im Ermessen des jeweiligen Gerichts steht, trifft diejenigen Gerichte, deren Entscheidungen nicht mehr mit innerstaatlichen Rechtsmitteln angefochten werden können, d.h. die Gerichte letzter Instanz im Rechtsweg oder Gerichte, deren Entscheidungen von vornherein unanfechtbar sind, eine Vorlagepflicht[262].

Bis zur Entscheidung in der Rs. 314/85 (Foto-Frost/HZA-Lübeck)[263] war zweifelhaft, ob innerstaatliche Gerichte befugt sind, von sich aus die Ungültigkeit von Handlungen der Gemeinschaftsorgane festzustellen, was zumindest nach dem Wortlaut des Art. 177 Abs. 2 EWGV nicht ausgeschlossen schien. Hingegen hat der Gerichtshof in dieser Rs. sein Entscheidungsmonopol für die Ungültigkeitserklärung einleuchtend begründet[264].

---

256 *Krück*, in: G/T/E, Art. 177 EWGV Rn. 40.

257 Siehe oben unter A. III.

258 *Oppermann*, Rn. 653.

259 EuGH Rs. 238/84 (Röser), Slg. 1986, S. 795, 806; EuGH Rs. 82/71 (Ital. StA/Sail), Slg. 1972, S. 119.

260 Den Parteien bleibt unbenommen, das Vorlageverfahren nach Art. 177 EWGV anzuregen. Gleichwohl haben sie keine andere Möglichkeit, einen entsprechenden Beschluß zu erwirken, als durch die Inanspruchnahme von Rechtsmitteln des innerstaatlichen Rechts.

261 *Krück*, in: G/T/E, Art. 177 Rn. 45 ff.; *Nicolaysen*, Europarecht I, S. 204; ebenfalls nicht vorlageberechtigt sind Berufskammern für Rechtsanwälte, EuGH Rs. 138/80 (Borker), Slg. 1980, S. 1975, 1977; oder Ausschüsse für Devisenvergehen, EuGH Rs. 318/85 (Greis/Unterweger), Slg. 1986, S. 955, 957; streitig bei Schiedsgerichten, vgl. *Nicolaysen*, Europarecht I, S. 204 f.

262 Vgl. *Oppermann*, Rn. 654; *Nicolaysen*, Europarecht I, S. 211.

263 Slg. 1987, S. 4199, 4230 ff.

264 Slg. 1987, S. 4231.

Demnach können Gerichte, deren Entscheidungen mit Rechtsmitteln des innerstaatlichen Rechts anfechtbar sind, zwar die Gültigkeit einer Gemeinschaftshandlung prüfen und im vollen Umfang für gültig erachten, hingegen sind sie nicht befugt, Handlungen der Gemeinschaftsorgane für ungültig zu erklären[265]. Hält somit ein Strafgericht einen Beschluß des Europäischen Parlaments über die Nichtaufhebung der parlamentarischen Immunität eines Mitglieds für ungültig, so darf es sich nicht über den Beschluß hinwegsetzen, sondern ist verpflichtet, den EuGH anzurufen und das Verfahren bis zu dessen Entscheidung durch förmlichen Beschluß auszusetzen[266]. Nach den §§ 199-211 StPO darf das Gericht, vor dem die Staatsanwaltschaft das Mitglied angeklagt hat, das Hauptverfahren nicht eröffnen, wenn es an der Gültigkeit des Nichtaufhebungsbeschlusses des Parlaments zweifelt. Es muß vielmehr im Rahmen des Art. 177 EWGV den EuGH ersuchen, die Gültigkeit des Parlamentsbeschlusses zu überprüfen.

III. Wirkung der Vorabentscheidung

Vorabentscheidungen des Gerichtshofs binden nach Maßgabe ihres jeweiligen Tenors, der im Lichte der Vorabentscheidung zu verstehen ist, das vorliegende Gericht und gegebenenfalls die Gerichte des Instanzenzuges[267]. Darüber hinaus können sie faktisch auch in anderen, nicht mit dem Ausgangsrechtsstreit zusammenhängenden Verfahren Wirkung entfalten[268]. Beispielsweise bindet die Auslegung des Begriffs „während der Dauer der Sitzungsperiode der Versammlung" in Art. 10 des Protokolls durch den Gerichtshof in der vorerwähnten Rs. 149/85 (Wybot/Faure) nicht nur die mit dem Ausgangsrechtsstreit befaßten Gerichte, sondern entfaltet erga omnes Wirkung.

Im Ergebnis läßt sich behaupten, daß das Vorlageverfahren nach Art. 177 EWGV zwar eine weitere Klageart darstellt, mit dem parlamentarisches Handeln in Immunitätsangelegenheiten durch den Gerichtshof überprüft werden kann, gleichwohl ist nicht zu übersehen, daß das angeschuldigte Mitglied des Europäischen Parlaments, das Vorlageverfahren nach Art. 177 EWGV lediglich anregen kann, jedoch bis zum Vorabentscheidungsersuchen alle nachteiligen Folgen eines Ermittlungsverfahrens bzw. einer Strafanklage zu erdulden hat.

C. Untätigkeitsklage (Art. 175 EWGV)

Die Untätigkeitsklage des Art. 175 EWGV ergänzt die Nichtigkeitsklage, indem sie den betroffenen Rechtskreisen die Möglichkeit einräumt, gegenüber vertragswidrigem Unterlassen der Gemeinschaftsorgane zu klagen. Obgleich in der Praxis bislang kein Fall von Untätigkeit des Parlaments in Immunitätsangelegenheiten bekannt geworden ist, sei die Untätigkeitsklage hier erwähnt. Zu bedenken ist, daß das in Art. 5 GOEP geregelte parlamentarische Verfahren zwar bestimmte selbst auferlegte Zeitvorgaben, wie „unverzüglich"[269] und „sobald"[270]

---

265 Vgl. *Krück*, in: G/T/E, Art. 177 Rn. 74; *Nicolaysen*, Europarecht I, S. 207.

266 Dies wurde m.E. vom OLG Köln, NStZ 1987, 564 f., übersehen.

267 *Nicolaysen*, Europarecht I, S. 216; *Krück*, in: G/T/E, Art. 173 Rn. 87.

268 Siehe GA Reichel, Slg. 1981, S. 1224, 1227 ff. m. Beisp. aus der Rspr.

269 Art. 5 Abs. 2 S. 1 GOEP.

enthält, andererseits durch die sukzessive Beteiligung verschiedener Organteile des Parlaments nicht nur schwerfällig ist, sondern auch Möglichkeiten eröffnet, beabsichtigt oder unbeabsichtigt das Verfahren nach Art. 5 GOEP zu verzögern. Insoweit betreffen die Zeitvorgaben weder die Prüfungsdauer des Immunitätsausschusses, der in der Gestaltung seines Geschäftsgangs völlig frei ist, noch garantieren sie eine zügige Befassung des Plenums mit dem Ausschußbericht[271].

I. Zulässigkeit der Untätigkeitsklage

Zweifelhaft ist, ob das Parlament auch im Verfahren nach Art. 175 EWGV verklagt werden kann. In der Literatur wird jedoch zu Recht darauf hingewiesen, daß sich die Parteifähigkeit des Europäischen Parlaments aus ähnlichen Erwägungen ergibt, wie sie der EuGH im Rahmen der Nichtigkeitsklage für die Passivlegitimation des Parlaments anerkannt hat[272]. Anzunehmen ist deshalb, daß eine Klage auf Feststellung einer vertragswidrigen Untätigkeit statthaft ist, wenn das Parlament eine Handlung unterläßt, die, wenn sie ergangen wäre, Rechtswirkungen gegenüber Dritten entfaltet hätte. Hierfür spricht auch, daß der Gerichtshof in der Rs. 13/83 (Parlament/Rat) unter ausdrücklichem Hinweis auf den Wortlaut des Art. 175 EWGV und die von Art. 4 Abs. 1 EWGV gewollte institutionelle Stellung aller Organe die Aktivlegitimation des Parlaments bejahte[273].

Klageberechtigt sind neben den Gemeinschaftsorganen die Mitgliedsstaaten (Art. 175 Abs. 1 EWGV) sowie jede natürliche oder juristische Person (Art. 175 Abs. 3 EWGV). Die Zulässigkeitsvoraussetzungen sind nach Klageberechtigtem unterschiedlich. Die in Art. 175 Abs. 1 EWGV Genannten sind als „privilegierte Kläger" ohne weiteres zur Erhebung der Untätigkeitsklage gegen „Beschlüsse", d.h. gegen Maßnahmen befugt, deren Tragweite sich hinreichend bestimmen läßt, so daß sie konkretisiert und Gegenstand eines Vollzugs i.S.v. Art. 176 EWGV sein können. Demgegenüber hängt das Klagerecht natürlicher und juristischer Personen davon ab, ob die unterlassene Maßnahme ein Akt gewesen wäre, der an den Kläger hätte gerichtet werden müssen. Nach dem eindeutigen Wortlaut des Art. 173 Abs. 2 EWGV ist die Klagebefugnis von Privatpersonen dabei beschränkt auf die Anfechtung von Entscheidungen i.S.v. Art. 189 EWGV[274]. Parlamentarische Beschlüsse über die Aufhebung der Immunität eines Mitglieds stellen eine derartige Entscheidung dar, da der von ihr betroffene Personenkreis im Gegensatz zu Normativakten von Anfang an „bestimmt" ist.

Die Untätigkeitsklage ist gemäß Art. 175 Abs. 2 EWGV jedoch nur dann statthaft, wenn das Parlament zuvor schriftlich aufgefordert worden ist, tätig zu werden und nicht innerhalb von zwei Monaten Stellung genommen hat. Insoweit muß das Parlament seinen Willen, den Erlaß eines Beschlusses vorzunehmen, unmißverständlich und endgültig geäußert haben. Nur beim Ausbleiben jeglicher Stellung-

---

270 Art. 5 Abs. 4 GOEP.

271 Bemerkenswert ist z.B. die Dauer zwischen der Beauftragung des Immunitätsausschusses am 15.2.1990 und der Erstellung einer Beschlußvorlage am 17.10.1991 in dem Verfahren Dok. A3-269/91 (Tsimas/Roumeliotis). Zwischen Eingang des Aufhebungsantrags beim Parlament und dessen Entscheidung sind mehr als 24 Monate vergangen.

272 *Nicolaysen*, Europarecht I, S. 196; *Krück*, in: G/T/E, Art. 175 Rn. 9 m.w.N.; s.o. A. I.

273 Slg. 1985, S. 1513, 1587 ff.

274 *Oppermann*, Rn. 645.

nahme bzw. einer ausdrücklichen Weigerung des Beklagten, tätig zu werden, ist die Untätigkeitsklage zulässig[275]. Der bloße Hinweis des Parlaments, ein Antrag i.S.d. Art. 5 GOEP werde geprüft, stellt keine ausreichende Reaktion dar[276]. Demgegenüber schließt die Ablehnung des Antrags die Zulässigkeit der Untätigkeitsklage aus.

II. Begründetheit der Nichtigkeitsklage

Die Untätigkeitsklage ist begründet, wenn das beklagte Organ zum Erlaß der Maßnahme verpflichtet ist, bzw. ein Anspruch auf Vornahme der Maßnahme besteht. Maßgebend hierfür ist, bis zu welchem Zeitpunkt es die unterlassene Maßnahme spätestens hätte vornehmen werden müssen. Ist dieser Zeitpunkt positivrechtlich nicht normiert, so steht die Wahl des Zeitpunkts im pflichtgemäßen Ermessen des zur Handlung verpflichteten Organs[277].

Im Hinblick auf die aus Art. 10 des Protokolls folgende Verpflichtung des Parlaments, über die parlamentarische Immunität eines Mitglieds zu beschließen, finden sich lediglich die schon erwähnten Zeitvorgaben in Art. 5 GOEP. Angesichts der Bedeutung des mitgliedsstaatlichen Strafanspruchs und der Notwendigkeit, ein strafrechtliches Ermittlungsverfahren zügig und ohne Verlust von Beweismitteln durchführen zu können, steht die Wahl des Zeitpunkts jedoch nicht mehr im uneingeschränkten Belieben des Parlaments. Vielmehr muß es bestrebt sein, ohne jegliche vermeidbare Verzögerung über den Antrag schnellstmöglich zu beschließen.

III. Urteilswirkung

Die der Klage stattgebenden Urteile können, da es sich bei der Untätigkeitsklage um eine Feststellungsklage handelt, den vertragswidrigen Zustand nicht beseitigen oder das Parlament förmlich zum Erlaß der in Rede stehenden Maßnahme verurteilen. Soweit der Gerichtshof die Untätigkeit als vertragswidrig bezeichnet, muß das Parlament jedoch gemäß Art. 176 EWGV „die sich aus dem Urteil des Gerichtshofs ergebenden Maßnahmen" ergreifen, d.h., es muß die Beschlüsse fassen, deren Unterlassung gegen den Vertrag verstößt[278].

Zusammenfassend läßt sich behaupten, daß die Untätigkeitsklage den Rechtsschutz gegenüber parlamentarischem Handeln in Immunitätsangelegenheiten für den Fall abrundet, daß das Parlament es vertragswidrig unterläßt, einen Beschluß über die parlamentarische Immunität eines Mitglieds zu fassen.

---

275 *Nicolaysen*, Europarecht I, S. 197.

276 Vgl. *Oppermann*, Rn. 643.

277 Vgl. *Krück*, in: G/T/E, Art. 175 Rn. 32.

278 Vgl. *Nicolaysen*, Europarecht I, S. 198; *Krück*, in: G/T/E, Art. 175 Rn. 1 f.

Zusammenfassende Schlußbetrachtung

Rechtsnatur und Rechtscharakter der europäischen parlamentarischen Immunität sind vielschichtig. Obwohl der ursprüngliche Zweck der parlamentarischen Immunität, der Schutz der Abgeordneten vor willkürlicher Verhaftung und Behinderungen durch die monarchische Exekutive, entfallen ist, bleibt die Existenz der europäischen parlamentarischen Immunität in Gestalt eines verfassungsrechtlich verankerten Verfolgungshindernisses von Nutzen. Insoweit überwiegen bei wertender Betrachtung die Argumente der Funktions- und Repräsentationsfähigkeit des Europäischen Parlaments vor den Nachteilen, die eine zeitweilige Nichtverfolgbarkeit und Privilegierung der Mitglieder des Parlaments mit sich bringen.

Der materiell-rechtliche Umfang der europäischen parlamentarischen Immunität bestimmt sich nach Art. 10 des Protokolls über die Vorrechte und Befreiung der Europäischen Gemeinschaft. Er begründet ein System der Immunität, das je nach der Staatsangehörigkeit des Parlamentariers unterschiedlich ist, soweit er in seinem eigenen Land verfolgt wird, das hingegen gemeinschaftlich ist, soweit die Strafverfolgung in einem Mitgliedsstaat stattfindet, dessen Staatsangehörigkeit er nicht besitzt[1].

Mit Ausnahme der in Art. 10 Abs. 3 des Protokolls ausdrücklich erwähnten Flagranzfestnahme ist die Verfolgung von Mitgliedern des Europäischen Parlaments nur zulässig, wenn und soweit das Europäische Parlament die parlamentarische Immunität des betreffenden Mitglieds aufgehoben hat. Wurde die Strafverfolgung bereits eingeleitet, oder ist das Mitglied inhaftiert, kann das Europäische Parlament die Aussetzung der eingeleiteten Strafverfolgungsmaßnahmen verlangen.

Die Betrachtung der restriktiven parlamentarischen Genehmigungspraxis zeigt, daß das Europäische Parlament den ihm mit Art. 10 des Protokolls gesetzten normativen Rahmen aus mehreren Gründen überschreitet. Unvereinbar mit Art. 10 des Protokolls ist insbesondere der Verfahrensgrundsatz der Unabhängigkeit der europäischen parlamentarischen Immunität von der nationalen parlamentarischen Immunität. Bei rechtsvergleichender Betrachtung der nach dem Protokoll zwingend zu beachtenden innerstaatlichen Immunitätsvorschriften ist zwar plausibel, daß das Europäische Parlament in seiner parlamentarischen Praxis von dem Art. 10 des Protokolls abweicht, hingegen ist es weder kraft seiner demokratischen Legitimation noch seiner internen Organisationsgewalt befugt, den materiell-rechtlichen Gehalt des Art. 10 des Protokolls zu ändern.

Obgleich das Europäische Parlament die Völker der in der Europäischen Gemeinschaft zusammengeschlossenen Staaten repräsentiert, verleiht ihm weder seine aus den Direktwahlen erlangte demokratische Legitimation noch seine interne Organisationsgewalt die für eine Verfassungsveränderung erforderlichen Befugnisse. Das Gemeinschaftsrecht enthält insoweit an keiner Stelle eine Delegation oder Ermächtigung an das Europäische Parlament, den sachlichen Geltungsbereich der europäischen parlamentarischen Immunität unabhängig von der jeweiligen in-

---

1 GA Darmon in der Rs. EuGH Rs. 149/85 (Wybot/Faure), Slg. 1986, S. 2398.

nerstaatlichen Ausgestaltung der nationalen parlamentarischen Immunität zu bestimmen. Ebenfalls nicht ersichtlich ist, daß die in der Rechtsprechung des EuGH definierten Befugnisse des Europäischen Parlaments so weit gehen, daß es erforderliche Änderungen des geltenden Verfassungsrechts aus eigener Zuständigkeit vornehmen könnte.

Von der unbefugten faktischen Rechtsänderung geht auch keine Bindungswirkung aus. Weder besteht eine Bindungswirkung im Lichte der Lehre von der „später befolgten Praxis" noch der Lehre vom „derogativen Gewohnheitsrecht". Eine Bindungswirkung aus Gründen der in Art. 5 EWGV und Art. 19 des Protokolls verankerten Gemeinschaftstreue ist abzulehnen. Die Befugnisse des Europäischen Parlaments sind demnach zwar wichtig genug, um die Existenzberechtigung des Privilegs der europäischen parlamentarischen Immunität zu rechtfertigen, andererseits aber nicht weitgehend genug, um das Immunitätsrecht selbständig verändern zu können.

Parlamentarisches Handeln in Immunitätsangelegenheiten ist bei Vorliegen der entsprechenden Voraussetzungen grundsätzlich justitiabel. Wie der Gerichtshof in der Rs. 294/83 (Les Verts/Europäisches Parlament) hervorgehoben hat, sieht der Vertrag ein umfassendes Rechtsschutzsystem zur Überprüfung aller Akte der Gemeinschaftsorgane vor, die geeignet sind, Rechtswirkungen zu erzeugen[2]. Daß sich der Gerichtshof im Zielkonflikt zwischen der verfassungsrechtlich verankerten Garantie parlamentarischer Autonomie, Funktionsfähigkeit und interner Organisationsgewalt einerseits und der Wahrung eines umfassenden Rechtsschutzsystems andererseits zu Lasten des Parlaments entschieden hat, erscheint vertretbar. Insoweit ist zu berücksichtigen, daß der Europäische Gerichtshof auch eine Aktivlegitimation des Europäischen Parlaments anerkannt hat. Die mit der Anerkennung der aktiven und passiven Parteifähigkeit verbundene Einbindung des Parlaments in die justizielle Rechtsordnung der Gemeinschaft eröffnet ihm insofern weitere Chancen, seine Eigenständigkeit und seinen Einfluß auch auf dem Rechtsweg zur Geltung zu bringen. Die Problematik der Justitiabilität parlamentarischen Handelns in Immunitätsangelegenheiten reduziert sich somit auf das Problem der Abgrenzung justitiabler Parlamentsakte von gerichtsfreien Parlamentsentscheidungen, die keine Drittwirkung entfalten, sondern sich lediglich auf die interne Organisation auswirken.

Abschließend ist hervorzuheben, daß es dem Europäischen Parlament gelungen ist, mit Art. 5 GOEP ein Verfahren zu institutionalisieren, das hohen Anforderungen gerecht wird. Das Europäische Parlament kann auf eine Praxis zurückblicken, in der es losgelöst von parteipolitischen Erwägungen ohne Ansehen der Person und losgelöst von tagespolitischen Auseinandersetzungen eine Fülle von Anträgen nach Art. 5 GOEP beschieden hat. Bedauerlich ist, daß es den Verfassungsgebern der Gemeinschaft immer noch nicht gelungen ist, den Mitgliedern des Europäischen Parlaments eine von innerstaatlichen Immunitätsbestimmungen befreite autonome europäische parlamentarische Immunität bereitzustellen. Es bleibt dem Europäischen Parlament vorbehalten, durch sein Wirken weitere Überzeugungsarbeit zu leisten.

---

2 Slg. 1986, S. 1339.

Literaturverzeichnis

Achterberg, Norbert: Parlamentsrecht, Tübingen 1984

Ahrens, Eberhard: Immunität von Abgeordneten - Die Praxis des Deutschen Bundestages und der Landtage in Immunitätsangelegenheiten, Diss., Bad Homburg v.d.H. 1970

Akehurst, Michael B.: The Application of General Principles of Law by the Court of Justice of the European Communities, in: BYIL 52 (1981), S. 29 ff.

Amato, Giuliano / *Barbera*, Augusto: Manuale di diritto publico, Bologna 1984

Antoni: Stellung und Funktion der Cortes im spanischen Verfassungsrecht, in: AöR 1981, S. 426.

Assemblée Nationale - Sécrétariat Général (Hrsg.): Le point sur les demandes de levée d'immunité parlementaire, in: B.A.N. Nr. 66 vom 11.12.1990, Paris, S. 21 f.

Auby, J.-M. / *Auby*, J.-B.: Code de Droit Public, Paris 1985

Avril, Pierre / *Giquel*, Jean: Droit parlementaire, Paris 1988

Baer-Kaupert / *Leistner* / *Schwaiger* (Hrsg.): Liber Amicorum B.C.H. Aubin, Kehl, Straßburg 1979

Bagehot, Walter: The English Constitution, 12. Aufl., London 1963

Bangemann, Martin / *Klepsch*, Egon / *Weber*, Renate / *Bieber*, Roland: Die Abgeordneten Europas, Baden-Baden 1984

Baron-Crespo, Enrique: Europa als demokratische Herausforderung: Kein Binnenmarkt ohne starkes Parlament, in: Integration 1/89, S. 3 ff.

Bartmann, Gerhard: Die Justitiabilität von Immunitätsentscheidungen des Deutschen Bundestags, Diss., Köln 1976

Bergmann, Wilfried / *Korth*, Jürgen: Deutsches Staatsangehörigkeits- und Paßrecht, Halbband 2, 2. Aufl., Köln, Berlin, Bonn, München 1990

Bernhardt, Rudolf: Quellen des Gemeinschaftsrechts: Die „Verfassung" der Gemeinschaft, in: Kommission der Europäischen Gemeinschaften (Hrsg.), 30 Jahre, S. 77 ff.

Berthod, Michèle / *Rochedez*, Daniel / *Roux de Bezieux*: Le Statut du Député, Paris 1991

Beutler, Bengt: Der Sitz der Organe der Gemeinschaft, in: EuR 1983, S. 284 ff.

— Mehr Macht durch Recht? Das Europäische Parlament vor dem Europäischen Gerichtshof, in: EuR 1984, S. 143 ff.

Beutler, Bengt / *Bieber*, Roland / *Pipkorn*, Jörn / *Streil*, Jochen: Die Europäische Gemeinschaft - Rechtsordnung und Politik -, 3. Aufl., Baden-Baden 1987 (zit.: Bearbeiter, in: Beutler/Bieber/Pipkorn/ Streil, S.)

Beyer, Wilhelm R.: Immunität als Privileg - Eine verfassungsrechtliche Studie gegen die Abgeordneten-Immunität -, Diss., Berlin 1966

Bieber, Roland: Der Abgeordnetenstatus im Europäischen Parlament, in: EuR 1981, S. 124 ff.

— Legal Developments in the European Parliament, in: YEL 1982, S. 259 ff.

— Achievements of the European Parliament, 1979-1984, in: CMLRev 1984, S. 283 ff.

— Die Rolle des Europäischen Parlaments in Organisation und Verfahren des Europäischen Gerichtshofs, in: Schwarze (Hrsg.), Fortentwicklung des Rechtsschutzes in der Europäischen Gemeinschaft, S. 173 ff., 1987 (zit.: Bieber, in: Schwarze, S.)

— Skizzen einer verborgenen Quelle des Gemeinschaftsrechts, in: Capotorti (Hrsg.), Du droit international au droit de l'integration, Liber Amicorum Pierre Pescatore, S. 25, 1987 (zit.: Bieber, Verfahrensregeln, S.)

— Das Gesetzgebungsverfahren der Zusammenarbeit gem. Art. 149 EWGV, in: NJW 1989, S. 1395

— Das Verfahrensrecht von Verfassungsorganen, Habilitation, Baden-Baden 1992 (zit.: Bieber, Verfahrensrecht, S.)

Bieber, Roland / *Pantalis*, J. / *Schoo*, Johannes: Implications of the Single Act for the European Parliament, in: CMLRev. 1986, S. 767 ff.

Bieber, Roland / *Ress*, Georg (Hrsg.): Die Dynamik des Europäischen Gemeinschaftsrechts: Die Auslegung des Europäischen Gemeinschaftsrechts im Lichte nachfolgender Praxis der Mitgliedstaaten und der EG-Organe, Baden-Baden 1987

Bleckmann, Albert: Europarecht - Das Recht der Europäischen Wirtschaftsgemeinschaft, 5. Aufl. Köln, Berlin, Bonn, München 1990 (zit.: Bleckmann, Europarecht, Rn.)

— Die Rolle der richterlichen Rechtsschöpfung im europäischen Gemeinschaftsrecht, in: Lüke/Ress/Will, GS Constantinesco, S. 61 ff.

— Die Bindungswirkung der Praxis der Organe und der Mitgliedstaaten der EG bei der Anwendung und Lückenfüllung des Europäischen Gemeinschaftsrechts: Die Rolle des Art. 5 EWGV, in: Bieber/Ress, Die Dynamik, a.a.O., S. 161 ff., 171

— Chancen und Risiken der europäischen Integration, in: JZ 1990, S. 301

— Politische Aspekte der europäischen Integration unter dem Vorzeichen des Binnenmarkts 1992, in: ZRP 1990, S. 265 f.

Bockelmann, Paul: Die Unverfolgbarkeit der Abgeordneten nach deutschem Immunitätsrecht, Habilitation, Göttingen 1951

Boest, Reinhard: Ein langer Weg zur Demokratie in Europa. Die Beteiligungsrechte der Rechtsetzung nach dem Vertrag über die Europäische Union, in: EuR 1992, S. 182 ff.

Boujong, Karlheinz (Hrsg.): Karlsruher Kommentar zum Gesetz über Ordnungswidrigkeiten, München 1989 (zit.: Bearbeiter, in: Boujong, § OWiG Rn.)

Bradley, Kieran: Maintaning the balance: The role of the Court of Justice in defining the institutional position of the European Parliament, in: CMLRev 1987, S. 41 ff.

Bradshaw / *Pring*: Parliament & Congress, London 1972

v.Brünneck, Wiltraut: Die öffentliche Meinung in der EG als Verfassungsproblem, in: EuR 1989, S. 249, 253 f.

Burban, Jean-Louis: Sources Communautaires et Sources Nationales des Règles Applicables au Parlementaires Européens, in: AFDI 1979, S. 779 ff.

Butzer, Hermann: Immunität im demokratischen Rechtsstaat. Verfassungsgrundlagen und Parlamentspraxis des Deutschen Bundestages, Diss., Berlin 1991

Bydlinski, Franz: Juristische Methodenlehre und Rechtsbegriff, Wien, New York 1982

Camera dei deputati, Segreteria generale: Costituzione della Repubblica, Regolamento della Camera, Rom 1991

Canotilho, J.J. Gomes / *Moreira*, Vital: Constituiçâo da República Portugesa de 2 de Abril de 1976, Lissabon 1989

Chiellino, C.: Italien, Bd. 1: Geschichte, Staat und Verwaltung, München 1981

Cerexhe, Étienne-Geneviève: Le droit européen. Les Objectifs et les Institutions, Brüssel, Beauvechain 1989, S. 176 f.

Ciauro, Gian Franco: Questioni di „Euroimmunità", in: affari sociali internazionali 1981, S. 94 ff.

Coccia, Maro: Osservazioni sulla immunità penale dei parlamentari europei, in: RDI 1985, S. 824 ff.

Corbett, Richard: Die neuen Verfahren nach der Einheitlichen Akte: Mehr Einfluß für das Europäische Parlament, in: Integration 1/89, S. 22 ff.

Dahm, Georg: Völkerrecht, München 1989

Dauses, Manfred: Ein Sieg für die Demokratie in Europa, in: EuZW 1990, S. 220

Der Spiegel: Nr. 10 vom 5.3.1984, S. 27 ff.

— Nr. 17 vom 22.4.1985, S. 64 ff.

— Nr. 33 vom 15.8.1983, S. 143 ff.

Diez, Manuel: „El Congreso accede a que se juzgue a González Estéfani, Las Cortes consolidan una nueva interpretación de la immunidad parlamentaria", in: El Pais vom 26.9.1985

— „Las Cortes dan via libre a las acciones judiciales contra Barral y González Estéfani", in: El Pais vom 25.9.1985

Di Fabio, Udo: Rechtsschutz im parlamentarischen Untersuchungsverfahren, Diss., Berlin 1988

Ehlermann, Claus-Dieter: Das schwierige Geschäft der Kommission, in: EuR 1981, S. 335 ff.

Elles, D.: The influence of the practice of the EC organs in interpreting the Treaties, in: Bieber/Ress, Die Dynamik ..., a.a.O., S. 407 ff.

Erichsen, Hans-Uwe / *Martens*, Wolfgang (Hrsg.): Allgemeines Verwaltungsrecht, 9. Aufl., Berlin, New York 1992

Euronymus: „Wo Worte enden, beginnen Waffen zu sprechen", in: taz vom 5.11.1984

Europäisches Parlament (Hrsg.): Erweitertes Präsidium, Vorschlag für eine gemeinsame Satzung der Mitglieder des Europäischen Parlaments, Teil B: Anpassung des Protokolls über die Vorrechte und Befreiungen vom 8.4.1965, S. 3, PE 67.748; abgedruckt im Anhang I KOM (84) 666 end.

Europäisches Parlament (Hrsg.): Direktwahlen zum Europäischen Parlament, Luxemburg 1977 (zit.: Europäisches Parlament, Direktwahlen, S.)

— GD-Wissenschaft: Die parlamentarischen Immunitäten in den Mitgliedstaaten der Europäischen Gemeinschaften, PE 104.074, Luxemburg 1985

— Mitglieder des Europäischen Parlaments, 6.4.1987, Luxemburg 1987 (zit.: Europäisches Parlament, Mitglieder, S.)

— GD Wissenschaft. Die Wahl der Abgeordneten des Europäischen Parlaments: Gemeinschaftliche und nationale Gesetzgebung, in: Reihe Politik Nr. 13, S. 30, 1987

Everling, Ulrich: Der Beitrag des Europäischen Gerichtshofes zur Entwicklung der Gemeinschaft, in: Siegfried Magiera (Hrsg.): Entwicklungsperspektiven der Europäischen Gemeinschaft, S. 195 ff., Schriftenreihe der Hochschule Speyer, Bd. 100, Berlin 1985

Fleuter, Robert: Mandat und Status des Abgeordneten im Europäischen Parlament, Diss., Pfaffenweiler 1991

Foreign and Commonwealth Office. Reference Services, Office of Information: Das britische Regierungssystem, London 1990

Frowein, Jochen A.: Die rechtliche Bedeutung des Verfassungsprinzips der parlamentarischen Demokratie für den europäischen Integrationsprozeß, in: EuR 1983, S. 301 ff.

Frowein, Jochen A. / *Peukert*, Wolfgang: Europäische Menschenrechtskonvention, EMRK-Kommentar, Kehl/Straßburg/Arlington 1985

Fuhrmann, Manfred / *Liebs*, Detlef: Exempla Juris Romani, Römische Rechtstexte, München 1988

Giancola, R. (Hrsg.): Das Leben in Italien - Dokumente und Berichte, Supplement zu Nr. 3-1975

Gicquel, Jean: Droit constitutionel et institutions politiques, 9. Aufl., Paris 1987

Gilissen, M.: Die belgische Verfassung von 1831 - ihr Ursprung und ihr Einfluß, in: Werner Conze (Hrsg.) Beiträge zur deutschen und zur belgischen Verfassungsgeschichte im 19. Jahrhundert, Stuttgart 1967, S. 38 ff.

Giuliano, M.: Immunités et privileges des fonctionnaires européens, 1960, Coll.Fonc.Publ.Eur. 13

Glaesner, Hans-Joachim: Anmerkung zum Urteil des EuGH in der Rs. 34/86 vom 3.7.1986, in: EuR 1987, S. 158

— Das Verfahren der Zusammenarbeit (Art. 149 II EWGV), in: EuR 1988, S. 121 ff.

Göhler, Erich: Ordnungswidrigkeitengesetz, 10. Aufl., München 1992

Goguel, F.: Le Travail Parlementaire en France et a l'Etranger, Paris 1955

Grabitz, Eberhard (Hrsg.): Kommentar zum EWG-Vertrag (Loseblattsammlung), Stand der 4. Ergänzungslieferung 1990, München (zit.: Bearbeiter, in: Grabitz Art. Rn.)

— Quellen des Gemeinschaftsrechts: Rechtshandlungen der Gemeinschaftsorgane, in: Kommission der Europäischen Gemeinschaften (Hrsg.), 30 Jahre, S. 91 ff.

Grabitz, Eberhard / *Läufer*, Thomas: Das Europäische Parlament, Bonn 1980

Grabitz, Eberhard / *Schmuck*, Otto / *Steppat*, Sabine / *Wessels*, Wolfgang: Direktwahl und Demokratisierung - Eine Funktionenbilanz des Europäischen Parlaments nach der ersten Direktwahl, Bonn 1988

Grimmer, Klaus: Die Rechtsfigur einer „Normativität des Faktischen". Untersuchungen zum Verhältnis von Norm und Faktum und zur Funktion der Rechtsgestaltungsorgane, Diss., Berlin 1971

v.d. Groeben, Hans / *Boeckh*, Hans / *Thiesing*, Jochen / *Ehlermann*, Claus-Dieter: Kommentar zum EWG-Vertrag, 3. Aufl., Baden-Baden 1983 (zit.: Bearbeiter, in: G/B/T/E)

v.d. Groeben, Hans / *Thiesing*, Jochen / *Ehlermann*, Claus-Dieter (Hrsg.): Kommentar zum EWG-Vertrag, 4 Bde., 4. Aufl., Baden-Baden 1991 und Anlageband, Vertrag über die Europäische Union von Maastricht, 1. Aufl. 1992 (zit.: Bearbeiter, in: G/T/E, Art. Rn.)

Groux, Jean: Convergences et conflits, dans l'interprétation du Traité CEE, entre la pratique ultérieure des Etats Membres et la jurisprudence de la Cour de Justice des Communautés Européennes, in: Bieber/Ress, Die Dynamik ..., a.a.O., S. 147 ff.

Gundin, Carlos: „El Tribunal Constitucional establece límites a la inmunidad parlamentaria", Nacional vom 22.7.1985

Hadas-Lebel: Une procédure exceptionelle, in: L'Express vom 15.8.1989, S. 29 ff.

Härth, Wolfgang: Die Rede und Abstimmungsfreiheit der Parlamentsabgeordneten in der Bundesrepublik Deutschland, Diss., Berlin 1983

— Berührt ein ausländisches Strafverfahren die Immunität eines deutschen Parlamentsabgeordneten, in: NStZ 1987, S. 109 ff.

Harms, Thomas: Die Rechtsstellung des Abgeordneten in der Beratenden Versammlung des Europarates und im Europäischen Parlament, Diss., Hamburg 1968

Henrichs, H.: Die Vorrechte und Befreiungen der Beamten der Europ. Gemeinschaften, in: EuR 1987, S. 75 ff.

Hesse, Konrad: Grundzüge des Verfassungsrechts der Bundesrepublik Deutschland, 15. Aufl., Heidelberg 1985

Heydeck, Stefan: Immunität für Abgeordnete auch im Ausland?, in: Die Welt vom 20.9.1984, S. 5

Hilf, Meinhard: Die rechtliche Bedeutung des Verfassungsprinzips der parlamentarischen Demokratie für den europäischen Integrationsprozeß, in: EuR 1984, S. 9 ff.

— Das Klagerecht des Europäischen Parlaments im Organstreit, in: EuR 1990, S. 273 ff.

Hofmann, K.: „Italian Parliament Suspends Rightist Leader's Immunity", in: International Herald Tribune, 25.5.1973, S. 1 f.

Hoffmann-Becking, Gerhard: Normaufbau und Methode. Eine Untersuchung der Rechtsprechung des Gerichtshofs der Europäischen Gemeinschaften, Diss., Tübingen 1973

Hood-Philips, O. / *Jackson*, Paul: Constitutional and Administrativ Law, 7. Aufl., London 1987

Hort, Peter: Besser als sein Ruf doch nur schwer verständlich, in: FAZ Nr. 119 vom 26.5.1989, S. 3

— Die Europa-Parlamentarier zeigen Zähne, in: FAZ Nr. 86 vom 13.4.1989, S. 5

Inter-Parliamentary Union: Parliaments Of The World. A Comparative Compendium, 2 Bde., 2. Aufl., Aldershot 1986

Ipsen, Hans-Peter: Europäisches Gemeinschaftsrecht, Tübingen 1972

Ipsen, Knut: Völkerrecht, München 1990

Jacobs, Francis B. / *Corbett*, Richard: The European Parliament, Harlow 1990

Jacqué, Jean-Paul: La pratique des institutions communautaires et le développement de la structure institutionelle communautaire, in: Bieber/Ress (Hrsg.), Die Dynamik ..., a.a.O., S. 377 ff. (zit.: Jacqué, La pratique, S.)

— La légitimation passive du Parlement, in: RTDE 1986, S. 500

Jacqué, Jean-Paul / *Bieber*, Roland / *Constantinesco*, Vlad / *Nickel*, Dietmar: Le Parlement Européen, Paris 1984

Jescheck, Hans-Heinrich: Lehrbuch des Strafrechts, Allgemeiner Teil, 4. Aufl., Berlin 1989

Kästner, Karl-Hermann: Parlamentarisches Untersuchungsrecht und richterliche Kontrolle. Verfassungsprobleme der Justitiabilität von Beschlüssen parlamentarischer Untersuchungsausschüsse des Deutschen Bundestages, in: NJW 1990, S. 2649 ff.

Karl, W.: Vertrag und spätere Praxis im Völkerrecht, Diss., Berlin 1983

Karlsruher Kommentar: Strafprozeßordnung, Gerichtsverfassungsgesetz, 2. Aufl., München 1987 (zit.: Bearbeiter, in: KK, StPO Rn.)

Kassaras, I.: Die griechische Verfassung von 1975, Diss., Heidelberg, Hamburg 1983

Kelly, J.M.: The Irish Constitution, Dublin 1984

Kemper, Kurt: Anmerkung zum Urteil des BVerwG vom 23.4.1985, in: DÖV 1985, S. 878 ff.

Kimmel, Adolf: Die Verfassungen der EG-Mitgliedstaaten, 2. Aufl., München 1990

Kimminich, Otto: Einführung in das Völkerrecht, 4. Aufl., München, New York, London, Paris 1990

Kissel, Otto Rudolf: Gerichtsverfassungsgesetz, Kommentar, 1981 mit Nachtrag 1988

Klein, Eckart: Vertragsauslegung und »spätere Praxis« Internationaler Organisationen, in: Bieber/Ress, Die Dynamik ..., a.a.O., S. 101 ff.

Klein, Hans Heinrich: Indemnität und Immunität, in: Schneider/Zeh (Hrsg.), Parlamentsrecht ..., a.a.O., S. 590 ff.

Kleinknecht, Theodor / *Meyer*, Karlheinz: Strafprozeßordnung, 40. Aufl., München 1991

Kohler, Berthold: Der Enthusiasmus schwindet, in: FAZ vom 29.3.1989, S. 5

Kommission der Europäischen Gemeinschaften (Hrsg.): Dreißig Jahre Gemeinschaftsrecht, Luxemburg 1983

Kovar, Robert: „Les Verts“ c. Parlement européen, Affaire no. 294/83, Oberservations, in: Cah.dr.eur. 1987, S. 314 ff.

Kranenburg, R.: Het Nederlands Staatsrecht, Haarlem 1958

Kriele, Martin: Theorie der Rechtsgewinnung, Berlin 1969

Langheid, Thomas: Souveränität und Verfassungsstaat 'The Sovereignty of Parliament', (Diss.) Köln 1984

Larenz, Karl: Allgemeiner Teil des Deutschen Bürgerlichen Rechts, 7. Aufl., München 1989 (zit. Larenz, AT, S.)

— Methodenlehre der Rechtswissenschaft, 5. Aufl., Berlin, Heidelberg, New York, Tokyo 1983 (zit.: Larenz, Methodenlehre, S.)

Lasok, Dominik / *Bridge*, J.W.: Law and institutions of the European Communities, 5. Aufl., London 1991

Läufer, Thomas: Die Europäische Gemeinschaft im Wandel, Aufgaben und Ziele vor der dritten Europawahl, in: EA 1988, S. 679

— Die Organe der EG - Rechtsetzung und Haushaltsverfahren zwischen Kooperation und Konflikt. Ein Beitrag zur institutionellen Praxis der EG, Bonn 1990

Lindemann, Hans-Heinrich: Allgemeine Rechtsgrundsätze und europäischer öffentlicher Dienst, Zur Rechtsprechung des Europäischen Gerichtshofs in Personalsachen, Diss., Berlin 1986

Linden, Jürgen: Historische, rechtstheoretische und pragmatisch politische Rechtfertigung der Indemnität in der parlamentarischen Demokratie der Bundesrepublik Deutschland und im Rechtsvergleich mit anderen Verfassungen, Diss., Köln, Aachen 1978

Loewenstein, Karl: Staatsrecht und Staatspraxis von Großbritannien, Bd. 1: Parlament, Regierung, Parteien, Berlin, Heidelberg, New York 1967

Löwe, Ewald / *Rosenberg*, W.: Die Strafprozeßordnung und das Gerichtsverfassungsgesetz mit Nebengesetzen, Großkommentar, hrsg. von Hans Dünnebier u.a., 24. Aufl., Berlin 1986 (zit.: Bearbeiter, in: Löwe-Rosenberg, StPO, Rn.)

Louis, Jean Victor: Siege et lieux de travail du Parlament, in: Cah.dr.eur. 1983, S. 533 ff.

Louis, Jean-Victor / *Waelbroeck*, Denis (Hrsg.): Le Parlement européen dans l'évolution institutionelle, Brüssel 1988

Luchaire, François / *Conac*, Gérard: La constitution de la République Francaise, Analyses et commentaires, 2. Aufl., Paris 1987

Macer, Aemilius: De publicis indiciis II, zit. nach: Fuhrmann/Liebs, Exempla Juris Romani, S. 192 ff., München 1988

Magiera, Siegfried: Parlament und Staatsleitung in der Verfassungsordnung des Grundgesetzes, Habilitation, 1979 (zit.: Magiera, Parlament und Staatsleitung, S.)

— Art. 46, in: Bonner Kommentar zum Grundgesetz - Bonner Kommentar, 70. Erglfg., München 1993 (zit.: Bearbeiter, in: BK, Art. Rn.)

Majerus, Pierre: L'état luxembougeois, 3. Aufl., Luxemburg 1970

von Mangoldt, Hermann / *Klein*, Friedrich: Das Bonner Grundgesetz, Kommentar, Bd. 6: Art. 38-49, 3. Aufl., Berlin und Frankfurt/M. 1991 (zit.: Bearbeiter, in: Mangoldt/Klein, Art.)

Marcilhacy, Pierre: Art. 26, in: Luchaire, François / Conac, Gérard: La constitution de la république française, Analyses et commentaires, Paris 1980, S. 442 ff.

Martinez, S.: Comentarios a Constituicao Portugesa de 1976, Lissabon und Sao Paulo 1978

Marzin, Werner: Die rechtliche Stellung der deutschen Vertreter in den Organen der Montan-Union, Würzburg 1957

Masclet, Jean-Claude: Le role du deputé et ses attaches institutionelles sous la V$^{\underline{\text{eme}}}$ République, Paris 1979

— Le Parlement européen devant ses juges, in: RMC 1983, S. 518 ff.

— Grand-Duché de Luxembourg c. Parlement européen, note, in: RTDE 1984, S. 538 ff.

Maunz, Theodor / *Zippelius*, Reinhold: Deutsches Staatsrecht, 18. Aufl., München 1989

Maunz, Theodor / *Dürig*, Günter / *Herzog*, Roman / *Scholz*, Rupert: Grundgesetz, Kommentar (Loseblattsammlung), Stand: 29. Erglfg., München 1991 (zit.: Bearbeiter, in: Maunz/Dürig/Herzog/ Scholz, Art. GG Rn.)

Maurach / *Zipf*: Strafrecht - Allgemeiner Teil, Teilband 1, 7. Aufl. 1988

Maus: Les grands textes de la pratique institutionelle de la Veme Republique, La documentation francaise, Nr. 4699-4700, 1982, S. 107 f., zit. in: Rev.droit public 1987, S. 1545

May, Erskine Thomas: Treatise on the Law, Privileges, Proceedings and Usage of Parliament, 21. Aufl., London 1989

McGowan Smyth, John: The Houses of the Oireachtas, 4. Aufl., Dublin 1979

Meessen, Karl-Mathias: Zur Theorie allgemeiner Rechtsgrundsätze des internationalen Rechts: Der Nachweis allgemeiner Rechtsgrundsätze des Europäischen Gemeinschaftsrechts, in: JIR Bd. 17, 1974, S. 283 ff.

Mégret, Jacques / *Waelbroeck*, Michel / *Louis*, Jean-V. / *Vignes*, Daniel / *De Wost*, Jean Louis: Le droit de la CEE, 15 Bde., Brüssel 1970-1987 (zit.: Bearbeiter, in: Mégret, Art. EWGV Rn.)

Mehl, Peter: Die Europa-Kommission des Deutschen Bundestages. Eine neue Einrichtung interparlamentarischer Zusammenarbeit, Diss., Kehl, Straßburg, Arlington 1987

Menzel, Eberhard: Die Privilegien und Immunitäten der internationalen Funktionäre, in: FS Laforet, S. 325 ff., München 1952

Meyer-Cording, Ulrich: Die Rechtsnormen, Diss., Tübingen 1971

Meyn, Karl-Ulrich: Parlamentsbrauch und Fraktionsgemeinschaft, in: JZ 1977, S. 167 ff.

Mössner, Jörg M.: Einführung in das Völkerrecht, München 1977

v.Münch, Ingo: GG-Kommentar, 3. Aufl., München 1985 (zit.: Bearbeiter, in: v.Münch, Art. GG Rn.)

Musso, Enrico Spagna: Diritto Costitutionale, 3. Aufl., Padua 1990

Nentwich, Michael: Institutionelle und verfahrensrechtliche Neuerungen im Vertrag über die Europäische Union, in: EuZW 1992, S. 235 ff.

Neunreither, Karlheinz: Bemerkungen zum gegenwärtigen Leitbild des Europäischen Parlaments, in: ZParl 1971, S. 321

Nicolaysen, Gert: Der Gerichtshof - Funktion und Bewährung der Judikative, in: EuR 1972, S. 375 ff.

— Ansichten zur Gemeinschaftsverfassung, H.P. Ipsen zum 80. Geburtstag, in: EuR 1987, S. 299 ff.

— Europarecht I, 1991 (zit.: Nicolaysen, Europarecht I, S.)

Noelle-Neumann, Elisabeth: Die Deutschen beginnen sich zu fürchten. Eine demoskopische Bilanz nach Maastricht, in: FAZ Nr. 143 vom 23.6.1992, S. 11

Nonnenmacher, Günther: Ach Europa!, in: FAZ Nr. 37 vom 13.2.1989, S. 1

Oppermann, Thomas: Europarecht, München 1991

Oppermann, Thomas / *Classen*, Claus Dieter: Die EG vor der Europäischen Union, in: NJW 1993, S. 5 ff.

Ossenbühl, Fritz: Die Quellen des Verwaltungsrechts, in: Erichsen/Martens, (§§ 5-9), a.a.O.

Pactet, Pierre: Institutions politiques - Droit constitutionel, 7. Aufl., Paris, New York 1985

Pantélis, A.: Les grands problèmes de la nouvelle constitution hellénique, Diss., Paris 1979

Patijin, Schelto: Entwurf eines Vertrages zur Einführung allgemeiner unmittelbarer Wahlen der Mitglieder des Europäischen Parlaments, in: Europäisches Parlament (Hrsg.), Direktwahlen zum Europäischen Parlament, 1977, S. 37

Pechstein, M.: Die Mitgliedstaaten der EG als „Sachwalter des gemeinsamen Interesses“: Gesetzgebungsnotstand im Gemeinschaftsrecht, Diss., Baden-Baden 1987

Pernice, Ingolf: Gemeinschaftsverfassung und Grundrechtsschutz - Grundlagen, Bestand und Perspektiven, in: NJW 1990, S. 2409 ff.

Pescatore, Pierre: Reconnaissance et contrôle judicaire des actes du Parlement Européen, in: RTDE 1978, S. 581

— La carence du législateur communautaire et le devoir du juge, in: Lüke/Ress/Will, GS Constantinesco, S. 559 ff.

Pietzcker, Jost: Schichten des Parlamentsrechts: Verfassung, Gesetze und Geschäftsordnung, in: Schneider/Zeh (Hrsg.), Parlamentsrecht ..., a.a.O., S. 333 ff.

Präsidium der Republik Italien: Quellen für Information und literaisches Urheberrecht, Der italienische Staat und seine Verfassungsordnung, Rom 1976

Prieß, Hans-Joachim: Die Verpflichtung der Europäischen Gemeinschaft zur Amts- und Rechtshilfe - Zum EuGH-Beschluß vom 13.7.1990 -, in: EuR 1991, S. 342 ff.

Prout, Chr.: Problèmes d'actualité pour le Parlement, in: Louis/Waelbroeck, a.a.O., S. 195 ff.

Rabe, Hans-Jürgen: Europäische Gesetzgebung - Das unbekannte Wesen, in: NJW 1993, S. 1 ff.

Ranft, Otfried: Staatsanwaltschaftliche Ermittlungstätigkeit und Immunität der parlamentarischen Abgeordneten, in: ZRP 1981, S. 271 ff.

Rauball, in: von Münch, Ingo: Grundgesetz-Kommentar, 2. Aufl., München 1983

Ress, Georg: Die Bedeutung der nachfolgenden Praxis für die Vertragsinterpretation nach der Wiener Vertragsrechtskonvention (WVRK), in: Bieber/Ress, Die Dynamik ..., a.a.O., S. 49 ff.

— Über die Notwendigkeit der parlamentarischen Legitimierung der Rechtsetzung der Europäischen Gemeinschaften, in: Fiedler/Ress (Hrsg.), FS Geck, S. 625 ff., 1989

Ritzel, Heinrich G. / *Bücker*, Joseph: Handbuch für die Parlamentarische Praxis mit Kommentar zur Geschäftsordnung des Deutschen Bundestages, Loseblattsammlung, Frankfurt a.M. 1987

Ross, Alf: Theorie der Rechtsquellen, Diss., Leipzig 1929

Rousseau, Charles: Droit International Public, Bd. 4, Paris 1980

Roxin, Claus: Täterschaft und Tatherrschaft, 5. Aufl., München 1990 (zit.: Roxin, TuT, S.)

— Strafverfahrensrecht, 22. Aufl., München 1991 (zit.: Roxin, Strafverfahrensrecht, S.)

Rutschke, Gabriele: Die Mitwirkung der Fraktionen bei der parlamentarischen Willensbildung im Europäischen Parlament im Vergleich zu den Parlamenten der Mitgliedstaaten, Diss., Frankfurt a.M., Bern, New York 1986

Schindler, Peter: Datenhandbuch zur Geschichte des Deutschen Bundestages 1980-1987, Bonn 1988

Schmid, G.: Die portugiesische Verfassung von 1976, in: AöR 1978, S. 204 ff.

Schmidhäuser, Eberhard: Strafrecht. Studienbuch, Allgemeiner Teil, 2. Aufl. 1984

Schmidt-Bleibtreu, Bruno / *Klein*, Franz: Kommentar zum Grundgesetz für die Bundesrepublik Deutschland, 7. Aufl., Neuwied 1990

Schneider, Hans-Peter / *Zeh*, Wolfgang (Hrsg.): Parlamentsrecht und Parlamentspraxis in der Bundesrepublik Deutschland, Berlin, New York 1989 (zit.: Bearbeiter, in: Schneider/Zeh, S.)

Schönke, Adolf / *Schröder*, Horst: Strafgesetzbuch, Kommentar, 24. Aufl., München 1991 (zit.: Bearbeiter, in: Sch/Sch, § StGB Rn.)

Schoo, Johannes: Das Europäische Parlament und sein Verfassungsgericht - Von der Vormundschaft zur Volljährigkeit -, in: EuGRZ 1990, S. 525 ff.

Schulze-Fielitz, Helmuth: Parlamentsbrauch, Gewohnheitsrecht, Observanz, in: Schneider/Zeh, Parlamentsrecht ..., a.a.O., S. 259 ff.

Schulz, Georg / *Händel*, Konrad: Strafprozeßordnung mit Erläuterungen für Polizeibeamte im Ermittlungsdienst, § 152 a StPO, Stand der 40. Lieferung zur 7. Aufl., Heidelberg 1993

Schwarze, Jürgen: Die Befugnis zur Abstraktion im europäischen Gemeinschaftsrecht (Habil.Schrift), Baden-Baden 1976

— Ungeschriebene Geschäftsführungsbefugnisse für die Kommission bei Untätigkeit des Rates?, in: EuR 1982, S. 134 ff.

— Europäisches Verwaltungsrecht, 2 Bde. 1. Aufl., Baden-Baden 1988 (zit.: Schwarze, VerwR, Bd., S.)

Schwarze, Jürgen / *Bieber*, Roland: Eine Verfassung für Europa, 1. Aufl., Baden-Baden 1984

Schweitzer, Michael / *Hummer*, Waldemar: Europarecht, 4. Aufl., Frankfurt/M. 1993

Seeler, Hans-Joachim: Die rechtsstaatliche Fundierung der EG-Entscheidungsstrukturen, in: EuR 1990, S. 99 ff.

Senelle, R.: Die Revision der belgischen Verfassung 1967-1971, in: Ministerium für Auswärtige Angelegenheiten, Außenhandel und Entwicklungszusammenarbeit (Hrsg.), Informationsbericht Nr. 73/74/75, Brüssel 1972, S. 53 ff., S. 191

Sieglerschmidt, Hellmut: Wie immun müssen Abgeordnete sein? - Ein Beitrag zur Wiederherstellung parlamentarischer Glaubwürdigkeit - in: Sozialdemokratischer Pressedienst, 6.11.1984, S. 2 f.

— Das Immunitätsrecht der Europäischen Gemeinschaft. Seine Anwendung durch das Europäische Parlament und seine notwendige Weiterentwicklung, in: EuGRZ 1986, S. 445 ff.

Silk, Paul / *Walters*, Rhodri: How Parliament Works, London 1987

v.Simson, Werner / *Schwarze*, Jürgen: Europäische Integration und Grundgesetz. Maastricht und die Folgen für das deutsche Verfassungsrecht, Berlin, New York 1992

Slynn, Gordon: The use of subsequent practice as an aid to interpretation by the Court of Justice of the European Communities, in: Bieber/Ress, Die Dynamik ..., a.a.O., S. 137 ff.

Smit, Hans / *Herzog*, Peter: The Law of the European Economic Community, A Commentary on the EEC Treaty, Loseblattsammlung, 6 Bde., New York ab 1976 (zit.: Bearbeiter, in: Smit/Herzog, Art. EEC, S.)

Smith, S.A. / *Street*, H. / *Brazier*, R.: Constitutional and Administrative Law, London 1985

Söllner, Renate: Artikel 5 EWG-Vertrag in der Rechtsprechung des Europäischen Gerichtshofes, Diss., München 1985

Sotirelis, Georgios / *Kaminis* Georgios: Gutachten der Direktion des Griechischen Parlaments für wissenschaftliche Studien über die Aufhebung der Parlamentarischen Immunität, Athen 1991 (unveröffentlicht)

Soullier, Gérard: L'Involabilité parlementaire en droit francais, Diss., Paris 1966

Stein, T.: Die Rolle der späteren Praxis als Auslegungselement in der Rechtsprechung des Internationalen Gerichtshofes, des Europäischen Gerichtshofes für Menschenrechte und des Gerichtshofs der Europäischen Gemeinschaften, in: Bieber/Ress, Die Dynamik ..., a.a.O., S. 113 ff.

Surrel, Hélène: Le „Droit de pétition" au Parlement Européen, in: RMC 1990, S. 219 ff.

Thöne-Wille, Eva Maria: Die Parlamente der EG, Das Europäische Parlament und die nationalen Parlamente, Diss., Kehl a.R., Straßburg 1984

Thomashausen, A.: Verfassung und Verfassungswirklichkeit im neuen Portugal, Diss., Berlin 1981

Tommasi di Vignano, Antonio: Immunità e privilegi dei funzionari delle organizzazioni internazionali, Diss., Padua 1961

Troßmann, Hans: Das Parlamentsrecht des Deutschen Bundestages, Kommentar zur Geschäftsordnung des Deutschen Bundestages unter Berücksichtigung des Verfassungsrechts, München 1977

Valles: „Privilegio o garantía? Las inmundiades parlamentarias", in: La Vanguardia vom 16.9.1977

Varenne, Auguste: „Le Sénat affirme un pricipe: Immunité pendant la durée du mandat parlementaire", in: Le Figaro vom 16.12.1982

Verdross, Alfred / *Simma*, Bruno: Universelles Völkerrecht, Theorie und Praxis, 3. Aufl., Berlin 1983

Villaamil, Alzaga: Commentario Sitematico a la Constitucion Espanola de 1978, Madrid 1978

Wade, Emlyn Capel / *Bradley*, Antony Wilfried: Constitutional and administrative law, 10. Aufl., London, New York 1985

Wagner, Reinhard: Die Zulässigkeit des parlamentarischen Doppelmandats, Diss., Berlin 1986.

Walter, Wolfgang: Ausländische Strafverfahren und die Immunität deutscher Parlamentsabgeordneter, in: NStZ 1987, S. 396 ff.

Wetz, Jean: Les huit parlementaires écologistes arrêtés ont été libérés, in: Le Monde vom 26.4.1985, S. 5

Weyrich, Karl-Heinz: Abgeordnetenimmunität noch zeitgemäß?, in: Staats-Zeitung, Staatsanzeiger für Reinland-Pfalz Nr. 40 vom 12.10.1987, S. 5

Wolff, Hans J.: Rechtsgrundsätze und verfassungsgestaltende Grundentscheidungen als Rechtsquellen, in: GS Jellinek (1955), S. 34 f.

Wolff, Hans J. / *Bachof*, Otto: Verwaltungsrecht I, 9. Aufl., München 1973

Wolfslast, Gabriele: Immunität und Hauptverhandlung im Strafverfahren, in: NStZ 1984, S. 433 ff.

Wurbs, Richard: Regelungsprobleme der Immunität und der Indemnität in der parlamentarischen Praxis, Diss., Berlin 1988

Zagrebelsky, G.: Le immunita parlamentari, Diss., Turin 1979

Zippelius, Reinhold: Juristische Methodenlehre, 5. Aufl., München 1990

Zuleeg, Manfred: Die Rolle des Europäischen Parlaments vor und nach der Direktwahl, in: Baer-Kaupert/Leistner/Schwaiger (Hrsg.), Liber Amicorum ..., a.a.O., S. 361 ff. (zit.: Zuleeg, Liber Amicorum, B.C.H.)

— Le Parlement face à la Cour, in: Louis J.V. / Waelbroeck, D. (Hrsg.), Le Parlement ..., a.a.O., S. 177 ff. (zit.: Zuleeg, Le Parlement, S.)

o. Verf.: „Die Immunität der spanischen Cortes-Mitglieder, Eine restriktive Interpretation", in: Neue Zürcher Zeitung vom 12.7.1969, S. 5

o. Verf.: „Ausschluß eines Abgeordneten aus dem dänischen Parlament", in: Neue Zürcher Zeitung vom 25.11.1972

FSC
www.fsc.org
MIX
Papier | Fördert gute Waldnutzung
FSC® C083411

Kolibri 360 GmbH
Ferdinand-Jühlke-Straße 7
99095 Erfurt, Deutschland
produktsicherheit@kolibri360.de

Druck:
CPI Druckdienstleistungen GmbH
im Auftrag der
Kolibri 360 GmbH
Ferdinand-Jühlke-Str. 7
99095 Erfurt